Rafael Godoi, Fábio Mallart
e Eugênia Motta [org.]

A PANDEMIA NAS PRISÕES DO BRASIL

mórula
EDITORIAL

FAPERJ

REVISÃO
Marilia Pereira

FOTO (CAPA)
Luiz Silveira_Agência CNJ

PROJETO GRÁFICO
Patrícia Oliveira

CIP-BRASIL. CATALOGAÇÃO NA PUBLICAÇÃO
SINDICATO NACIONAL DOS EDITORES DE LIVROS, RJ
Elaborado por Gabriela Faray Ferreira Lopes — CRB 7/6643

P218

A pandemia nas prisões do Brasil / organização Rafael Godoi, Fábio Mallart e Eugênia Motta. - 1. ed. - Rio de Janeiro: Mórula, 2023.
268 p. ; 21 cm.

Inclui bibliografia
ISBN 978-65-81315-48-1

1. Prisões - Brasil - Aspectos sociais. 2. Prisões - Pandemia de COVID-19, 2020 - Aspectos sociais. I. Godoi, Rafael. II. Mallart, Fábio. III. Motta, Eugênia.

23-82151 CDD: 365.981
CDD: 343.815:316:578.834(81)

Rua Teotônio Regadas 26 sala 904
20021_360 _ Lapa _ Rio de Janeiro _ RJ
www.morula.com.br _ contato@morula.com.br
/morulaeditorial /morula_editorial

SUMÁRIO

APRESENTAÇÃO

Desde que foram registrados os primeiros casos de contágio pelo "novo coronavírus", diversos pesquisadores e pesquisadoras se engajaram no acompanhamento dos impactos da pandemia nas prisões. Esta coletânea reúne parte significativa dessas reflexões, propostas no "calor dos acontecimentos". Sociólogos, antropólogos, juristas e outros pesquisadores que já se dedicavam ao estudo das instituições de punição e justiça, conhecedores das atrozes condições de confinamento que caracterizam o sistema prisional brasileiro, marcado pelos péssimos serviços de saúde, pela superlotação e alimentação precária, pelo racionamento de água potável, entre outras tantas formas de tortura, prontamente passaram a monitorar a evolução dos casos, as políticas de prevenção, a divulgação dos dados oficiais, o tratamento dedicado aos grupos de risco, casos suspeitos e confirmados, o número de óbitos e o fluxo dos mortos. Tal escrutínio se voltou tanto para as prisões do país como um todo quanto para contextos específicos de estados como Rio de Janeiro, São Paulo, Bahia e Amazonas.

Os textos aqui compilados foram originalmente publicados entre março de 2020 e outubro de 2021, abarcando, portanto, diferentes momentos da pandemia — da apreensão inicial à aparente tranquilidade que acompanhava o avanço da vacinação, passando pelos primeiros picos de contágio, as mortes e a superlotação dos cemitérios. No entanto, a organização aqui proposta não segue estritamente uma ordem cronológica. Os textos constituem um caleidoscópio narrativo, no qual se deslocam perspectivas, tempos, lugares e focos de análise.

Partimos — com as provocações abolicionistas de Maíra Cardoso Zapater — de fora da prisão, com meditações como as que muitos de nós, pesquisadores dos "subterrâneos" do social, tivemos que fazer quando nos vimos recolhidos num ininterrupto *home office*. Às portas do cárcere, nos detemos, com Giane Silvestre, Maria Gorete Marques de Jesus e Ana Luiza Villela de Viana Bandeira, a observar o que se passou com as audiências de custódia quando a copresença — elemento fulcral e constitutivo dessa audiência — se tornou uma contraindicação médica. Na sequência, a partir da contribuição de Kátia Sento Sé Mello, atravessamos os muros da prisão e exploramos dimensões diversas do desdobrar da pandemia nesse particular contexto. Ao final desse percurso, nos vemos uma vez mais do lado de fora, atentando para o que se passou com as famílias das pessoas privadas de liberdade, com Natália Lago, e com as sobreviventes da pandemia e da prisão, com Natália Corazza Padovani. Do início ao fim desse tortuoso trajeto, como provocação ao pensamento e à ação, também como meta, reafirmamos a abolição dessa particular instituição que mais males causa do que remedia — essa espécie de "cloroquina" dos conflitos e das desigualdades sociais.

A maior parte dos trabalhos aqui reunidos foi publicada na seção extraordinária "Reflexões na Pandemia" da "Dilemas — Revista de Estudos de Conflito e Controle Social", da qual fomos os editores a partir de julho de 2020. A quantidade e a qualidade das contribuições que nos foram enviadas, pautando implicações diversas da pandemia na questão carcerária e em outras dimensões do sistema de justiça criminal, nos motivou a propor a presente compilação. Tais trabalhos, pelo fato de terem sido produzidos no "olho do furacão", figuram como experimentações de pesquisa e de pensamento e, uma vez reunidos, podem servir de base para um debate que, bem sabemos, ainda há de se prolongar por muitos anos.

Ao conjunto de textos que tivemos a satisfação de editar, acrescemos outras contribuições importantes publicadas em outros espaços, em especial, no portal do *Le Monde Diplomatique* Brasil — como, por exemplo, o texto de apresentação do projeto @Infovírus, de Camila Prando, Felipe Freitas, Marília de Nardin Budó e Riccardo Cappi, e a entrevista feita por Fábio Araújo, Fábio Mallart, Fábio Candotti e Rafael Godoi com o Mecanismo Estadual de Prevenção e Combate à Tortura do Rio de Janeiro (MEPCT/RJ).

Se, inicialmente, já imaginávamos, em virtude das condições abjetas que conformam as prisões, que a pandemia traria efeitos ainda mais danosos para presos e presas, assim como para os seus familiares, parte dos textos que compõem esta coletânea não apenas comprovam essa suposição, mas desvelam as múltiplas faces das torturas, das políticas de morte e dos sofrimentos impostos em tempos de Covid-19. Sob distintos enfoques e intensidades, é isso o que demonstram os textos de Ricardo Campello e Rafael Godoi, de Fábio Candotti, do Grupo Clandestino de Estudos em Controle, Cidades e Prisões, de Fábio Mallart e Fábio Araújo, de Sofia Fromer Manzalli e Heloisa de Souza Dantas, de Janrryer Mota Santos, de Isabella Mesquita Martins, Rebeca Arruda de Souza e Vanessa Kopke dos Santos.

Importante ressaltar, ainda, que o conjunto aqui disposto se complementa com outros trabalhos que são o produto desse mesmo esforço coletivo, mas que não puderam compor este volume porque tiveram suas publicações encaminhadas por outras vias. Cabe mencionar também que muitos dos dados, argumentos e debates que povoam este livro foram discutidos, meditados e, alguns deles, elaborados no âmbito do projeto "Os sentidos do cárcere: incapacitação e ressocialização na realidade prisional brasileira contemporânea", financiado pelo CNPq e desenvolvido pelo Núcleo de Estudos da Cidadania, Conflito e Violência Urbana (NECVU), sob a coordenação de Michel Misse.

Por fim, gostaríamos de agradecer a todos os autores e autoras que contribuíram com as suas investigações e ideias; à equipe da "Dilemas", em especial a Samantha Sales, Alexandre Werneck e Marcela Araújo; também aos editores do *Le Monde Diplomatique* Brasil, Bianca Pyl e Luís Brasilino; bem como à FAPERJ e à editora Mórula.

Rafael Godoi, Fábio Mallart
e Eugênia Motta

PROVOCAÇÕES ABOLICIONISTAS NO FIM DE UM MUNDO

Maíra Cardoso Zapater

Laerte, *Folha de S. Paulo*, 27 de fevereiro de 2020

Quem está de alguma maneira envolvido com o sistema educacional neste 2020, seja como professor seja como aluno, não pôde se furtar a participar de uma aula virtual. Pois, foi durante a gravação de uma dessas que me flagrei proferindo a seguinte frase: “Em 1820, 100 anos atrás...”.

Levei mais segundos e sinapses do que gostaria para perceber o ato falho e sentir o susto de me dar conta de que 1820 foi há 200 anos, e não 100. De imediato me lembrei de uma fala recente de Lilia Schwarcz (2020), parafraseando Eric Hobsbawm — para quem o começo do século XX se deu, de fato, não em 1901, mas em 1914, quando a Primeira Guerra Mundial destroça o mundo imperial e colonial oitocentista (Hobsbawm, 1995, p. 13) — no sentido de que o século XXI começa agora, com a pandemia de Covid-19. E me conformei: é o século XX (e não o XIX) que já faz 100 anos.

Não é difícil intuir que o grande eixo temático de 2020, para (arrisco dizer) todas as áreas do conhecimento, será a pandemia de Covid-19 e seus múltiplos efeitos irradiados para todos os aspectos da vida social, no âmbito público e privado. Essa onipresença temática, ao mesmo tempo que impede a elaboração de outras reflexões — como pensar em outra coisa quando tudo o que nos cerca está alterado por um mesmo motivo? — oferece também o desafio (ou a oportunidade) de ser analisada "no quente".

Quem se aventura a escrever sobre acontecimentos e contextos partindo da perspectiva de quem está neles inserido não pode ter a pretensão de ser um observador externo e objetivo. Porém, pode-se tirar partido do "calor do momento" que afeta os sentidos de quem escreve para que se registre não o que se sabia, mas o que se sentia. O que ainda não era possível elaborar, mas despertava a vontade de saber e de ao menos tentar compreender.

Digo isso por não ter a pretensão de, neste ensaio, desenvolver formulações teóricas a respeito de transformações sociais ainda em curso. Tampouco consegui, no decorrer dos longos meses de 2020, colher dados empíricos para análise, numa tentativa de, por meio deles, ter "o grande *insight*" e encontrar a mais aguda reflexão. O que pretendo aqui é compartilhar com as leitoras e os leitores as perguntas que tenho me feito, ainda carentes de elaboração a contento (e como fazê-lo agora, não é?) e deixar demarcados pontos de partida, para os quais eu — e quem mais se interessar — possa retornar e abrir as trilhas de pensamento aqui iniciadas, ou mesmo refutar todas as perguntas propostas. Para isso, se prestam os esboços: para que se abram novas possibilidades de construção de ideias.

Para tanto, parto de uma primeira pergunta: como as instituições organizadoras de tempos e espaços da modernidade estão sendo afetadas pelas transformações decorrentes das necessidades sanitárias? Para desenvolver esse questionamento, pretendo mobilizar categorias clássicas de análise pelas quais as ciências sociais procuraram pensar o período compreendido entre a passagem do século

XIX e a primeira metade do século XX, delas me apropriando e as ressignificando, para tentar compreender essa transição do século XX para o XXI. Estaríamos, agora sim, em definitivo em uma nova era que se pode chamar de "pós-modernidade"[1]?

Muito menos que prender-se a datas e referências estanques — e aceitando mesmo os riscos inerentes ao uso e emprego da expressão "pós-modernidade" — entende-se interessante a identificação desse processo de ruptura como modo de se diferenciar e de se designar com clareza o período de transição irrompido no final do século XX e que possui por traço principal a superação dos paradigmas erigidos ao longo da modernidade (Bittar, 2008, p. 132).

Assumindo conscientemente aqui o risco do anacronismo de propor descrever o novo a partir do antigo, encontro como justificativa racional suficiente que recorrer a um universo de categorias conhecidas ajuda a organizar o que se pensa sobre um objeto inédito. Como nomear o que ainda não se conhece por inteiro, senão pelos nomes que já conhecemos?

Experimentando o sabor do desconhecido

A experiência nova, por não vivida e incalculada, traz o gérmen da intranquilidade pela consequência. Restam, então, as perguntas: onde tudo isso vai nos levar? O que isso haverá de causar? O que é bom e o que é mau no meio de todas estas mudanças? Onde está o porto seguro? Por que as coisas devem mudar se estavam boas no modo como se conduziam? Projetada sobre a ideia de pós-modernidade está toda uma carga de ansiedade inerente ao processo de

---

[1] Registre-se que não se ignora o vasto debate e as disputas em torno dos significados de "pós-modernidade". Para os fins pretendidos por este texto, porém, emprega-se a expressão tão somente no sentido de se identificar uma transformação social e cultural capaz de erodir de forma significativa paradigmas construídos na Modernidade.

vivência do novo (de um novo contraditório, onde valores novos se apresentam como contravalores, que sobrevivem em ondas de contestação ao lado de valores velhos), que descortina dimensões tentadoras e saborosas para os que possuem paladar pelo desconhecido, mas que causam, com a mesma intensidade, o desgosto daqueles que têm paladar pelo trivial (Idem, ibid., p. 136).

Procurando pôr de lado os amargos já conhecidos que a experiência de confinamento e distanciamento físico trouxe, numa combinação de medos de morte, doença e contágio, da familiaridade indesejada com expressões como "grupo de risco", "comorbidades", "oxímetro", "respiradores artificiais", da tensão tediosa do "novo normal" e de tudo o mais que vivemos até aqui, quero me deixar tentar pelos sabores novos que esse desconhecido traz, como as percepções subjetivas sobre um tempo que, simultaneamente, sobra e falta, que demanda uma reorganização radical em um ano com semestres e jornadas deslocadas e realocadas, de intervalos borrados. Com tudo isso em curso, não há mais como sustentar a moderníssima concepção de uma passagem linear do tempo, marcada por acontecimentos sequenciados e destinados a um progresso inexorável. É por essa centralidade na nova experiência humana em relação ao tempo que escolho observar as transformações — já sofridas ou potenciais — que vêm atingindo três instituições pilares da organização de tempos e espaços na modernidade: (1) a escola; (2) o espaço de trabalho; (3) a prisão. Não é inédita essa sistematização, que representa as instituições que dividem os tempos e os espaços para finalidades específicas e correlatas[2], e cuja gênese se dá na construção do período a que chamamos modernidade.

Não há como deixar de reconhecer, evidentemente, as reformas, as adaptações e os ajustes já realizados desde seu nascedouro. Porém,

---

2 Nesse sentido, citem-se análises de Georg Rusche e Otto Kirchhemeier na década de 1930, e, a partir da década de 1970 Michel Foucault, Dario Melossi e Massimo Pavarini, entre outros.

talvez ainda não tenha havido nada tão radical (para não dizer propriamente revolucionário) quanto as transformações impostas pela necessidade sanitária que emergiu em 2020. Que novas configurações da organização dos tempos e dos espaços se formarão?

Para pensar essas três instituições e como foram afetadas pela pandemia, proponho a seguinte esteira de raciocínio: classifico a contaminação, o adoecimento e a morte de pessoas pela Covid-19 como um fato biológico, que passa a ser interpretado como fato social[3] a partir do momento em que a Organização Mundial de Saúde (OMS) declara o estado de pandemia mundial em março de 2020. Não demorou, aliás, para que a pandemia fosse descrita como fato social total[4]: dos mínimos atos cotidianos da vida privada, como uma ida à padaria ou a visita a um parente próximo, às decisões macropolíticas, como a realização de eleições, passando pela produção econômica e cultural, por ritos fúnebres, procedimentos do Poder Judiciário, atividade legislativa, formas de lazer, tudo foi atingido pela necessidade sanitária de se modificarem brusca e profundamente as regras de interação social, por ser essa — a interação de pessoas de maneira presencial — a forma principal de contágio.

O fato social total representado pela pandemia gera uma tal instabilidade das normas vigentes que vale colocar o questionamento: estamos em um estado de anomia — ao menos até que novas convenções se estabilizem? A amplitude e profundidade dos efeitos das cautelas sanitárias adotadas produzem justamente a perturbação social que altera brusca e repentinamente as regras de convivência, fazendo com que os

---

[3] Ou seja, externo ao indivíduo, generalizado e coercitivo, e que (re)organiza a vida social, nos termos estabelecidos por Dukheim em "As regras do método sociológico" (1973[1895]).

[4] Nos termos elaborados por Marcel Mauss em "Ensaio sobre a dádiva", como, por exemplo, referenciado por Ignacio Ramonet, em "A pandemia econômica será de uma brutalidade desconhecida" (2020), ou por Gustavo Lins Ribeiro em "Medo global" (2020).

mecanismos de controle social percam eficácia, dissolvendo as expectativas sociais de previsibilidade das interações e gerando incerteza sobre como se conduzir socialmente. Pode-se falar, por exemplo, que há a sensação generalizada de um estado de indeterminação que afeta a vida mental descrita por Durkheim (2019, p. 313), em decorrência do ruído nas instruções de diferentes autoridades sobre cumprir ou não as orientações sanitárias de distanciamento físico? Está instaurada a dúvida sobre quem detém o discurso legítimo: a ciência, que pede isolamento e distanciamento, ou os ocupantes de cargos de autoridade política que minimizam os efeitos sanitários coletivos e privilegiam a retomada de atividades econômicas, evocando certa "coragem individual" para "enfrentar o inimigo invisível" numa retórica de guerra? Como lidar com o esgarçamento da legitimidade até há pouco conferida ao saber médico quando "furar a quarentena" ou deixar de usar a máscara passa a ser interpretado pelos sujeitos como uma transgressão a pretexto de exercer sua liberdade individual?

O discurso que defende não existir uma "verdade absoluta" faz do fim da pandemia uma decisão individual, dependente de percepções e sensações subjetivas de segurança de cada um[5]? Se no fenômeno discursivo da pós-verdade (cf. Siebert; Pereira, 2020) a crença de cada um se coloca acima dos fatos para legitimar decisões, diremos que a pós-verdade é, igualmente, anômica? Em outras palavras: pode a clássica categoria elaborada por Durkheim como uma de suas explicações sociológicas para o fenômeno do suicídio (Durkheim, 2019[1897], p. 329) contribuir para que leiamos o período atual como anômico?

---

[5] Como exemplo desse pensamento, menciono Hélio Schwartsman (Folha de S. Paulo, 2020): "A pandemia foi deflagrada por uma causa muito concreta, o Sars-CoV-2, mas seu fim será um fenômeno muito mais psicológico do que físico. A esta altura, acho que ninguém mais acredita que o vírus possa ser eliminado. Ele está se tornando endêmico e deve permanecer entre nós por muito tempo, cada vez menos perigoso, espera-se. E é a sensação de segurança que ditará o ritmo da volta ao normal pré-pandêmico".

A anomia descrita por Durkheim pode ser uma categoria útil para nomear as sensações individuais de dúvida sobre como se conduzir nas interações sociais nesse momento, uma vez que é nessas situações que se agrava o risco de contágio e, por isso, elas vêm sendo compulsoriamente alteradas: circular no espaço público que produz aglomerações em ambientes fechados, como escolas, escritórios e comércios, ou no transporte público que leva as pessoas a esses lugares já não ocorre da forma como conhecemos por anos. Estamos sendo obrigados a rever todo um repertório de gestos de socialização que vão desde cumprimentos formais, como o aperto de mãos para saudar quem nos é apresentado, até demonstrações de afeto dos abraços entre familiares ou do desejo sexual de um beijo no parceiro. Estamos a enfrentar a dificuldade de comunicação verbal e não verbal pela imposição do uso das máscaras quando resta ao rosto apenas o olhar e, ao resto do corpo, a busca por um novo repertório de gestos. Ou o inverso disso nas interações *on-line*: só nos resta o rosto (não raro desfeito em *pixels*) e a voz cortada, que altera o ritmo de réplicas e tréplicas nos diálogos enquanto escolhemos entre olhar o interlocutor no quadradinho da tela (e com isso negar-lhe o simulacro do "olho no olho"), ou mirar o buraco negro da *webcam* para oferecer o calor do olhar ao outro abrindo mão de contemplar suas feições. São novas interações que passam, de um dia para o outro, a ser interditadas (no caso das presenciais) ou obrigatórias (no caso daquelas feitas à distância) diante do risco sanitário e que precisam ser aprendidas. Como elaboraremos essas novas técnicas do corpo[6]?

---

[6] "Técnicas do corpo" é o título de uma comunicação apresentada pelo antropólogo francês Marcel Mauss à Sociedade de Psicologia em 1934, em que ele se refere aos modos pelos quais as pessoas sabem e aprendem a servir-se de seus corpos por meio da transmissão tradicional desse tipo de conhecimento, o que varia de uma sociedade a outra. A esse respeito, ver Haibara e Santos (2016).

Pois bem: para que fosse possível interditar todas essas interações, era (é?) preciso não circular, não encontrar, não interagir. "Fique em casa" foram as primeiras palavras de ordem, logo complementadas pela ressalva: "se puder". E, como se sabe, querer não é poder — muito embora nem todos que podem queiram ficar em casa. Imprescindível dizer, portanto, que muitos dos aspectos de que passo a tratar agora dizem respeito a uma parcela privilegiada da população: aquela que pôde escolher ficar em casa, e de lá continuar a trabalhar e estudar.

Poder escolher é, desde que o Estado liberal burguês foi criado sob a bandeira da liberdade (não cabe aqui discutir as ambivalências da igualdade e da fraternidade que a acompanharam), um privilégio, pois ela depende de uma série de estruturas materiais para que tais escolhas estejam à disposição. Típico privilégio moderno, a era em que o desejo do indivíduo é soberano — desde que, é claro, esse indivíduo pertença aos grupos sociais aos quais as tais estruturas materiais que possibilitam escolhas estejam disponíveis. Ao disporem dessas estruturas materiais para trabalhar e estudar de casa, estarão os privilegiados como personagens principais do roteiro do fim da modernidade, sob direção da pandemia?

O "novo normal": a casa é a nova instituição total?

A pós-modernidade chega para se instalar definitivamente, mas a modernidade ainda não deixou de estar presente entre nós, e isso é fato. Suas verdades, seus preceitos, seus princípios, suas instituições, seus valores (impregnados do ideário burguês, capitalista e liberal), ainda permeiam grande parte das práticas institucionais e sociais, de modo que a simples superação imediata da modernidade é ilusão. Obviamente, nenhum processo histórico instaura uma nova ordem, ou uma nova fonte de inspiração de valores sociais, do dia para a noite, e o viver transitivo é exatamente um viver intertemporal, ou seja, entre dois tempos, entre dois universos de valores — enfim, entre passado erodido e presente multifário (Idem, ibid., pp. 133-134).

Há algo em nós que permaneceu moderno. E aqui adentro a observação de objetos de pesquisa das ciências sociais típicos da modernidade: há estruturas sociais modernas que, mesmo diante de tantos debates e reflexões sobre pós-modernidade e seus termos derivados — e que, evidentemente, antecedem o contexto atual da pandemia —, não estão (ou não estavam, até este momento) de todo superadas. Entre elas, as formas de trabalho, educação formal e punição, que ainda se alicerçam em premissas modernas. Isso porque os modelos educacionais e laborais na modernidade são centrados em um eixo: a organização do tempo com divisão em períodos determinados, dirigidos a finalidades específicas, a serem atingidas por meio da realização de atividades em espaços arquitetônicos especialmente projetados para tal objetivo. A esse respeito, entendo, já se falou o suficiente[7] para que eu possa presumir ser um consenso o fato de que a sociedade capitalista moderna, em sua gênese, organizou seus tempos e espaços em torno de produções na escola e na fábrica e de punições na prisão.

Pois bem: aqueles já mencionados privilegiados, que puderam (ou ainda podem) "ficar em casa" e manter sua fonte de renda, viram seu trabalho se tornar remoto e a educação a distância. Suprimidos os deslocamentos diários até os prédios compartimentados em salas de aula ou baias de escritórios, transformamos o tempo despendido nas distâncias em tempo em casa. Hora de entrada, jornadas, horas extras, intervalo de almoço, pausa para o café, primeira aula, recreio, última aula e hora da saída se sobrepuseram, borrados em um espaço físico único — a casa, que, do moderno "asilo inviolável do indivíduo" passa, de repente, ao lugar onde toda a vida se dá. A convivência familiar presencial intensificada e amplificada confunde-se com a atividade laboral virtual, ao mesmo tempo que as relações

---

7 Nesse sentido, remeto aqui aos autores mencionados na Nota 3.

com os colegas de trabalho ocorrem nos compartimentos arquitetônicos mais íntimos da vida privada, ainda que mediada pelos monitores dos computadores.

Esse fato social total pode ter alterado, portanto, duas instituições fundamentais da modernidade de organização do tempo e dos espaços em torno de uma determinada finalidade: a escola e o trabalho. Nas palavras de Erving Goffman:

> Uma disposição básica da sociedade moderna é que o indivíduo tende a dormir, brincar e trabalhar em diferentes lugares, com diferentes coparticipantes, sob diferentes autoridades e sem um plano racional geral. O aspecto central das instituições totais pode ser descrito com a ruptura das barreiras que comumente separam essas três esferas da vida. Em primeiro lugar, todos os aspectos da vida são realizados no mesmo local e sob uma única autoridade (Goffman, 1961, p. 17).

A descrição da "instituição total" elaborada por Goffman em "Manicômios, prisões e conventos" (1961) corresponde ao: "local de residência e trabalho onde um grande número de indivíduos com situação semelhante, separados da sociedade mais ampla por considerável período de tempo, levam uma vida fechada e formalmente administrada" (Idem, ibid., p. 16). O autor identifica cinco modalidades de instituição total, tendo por critério o objetivo oficial de cada: cuidados de incapazes inofensivos (como idosos e crianças); cuidados de incapazes perigosos (como doentes mentais, leprosos, tuberculosos); a eficácia de trabalho determinado (como o realizado em quartéis, navios, colônias agrícolas, escolas internas); necessidade de um refúgio do mundo (a exemplo de mosteiros e conventos); e a proteção social contra perigos intencionais (que corresponderia às prisões).

A quarentena impõe o isolamento como proteção aos perigos do contágio. Tendo em conta que todos nos tornamos um vetor potencial da doença, podemos pensar o isolamento que acarreta o trabalho em *home office* e o estudo por ensino a distância como um fenômeno que aproxima a "casa da quarentena" da noção de "instituição total"? De outro lado, a inexistência de uma autoridade burocrática no espaço doméstico a determinar de forma heteronômica as regras das atividades a serem realizadas estabelece uma fronteira fundamental entre as duas situações, uma vez que se atribuiu aos indivíduos e às famílias a autogestão de parte significativa de suas rotinas laborais e escolares. Como está sendo produzido esse sujeito confinado, porém autogerenciado? Aqui cabe refletir sobre o argumento de Byung-Chul Han, que já aloca a vida comunitária contemporânea em um lugar além da sociedade disciplinar:

> A sociedade disciplinar de Foucault, feita de hospitais, asilos, presídios, quartéis e fábricas, não é mais a sociedade de hoje. Em seu lugar, há muito tempo, entrou uma outra sociedade, a saber, uma sociedade de academias de fitness, prédios de escritórios, bancos, aeroportos, shopping centers e laboratórios de genética. A sociedade do século XXI não é mais a sociedade disciplinar, mas uma sociedade de desempenho (Han, 2017, p. 23).

Em que pese essa delegação de atividades de trabalho e estudo à autogestão, é imperativo reconhecer que essa nova forma de vivenciar o tempo padece do pouco ou nenhum controle do indivíduo sobre o tédio, sobre a cessação dos contatos com amigos e a intensificação da convivência com familiares ou consigo próprio no caso daqueles que vivem sós, sobre a interrupção compulsória de afetos, sobre a interferência no lazer, no estudo etc. Seriam esses elementos capazes de proporcionar experiências subjetivas de aprisionamento doméstico aptas a modificar a percepção social sobre a experiência individual da pena privativa de liberdade? Haverá uma ressignificação da clássica contraposição entre segurança e liberdade, neste momento em que estamos seguros em casa, mas destituídos de grande parte da nossa liberdade? Ou, ao contrário, servirá para consolidar a punição pela privação do tempo, agora de forma descolada e desvinculada dos outros elementos da tríade moderna escola-fábrica-prisão?

A persistência da pena de privação do tempo: não existe cumprimento de pena *on-line*

Dessa forma se forjaram os principais paradigmas do Estado de Direito e da dogmática jurídica durante o século XIX. Concebeu-se, nesse sentido, a experiência de um Estado legalista, que se movimenta a partir de uma imensa miríade de textos normativos, atos burocráticos, expedientes dispendiosos, mas que, vivenciando a crise contemporânea, é incapaz de conter delitos os mais banais ou mesmo dar efetividade a normas de importância social reconhecida. Enquanto as normas e os atos administrativos, as portarias e os expedientes burocráticos se reproduzem, multiplicam e pluralizam, também os crimes, atrocidades, contradições sistêmicas, atos abusivos e a corrupção aumentam sua participação na desconstituição do espaço de respeitabilidade do ordenamento jurídico (Bittar, 2008, p. 145).

A gênese do direito penal, como o conhecemos, praticamente se confunde com a da modernidade: a legitimidade do Estado para impor sanções é um pressuposto de ambos, sendo que essa legitimação da ordem político-jurídica se dá pelo uso da força no chamado monopólio do Estado no uso da violência lícita[8]. A sanção penal corresponde, portanto, à racionalização jurídica de um ato de violência, praticado como consequência do descumprimento da norma penal,

[8] Por "violência lícita" entenda-se aquela prevista como norma jurídica, o que não implica reconhecer sua legitimidade, em especial considerando o processo de autolegitimação empreendido pelo Estado moderno para justificar moralmente o monopólio do poder punitivo.

e justificado filosoficamente por dois argumentos: seria moralmente necessário retribuir o mal causado pelo crime com o mal infligido pela pena; e a ameaça de castigo poderia ter efeito dissuasório sobre a vontade daqueles que intentassem delinquir.

Trata-se, entretanto, de modelos teóricos contemporâneos à formação do Estado moderno e que, na verdade, se constituem antes como discursos de autolegitimação, sem qualquer lastro empírico a respeito dos efeitos prometidos sobre o comportamento das pessoas. Essa noção aqui exposta, no sentido de que o fundamento moral, filosófico e político do sistema punitivo construído pelo direito penal se confunde com o do Estado moderno, é oriunda das teorias criminológicas desenvolvidas a partir da década de 1970 (especialmente a criminologia crítica), na chamada "virada criminológica"[9] catalisada com a retomada do argumento de Rusche e Kirschmeimer em "Punição e estrutura social" (2004[1939]). Atribui-se a essa obra escrita na década de 1930 uma das primeiras propostas de análise a associar regimes punitivos e sistemas de produção, demonstrando que a punição não seria mera consequência da aplicação de normas jurídicas emitidas por uma autoridade considerada legítima (o Estado), mas uma tática política por meio da qual o poder se organiza e se expressa. Dessa forma, cada sistema de produção teria sua própria maneira de manifestar o poder político por meio da punição, o que explica a associação das gêneses do regime capitalista industrial — fundado em mão de obra livre e na venda do tempo e da força de trabalho — e da pena de prisão[10], que não é, na verdade, uma privação da liberdade (em si, restituível), mas sim

---

9 Sobre a importância da obra na chamada "virada criminológica" ocorrida a partir do final da década de 1960 e início da de 1970, ver a tradução de Mariana Chies Santiago Santos para "Georg Rusche: um ensaio biográfico", de Dario Melossi (2020).

10 A esse respeito, cite-se em especial o capítulo "Mercantilismo e surgimento da prisão" em "Punição e estrutura social" (2004[1939], pp. 43-82).

do tempo decorrido durante o aprisionamento. Se o capitalismo se constrói a partir do acúmulo e da circulação de dinheiro, a pena de privação de tempo é, por princípio, excludente ao interditar ao condenado a participação no sistema de circulação e acúmulo de capital. É a melhor tradução da expressão atribuída a Benjamin Franklin: "tempo é dinheiro".

Temos, portanto, que a transformação da organização política no século XVIII se manifesta não só na formação do Estado moderno, burguês e liberal, legitimado pelas normas do direito, mas também na da punição, igualmente (e pretensamente) moderna, burguesa, liberal e legitimada pelo direito. É amplamente disseminada a formulação de Michel Foucault em "Vigiar e punir" (2002[1975]) a respeito da origem dos poderes e instituições a partir do século XVIII, quando a justiça penal encontra uma nova justificativa moral e política para a punição. Essa ideia pode ser verificada, por exemplo, na aplicação jurídica da igualdade demandada pelas revoluções liberais burguesas na previsão das mesmas penas para os mesmos fatos independentemente do estrato social a que pertencesse o apenado[11]. Nesse processo, o deslocamento da punição da praça pública para a prisão torna a execução da pena velada e afastada das vistas do público, enquanto o corpo deixa de ser objeto da pena para ser o intermediário de sua aplicação (Foucault, 1975, pp. 12-13). Vale lembrar que desde o século XVIII Beccaria[12] clamava que o corpo não poderia mais ser objeto das penas, pois ali passa a ser reconhecida uma pessoa e um sujeito de direito, e não mais um súdito cujo corpo é submetido aos desmandos do soberano. Dirá Foucault que é o fim do suplício, do espetáculo e do domínio sobre o corpo do condenado como objeto de aplicação da pena.

---

11 Em um reconhecimento da igualdade dos corpos que, todavia, excluía aqueles que não fossem o do homem branco burguês revolucionário: a igualdade demandada ali era a dele em relação ao nobre, e não havia qualquer pretensão naquele momento de se incluir, por exemplo, mulheres e negros escravizados nas Américas.

12 A esse respeito, ver os capítulos "§XII Da tortura","§XV Da moderação das penas"e "§XVI Da pena de morte" em "Dos delitos e das penas" (2003[1764]).

A pena de prisão então se apresenta como a grande "novidade" histórica ao fazer com que a punição deixe de ser aplicada sobre o corpo daqueles que o têm como propriedade. Mas é justamente esse processo de "humanização" que afasta dos corpos a aplicação da pena que fará com que, a partir da modernidade, a punição atinja o que lhe é central em seu arcabouço simbólico: o intelecto, a vontade, as disposições. Assim, a modernidade cria a instituição na qual a heteronomia será absoluta: na prisão, o indivíduo que supostamente escolheu violar a lei penal é condenado a nada mais escolher. Não escolhe a hora de dormir e de acordar, o que come, quando come, com quem vive, o que lê, com o que trabalha.

Ao longo da crise sanitária da Covid-19, o trabalho e a escola lograram, enquanto instituições, legitimar as funções de suas atividades mesmo que realizadas à distância e de forma remota. Ainda que com percalços e constantes necessidades de ajustes, foi assumido institucionalmente tanto por órgãos públicos quanto pelas empresas da iniciativa privada, tanto nas escolas públicas quanto nas particulares, a possibilidade de realizar sua função e atingir suas finalidades principais à distância pela internet. Mas, diferentemente do que vem ocorrendo com essas atividades que passam a ser vivenciadas no espaço doméstico, o conceito de necessidade de aprisionamento físico de pessoas condenadas por crimes permaneceu intocado[13]. A realização das alegadas funções da pena parece

---

[13] Em que pese a recomendação nº 62 emitida pelo Conselho Nacional de Justiça (CNJ) para que os tribunais e magistrados adotassem medidas preventivas à propagação do da infecção pelo novo coronavírus — Covid-19 no âmbito dos estabelecimentos do sistema prisional e do sistema socioeducativo, como adoção de medidas socioeducativas em meio aberto para adolescentes (art. 2º), reavaliação de prisões provisórias para réus com processos em fase de conhecimento (art. 4º), entre outros, não há nada que pareça indicar que a normativa tenha o potencial de fazer uma revisão sobre o fundamento da pena de prisão como se tem observado, diferentemente, em relação à adoção do trabalho remoto e de formas híbridas de ensino. Disponível (*on-line*) em: https://www.cnj.jus.br/wp-content/uploads/2020/03/62-Recomendação.pdf

ainda reclamar a modalidade presencial: o castigo sobre a alma não prescindiu do corpo como meio, ao passo que trabalho e ensino remotos partem da premissa de que o corpo pode não estar presente.

Acaba um mundo e não acaba a prisão: a provocação abolicionista

> A expressão "pós-modernidade" batiza um contexto sócio-histórico particular, que se funda na base de reflexões críticas acerca do esgotamento dos paradigmas instituídos e construídos pela modernidade ocidental (Bittar, p. 131, 2008).

As estruturas de trabalho e escola foram afetadas (possivelmente de forma irreversível) pelas imposições sanitárias da pandemia, ainda que persista uma ausência de consensos sobre a melhor maneira de realização de suas atividades, o que provavelmente seguirá em disputa por algum tempo até a consolidação de um novo formato.

Mas é curioso verificar como o consenso hegemônico a respeito da prisão permanece praticamente inabalado. Assistiremos à consagração da pena privativa de liberdade e de tempo como instituição independente dos outros dois pilares com os quais surgiu há cerca de três séculos? Ou testemunharemos a confirmação da obsolescência do direito moderno que inventou a pena de prisão? Será essa a única herança moderna não revista? O que a renitência do punitivismo nos revela?

A Covid-19 é um apocalipse. Não só pela destruição com que penitenciou o mundo, uma destruição que parece o fim de tudo. É o que eu digo a meus alunos: para um apocalipse ser verdadeiramente apocalíptico ele precisa, no momento de destruição, revelar. Você não precisa ser estudioso da Bíblia para saber que a palavra Apocalipse vem do grego *apokálypsis*, que significa "descobrir" ou “revelar”. Um verdadeiro apocalipse, portanto, nos mostra o que estava escondido ou não era assumido no mundo; ele fala de nós como países, como sociedades, como planeta, e nos traz notícias, o tipo de notícia mais arraigada que muitos de nós não querem ouvir ou absorver (Díaz, 2020).

A transformação potencialmente revolucionária das estruturas modernas de organização do tempo e dos espaços ocasionada pela necessidade sanitária é, no sentido descrito por Díaz, apocalíptica: ela destrói, mas também revela a capacidade de transformação de formas de (con)viver consagradas e, até então, aparentemente cristalizadas. Como é típico do capitalismo, os privilegiados com acesso à estrutura material que possibilita a escolha de ficar em casa parecem vivenciar a história da erosão da modernidade no centro do palco. Quanto mais apartado das estruturas materiais que possibilitam escolhas, mais vulnerável fica o indivíduo, que desde o início da crise precisou permanecer circulando no espaço público e se expondo aos maiores riscos de contaminação. Já o indivíduo aprisionado é aquele a quem nada é dado a escolher: seu corpo permanece considerado meio indispensável para realizar as alegadas funções da punição. A crise sanitária foi (ao menos até agora) incapaz de fazer questionar a relação de causalidade (aparentemente) incontornável entre “crime” e “castigo”, necessariamente intermediada pelo corpo. A prisão nunca pareceu tão real, autonomizada e descolada de suas raízes modernas.

REFERÊNCIAS

BECCARIA, Cesare. *Dos delitos e das penas*. Bauru: Edipro, 2003[1764].

BITTAR, Eduardo Carlos Bianca. O direito na pós-modernidade. *Revista Sequência*, nº 57, 2008. pp. 131-152.

DURKHEIM, Émile. As regras do método sociológico. *In*: *Os pensadores*, vol. XXXIII. São Paulo: Abril Cultural, 1973[1895].

DURKHEIM, Émile. *O suicídio:* estudo de sociologia. São Paulo: WMF Martins Fontes, 2019[1897].

FOUCAULT, Michel. *Vigiar e punir:* nascimento da prisão. Petrópolis: Vozes, 2002[1975].

GOFFMAN, Erving. *Manicômios, prisões e conventos*. São Paulo: Perspectiva, 2013.

HAIBARA, Alice; SANTOS, Valéria Oliveira. As técnicas do corpo. *In*: *Enciclopédia de Antropologia*. São Paulo: USP, 2016. Disponível (*on-line*) em: https://ea.fflch.usp.br/obra/tecnicas-do-corpo

HAN, Byung-Chul. *Sociedade do cansaço*. Petrópolis: Vozes, 2017.

HOBSBAWM, Eric. *A Era dos Extremos*. São Paulo: Companhia das Letras, 1995.

KIRCHHEIMER, Otto; RUSCHE, Georg. *Punição e estrutura social*. Rio de Janeiro: Revan, 2004[1939].

MELOSSI, Dario. Georg Rusche: um ensaio biográfico. *Civitas: Revista de Sociologia*, vol. 20, nº 2, 2020. pp. 287-305.

_____; PAVARINI, Massimo. *Cárcere e fábrica:* as origens do sistema penitenciário (séculos XVI-XIX). Rio de Janeiro: Revan, 2006.

RAMONET, Ignacio. A pandemia econômica será de uma brutalidade desconhecida. Entrevista concedida a Miguel Muñoz. *Revista IHU On-line*, 13 de agosto de 2020. Disponível (*on-line*) em: http://www.ihu.unisinos.br/601819-a-pandemia-economica-sera-de-uma-brutalidade-desconhecida-entrevista-com-ignacio-ramonet

RIBEIRO, Gustavo Lins. Medo global. *Boletim Ciências Sociais e Coronavírus*, nº 5, Anpocs, 2020. Disponível (*on-line*) em: http://anpocs.org/index.php/publicacoes-sp-2056165036/boletim-cientistas-sociais/2311-boletim-n-3-as-ciencias-sociais-e-a-saude-coletiva-frente-a-atual-epidemia-de-ignorancia-irresponsabilidade-e-ma-fe-3

SCHWARCZ, Lilia. O século 21 só começa depois da pandemia. *Canal Lili Schwarcz, Youtube*, 1º de maio de 2020. 1 vídeo (5min38s). Disponível (*on-line*) em: https://www.youtube.com/watch?v=dXHnwrT9asg

SERTÃ, Ana Luísa; ALMEIDA, Sabrina. Ensaio sobre a dádiva. *In*: *Enciclopédia de Antropologia.* São Paulo: USP, 2016. Disponível (*on-line*) em: http://ea.fflch.usp.br/obra/ensaio-sobre-dádiva

SIEBERT, Silvânia; PEREIRA, Israel Vieira. A pós-verdade como acontecimento discursivo. *Linguagem em (Dis)curso-LemD,* Tubarão, vol. 20, nº 2, 2020. pp. 239-249.

FONTES DA IMPRENSA

DÍAZ, Junot. A Covid-19 é um apocalipse: Em texto inédito para a Folha, Junot Díaz, vencedor do Pulitzer, vê na pandemia que matou 1 milhão de pessoas o 1º de muitos cataclismos. *Folha de S. Paulo,* Colunas e Blogs, 28 de setembro de 2020. Disponível (*on-line*) em: https://www1.folha.uol.com.br/mundo/2020/09/a-covid-19-e-um-apocalipse.shtml

SCHWARTSMAN, Hélio. O fim da epidemia. *Folha de S. Paulo,* Colunas e Blogs, 6 de outubro de 2020. Disponível (*on-line*) em: https://www1.folha.uol.com.br/colunas/helioschwartsman/2020/10/o-fim-da-epidemia.shtml

PANDEMIA, PRISÃO E VIOLÊNCIA

OS EFEITOS DA SUSPENSÃO DAS AUDIÊNCIAS DE CUSTÓDIA NA CIDADE DE SÃO PAULO

Giane Silvestre • Maria Gorete Marques de Jesus

Ana Luiza Villela de Viana Bandeira

A suspensão das audiências de custódia em razão da pandemia do novo coronavírus, desde março deste ano, trouxe à tona uma série de desafios que inviabilizaram não apenas a apresentação da pessoa presa em 24 horas diante do juiz para a averiguação das condições da prisão, mas também a identificação de possíveis casos de agressões cometidas por policiais durante a detenção. Além disso, trouxe para a pauta de debates questões polêmicas, como o uso de videoconferência como forma alternativa de viabilizar a continuidade das audiências.

Em razão da pandemia, o Conselho Nacional de Justiça (CNJ) publicou a recomendação nº 62/2020[1], que orienta os tribunais e os magistrados a adotarem medidas preventivas à propagação da infecção por Covid-19, tanto no âmbito do sistema de justiça penal quanto no socioeducativo. O artigo 8º desse documento trata

[1] Disponível (*on-line*) em: https://www.cnj.jus.br/wp-content/uploads/2020/03/62-Recomenda%C3%A7%C3%A3o.pdf

justamente da paralisação das audiências de custódia, com procedimentos que devem ser adotados para garantir a avaliação das condições da prisão, mesmo sem a presença da pessoa presa diante do juiz. Também, nessa recomendação, o CNJ orienta os magistrados a adotarem a aplicação de medidas socioeducativas em meio aberto e a revisarem as decisões que determinaram a internação provisória. Da mesma forma, traça como diretriz a reavaliação das prisões provisórias decretadas e a máxima excepcionalidade para novas ordens de prisão preventiva.

Em relação à apreciação dos flagrantes por parte dos juízes, o CNJ estabeleceu que fosse adotada a análise a partir dos autos produzidos pelos policiais, como ocorria antes da implementação das audiências de custódia. Essa análise documental do flagrante gera diversos problemas que, em parte, haviam sido sanados pelas audiências de custódia, como melhores condições de averiguação da prática de violência por agentes do Estado e o reforço do caráter acusatório nessa fase do processo criminal, com acesso à ampla defesa. Um exemplo dos problemas decorrentes dessa análise documental do flagrante foi relatado por Natália Brandão (2020) na cidade do Rio de Janeiro, onde advogados, por não terem acesso aos autos de prisão, acabam produzindo pedidos padrões para seus clientes, uma vez que desconhecem os crimes de que são acusados e demais informações que poderiam colaborar para a concessão de liberdade provisória.

A pandemia agravou esses problemas, recorrentes no sistema de justiça criminal brasileiro. Especificamente em relação às informações sobre a Covid-19, o próprio CNJ identificou que em 81% dos Autos de Prisão em Flagrante (APFs), apresentados durante a pandemia em todo o país, não há qualquer menção a dados relevantes para a identificação de possível contaminação do vírus (CNJ, 2020). Tal dado deixa ainda mais evidente a impossibilidade de os custodiados serem contemplados com as recomendações do CNJ, especialmente no que diz respeito à revisão das prisões preventivas decretadas e à excepcionalidade de novas ordens de prisão.

Na cidade de São Paulo, as audiências de custódia são realizadas no Departamento de Inquéritos Policiais (Dipo), localizado no Fórum Criminal, no bairro da Barra Funda. O arranjo institucional do Dipo é muito anterior ao advento das audiências, data de 1985 e é uma estrutura exclusiva da cidade de São Paulo. É subdividido em cinco departamentos e gerido por um juiz-corregedor, indicado pelo corregedor-geral do Tribunal de Justiça, além de ter juízes fixos indicados pelo juiz-corregedor. A atribuição dos juízes do Dipo, antes mesmo das audiências de custódia, era a avaliação das prisões em flagrante com base nas informações do APF (Bandeira, 2018; Kuller, 2017) e, por isso mesmo, tal estrutura foi considerada favorável ao acolhimento dessas audiências. O arranjo organizacional do Dipo, no entanto, é questionado juridicamente, pois o critério de seleção dos juízes que integram o departamento não é público e muito menos transparente. Apesar de desde 2013 a Lei Estadual nº 1.208 estabelecer procedimentos mínimos para a nomeação dos juízes do Dipo, o Tribunal de Justiça paulista tem sistematicamente ignorado tais procedimentos[2].

Pelos dados coletados pelas pesquisadoras ao longo dos últimos meses, por meio de entrevistas remotas com os operadores, especialmente os defensores públicos que atuam no Dipo, notou-se que a interrupção das audiências de custódia parece ter sido rapidamente acolhida pelos juízes e demais operadores. A veloz aderência à velha prática de avaliação de gabinete (agora em trabalho remoto) sugere que a suspensão dessas audiências não causou grandes preocupações, seja

---

2 Não há publicações do Tribunal de Justiça sobre os critérios utilizados para alocações internas. Em entrevistas com os juízes, no entanto, foi mencionado que a escolha depende primordialmente da afinidade pessoal do juiz corregedor responsável pelo DIPO. A Defensoria Pública do Estado de São Paulo entrou com um pedido liminar no STF de cassação das nomeações no DIPO, com base na inobservância da garantia do juízo natural, do princípio da inamovibilidade e do descumprimento da Lei estadual nº 1.208/2013. Ver (*on-line*):https://www.conjur.com.br/dl/defensoria-cassacao-dipo.pdf

com as condições da prisão das pessoas nesse período de pandemia, seja no impacto que essa suspensão possa ter causado num possível aumento de ocorrências de violência policial. O esforço para que os flagrantes continuassem sendo avaliados, ainda que em papel, como feito anteriormente, deixam transparecer que a prioridade é manter o fluxo do processo e afastar nulidades futuras, uma vez que a Lei nº 13.964, de 2019 (Pacote Anticrime), incluiu a previsão no artigo 310º do Código de Processo Penal, de que haverá ilegalidade na prisão em flagrante que não respeitar o prazo de 24 horas para a sua apreciação por um juiz. A lei prevê, inclusive, responsabilização administrativa, civil e criminal para a autoridade que descumprir a obrigação[3].

O fato é que a investigação de casos de violência não fez parte dessa adaptação das audiências de custódia, já que não houve adequações institucionais para que esse objetivo fosse incorporado de outras formas durante a pandemia. O sistema, que já vinha se distanciando da função central de verificar maus tratos policiais cometidos durante a prisão em flagrante (CNJ/FBSP, 2017; Jesus, 2016; Kuller, 2017; Bandeira, 2018), não foi capaz de criar um mecanismo efetivo para registrar informações que pudessem compor essa apuração. O fato se torna ainda mais grave diante da supressão do contato entre a pessoa custodiada e o advogado ou o defensor público, que poderia auxiliar tanto na elaboração da denúncia quanto no levantamento de informações sobre os relatos de violência.

Diante desse complexo contexto, o objetivo do presente artigo é discutir como tem se dado o fluxo de avaliação das prisões em flagrante com a suspensão das audiências de custódia, além das possíveis consequências que a ausência do contato tem gerado para a pessoa presa e para a identificação de possíveis casos de violência policial. Para isso, nos concentramos na cidade de São Paulo, tendo

---

[3] Lei nº 13.964, de 2019, parágrafos 3º e 4º. Disponível (*on-line*) em: http://www.planalto.gov.br/ccivil_03/_ato2019-2022/2019/lei/L13964.htm

como recorte a atuação dos operadores do Dipo no período em que as medidas de distanciamento foram implementadas em todo o país devido à pandemia[4].

Recomendação *versus* prática: como está "funcionando" a análise dos flagrantes

O artigo 8° da recomendação n° 62 do CNJ trata da suspensão das audiências de custódia durante a pandemia. Contudo, o documento prevê a necessidade da adoção de medidas para reduzir os efeitos dessa paralisação, visando também à redução dos riscos epidemiológicos e à disseminação do vírus. Entre tais medidas, está a excepcionalidade da conversão da prisão em flagrante em preventiva, sendo recomendada somente nos casos de "crime cometido com o emprego de violência ou grave ameaça contra a pessoa" e circunstâncias do fato que: "indiquem a inadequação ou insuficiência das medidas cautelares diversas da prisão, observado o protocolo das autoridades sanitárias".

Diante dessas recomendações, perguntamos aos defensores entrevistados de que forma vem ocorrendo a avaliação das prisões em flagrante, sobretudo em razão da falta de contato pessoal com as pessoas presas, o que inviabiliza qualquer acesso às informações não contidas nos APFs, especialmente de dados referentes à situação de saúde, identificação de comorbidades e possíveis sintomas de Covid-19.

Para um dos defensores entrevistados, o contato com a pessoa presa obriga os juízes a olharem para o custodiado e verem as condições de

---

4 O decreto n° 64.879, de 20 de março de 2020 do estado de São Paulo, declarou estado de emergência por conta da pandemia do novo coronavírus e marcou o início das transformações para adaptação da capital paulista às restrições de locomoção e trabalho. Texto do decreto disponível (*on-line*) em: https://www.al.sp.gov.br/norma/193347

cada um — de certa forma, expõe como a pessoa está. Se está machucada, em certa medida isso constrange o magistrado a dizer algo sobre aquele quadro, a questionar sobre uma possível agressão policial. A avaliação das prisões realizada por meio do papel invisibiliza situações como essa, que, no fundo, não seriam de interesse do juiz avaliar:

> Eu não sei, não dá para saber, porque agora como a gente não tem contato com os acusados, que a gente, olhando o flagrante bruto, porque o que acontece na dinâmica da audiência de custódia, né? Eles falam qual é o número do inquérito, você abre o inquérito, analisa rapidamente para saber o que você vai conversar com a pessoa, aí você vai para o corredor, conversa com ela, aí que você tem uma ideia, é muito raro ter relato no flagrante sobre violência policial, os casos que tinha relato, era da pessoa falando na hora, foi agredida, não foi agredida. E na maioria dos casos não tinha nada no flagrante falando de violência, era assim, um ou dois casos, uma coisa bem rara e isolada se tinha. E, agora com as audiências suspensas, também não dá para avaliar muito se a violência também aumentou ou não, porque, na verdade, a gente tem uma série de filmagens sendo divulgadas até recentemente, mas não sei se isso está relacionado ao fato de o policial já saber que não vai ter audiência de custódia, então a pessoa não vai ser apresentada pessoalmente a nenhuma autoridade, nenhum juiz, defensor ou promotor, então não fica aquela inibição. Mas também não dá para afirmar com certeza isso. [**DEFENSOR 2**]

Outro ponto é que o contato com o custodiado possibilita à defesa expor de forma mais detalhada as razões e os argumentos em seus pedidos de relaxamento e/ou liberdade provisória, o que agora é feito por escrito. Um entrevistado acredita que, possivelmente, os juízes não leem os argumentos da defesa, sobretudo porque em suas decisões sequer mencionam os pedidos realizados:

> Eles costumam ouvir muito pouco a gente, mas eles costumam nos levar em consideração, a defesa eu estou falando. [Quando há] alegações de violência policial, não com muita intensidade, mas eu acredito que a presença física gera um desconforto maior do que no papel (...). Eles nem leem mais o que a gente escreve, antigamente eles estavam na sala e acabavam ouvindo, ainda que não levassem em consideração. Agora eles não são mais obrigados a ouvir e eles não se importam minimamente em não fazer uma decisão em cinco, seis, sete, dez minutos; de cinco, seis páginas após a manifestação, sem rebater nenhum argumento colocado. Então, fica evidente que não há, ali, a mínima consideração em responder os argumentos da defesa, que é o que geralmente era feito em uma custódia ao vivo. Então, eu acho que tem um prejuízo, é que é isso, eu não sei se eles eram convencidos de alguma forma, mas eles eram ao menos expostos àqueles argumentos, agora eles não são nem convencidos, nem expostos. [DEFENSOR 1]

Para a maioria dos entrevistados, a suspensão das audiências de custódia não teria surtido efeito sobre o aumento de concessão de liberdade provisória, o que poderia ser esperado a partir das recomendações do CNJ. De acordo com os defensores, a porcentagem de conversão de prisão em flagrante em preventiva parece ter sido mantida. Um dos defensores entrevistados afirmou que os juízes têm utilizado a resolução nº 62 do CNJ de forma conveniente. Para argumentarem sobre a necessidade da suspensão das audiências de custódia, os magistrados usam essa recomendação, mas deixam de cumprir as orientações no que se refere a priorizar a concessão de liberdade provisória ou a substituição da prisão provisória por domiciliar. O defensor destaca:

> É, eles demonstram que não desconhecem a recomendação 62, tanto que utilizam ela para não fazer audiência presencial. Tenho inserido nos pedidos que o juiz aplique

> as orientações da recomendação em sua integralidade, e não da maneira que o juiz bem entende, só as partes que lhe convém. Que aplique também a parte que [prevê] uma queda intensa do número de prisões. [DEFENSOR 1]

Outra questão observada pelos entrevistados foi o fato de o Ministério Público utilizar com frequência em suas manifestações pela conversão das prisões em flagrante em provisória, um agravante pouco usual do Código Penal: o artigo 61°, inciso II, alínea "j", sobre cometimento de crimes em momentos de calamidade pública:

> Algo que é mencionado pelos promotores muitas vezes lá no Dipo e eu também estou sentindo isso nos oferecimentos de denúncia é colocar agravante no artigo 61°, j, que fala de praticar crimes em contexto de calamidade, então ainda está sendo colocado esse agravante. A gente não sabe como isso vai ser decidido, é muito novo, né? Mas é algo que tem constado, inclusive para embasar os pedidos de prisão preventiva. [DEFENSOR 3]

Ou seja, os promotores mobilizam o contexto da pandemia não para seguir a recomendação de expor menos pessoas ao regime fechado para diminuir a propagação do vírus, mas como argumento agravante para a manutenção da prisão. Ademais, a análise do agravante não caberia ao juiz que realiza a audiência de custódia, mas ao juiz que posteriormente analisará o mérito. Nesse sentido, em vez da pandemia ensejar um cenário em que os operadores estejam preocupados com a saúde das pessoas presas e as consequências da manutenção das prisões provisórias, está sendo utilizada justamente para o contrário, para justificar pedidos de manutenção da prisão preventiva do Ministério Público.

Ainda segundo um entrevistado, as pessoas presas em flagrante respondem a um questionário na delegacia, com perguntas sobre sintomas que indiquem uma possível contaminação por Covid-19, histórico de saúde e outras comorbidades. Esse questionário serve de subsídio para o trabalho da Defensoria, no que diz respeito à elaboração da defesa técnica. A partir das respostas, o defensor destaca em seus pedidos os problemas de saúde que a pessoa apresenta e que a coloca numa situação de risco caso seja enviada ao sistema prisional, mas esses pedidos são constantemente ignorados:

> Na delegacia, mais ou menos, a maioria, acho que uns 80% dos presos respondem um questionário sobre o Covid, especificamente do Covid agora, que é um questionário novo. Então pergunta se tem alguma doença respiratória, alguma coisa envolvendo isso e eu respondo, eu tento ler esse questionário e destacar se a pessoa tem algum tipo de doença pré-existente, aí normalmente eu linko com algum tipo de matéria jornalística, porque eu não tenho muito conhecimento, então olho, o cara escreve hepatite, aí eu escrevo no *Google*: Hepatite e Covid. Eu tento dar uma visibilidade para esses casos, na verdade eu peço [liberdade provisória] para todo mundo. [**DEFENSOR 1**]

No entanto, os defensores disseram que mesmo em casos nos quais caberia uma concessão de liberdade provisória, ou prisão domiciliar, os juízes não consideram as informações do questionário. Além disso, relatam que a ausência do contato pessoal, que permite que a defesa consiga obter informações para contribuir para a concessão de liberdade provisória, está tornando o cenário mais complexo:

> Mas uma coisa que eu sinto muita falta, bom, várias coisas a gente sente muita falta da normalidade, mas ali nas audiências a gente pode falar com as pessoas e compreender todas as dificuldades familiares e todas as hiper vulnerabilidades e como por vezes isso, mesmo no ambiente de Dipo atual de conservadorismo, como isso fazia diferença em alguns casos (...) que tem um filho doente, relatar como ela tem esses cuidados com o filho, isso faz toda a diferença,

> ao invés da gente ficar com um pedaço de papel que tem aquelas informações da vida pregressa, que tem um filho com deficiência e nada mais, ainda mais nos casos das mães (...) a gente tem um sistema que a gente acessa para buscar certidões de nascimento, então a gente consegue fazer um trabalho investigativo ali, mas nada melhor do que conversar com a pessoa, perguntar quantos filhos ela tem. (...) Nas informações da vida pregressa informa que o filho está sob os cuidados da avó, é claro, a pessoa está presa, a criança está sob os cuidados da avó, mas com quem efetivamente a criança está todo dia? A gente não tem mais essas informações, isso faz muita falta. [**DEFENSOR 2**]

No caso de São Paulo, não sabemos como acontece quando a pessoa presa é assistida por advogado particular, mas possivelmente o cenário é ainda mais crítico pela ausência de acesso aos sistemas oficiais de informação. No Rio de Janeiro, Brandão (2020) narra que a solução encontrada pela defesa é a elaboração de um: "pedido genérico de liberdade", anexado a alguns documentos, como comprovante de residência e a carteira de trabalho do cliente. Além disso, os advogados têm apresentado também 'atestado de conduta'", elaborado por eles, que reúne depoimentos de pessoas que conhecem a pessoa presa. Isso porque os APFs não ficam acessíveis aos advogados, ao contrário do que ocorre com os defensores públicos, que conseguem acessá-los (Brandão, 2020, p. 5).

Vale mencionar ainda que apesar dessa diferença no acesso às informações constantes dos APFs, Brandão (2020) destaca que tanto os defensores quanto os advogados ressaltam a impossibilidade de averiguar indícios de agressão policial ou tortura, algo que também foi pontuado por nossos entrevistados.

A suspensão das audiências e a violência policial

Conforme dissemos, a avaliação das prisões em flagrante realizadas de forma remota, bem como a falta de contato com as pessoas presas, coloca mais empecilhos na identificação de possíveis casos de violência policial, sobretudo se os policiais estiverem presentes na delegacia no momento da lavratura do APF.

Mesmo com a interrupção das audiências de custódia, o papel de juízes e juízas em observar a existência de abusos e violência cometidos por policiais continua. Para viabilizar a identificação desses casos, o CNJ estabeleceu, também na recomendação nº 62, alguns pontos que os magistrados precisam considerar para constatar possíveis casos de violência policial:

> II — O exame de corpo de delito seja realizado na data da prisão pelos profissionais de saúde no local em que a pessoa presa estiver, *complementado por registro fotográfico do rosto e corpo inteiro, a fim de documentar eventuais indícios de tortura ou maus tratos.*
>
> § 2º Nos casos em que o magistrado, após análise do auto de prisão em flagrante e do exame de corpo de delito, *vislumbrar indícios de ocorrência de tortura ou maus tratos ou entender necessário entrevistar a pessoa presa, poderá fazê-lo, excepcionalmente, por meios telemáticos* (Recomendação nº 62/2020, artigo 8º, inciso II, grifos nossos).

Perguntamos aos defensores se tal recomendação estava sendo acolhida por juízes e juízas do Dipo. Segundo disseram, os magistrados adotaram um procedimento padrão, em que solicitam o envio de registros fotográficos dos presos em flagrante às delegacias, mas depois não acompanham ou cobram que os registros sejam enviados. Os juízes fazem isso de maneira protocolar, sem interesse de fato em averiguar prováveis situações de violência, e com isso, muitos

APFs chegam sem as fotos[5]. Acrescentaram que sem o contato com a pessoa presa fica muito difícil identificar qualquer sinal de agressão policial, visto que a documentação que vem da delegacia é insuficiente para esse tipo de análise.

Outra preocupação dos defensores diz respeito ao trânsito de presos, o que também expõe essa população a uma série de vulnerabilidades, seja pelo contexto de contágio do vírus seja pela maior exposição à violência. Segundo informaram, não é possível saber se os custodiados aguardam a decisão na carceragem dos distritos policiais ou se já são encaminhados para os Centros de Detenção Provisória (CDP) e lá aguardam as decisões dos juízes sobre a prisão. Por isso, também não sabem dizer quem tira as fotografias que são encaminhadas junto com os autos de prisão em flagrante.

> Então, esse fluxo está um pouco estranho, eu pelo menos estou achando estranho. Alguns casos já vêm com foto, mas são pouquíssimos. Há um pedido padrão de foto que o juiz do Dipo faz, inclusive, com base na recomendação do CNJ, mas eles não acompanham isso. A gente estava por um período tentando entender qual era o fluxo dos presos, para onde os presos eram levados e se esperavam na delegacia, ou se eles iam para CDP. Estava um pouco complicado, se já estabeleceram um regramento assim: não, todos esperam no CDP, não, todos esperam na delegacia e encaminha depois da decisão do juiz, eu não sei como está esse fluxo. O que eu sei é que em alguns casos já estavam encaminhando direto para o CDP, então eu não sei quem são os responsáveis por essas fotos. [**DEFENSOR 2**]

---

5 O mesmo cenário foi descrito por Brandão (2020, p. 5): "Embora o auto do exame de corpo de delito deva constar no APF, os advogados não têm acesso a estes e questionam a forma como o exame geralmente é elaborado, muitas vezes na presença do policial responsável pela agressão, o que acaba coagindo a pessoa que foi agredida. O defensor com quem conversei apontou que, em diversos casos, o auto de exame de corpo de delito é inexistente, o que impede que se exerça o controle da legalidade no que ele chamou de 'simulacro da custódia'".

A falta de contato pessoal com a pessoa presa impõe outro desafio nos casos em que há evidências de que esta sofreu abusos e violência policial: a possibilidade e as condições de ela seguir adiante com uma denúncia contra os policiais. Afinal, para um dos defensores entrevistados, o custodiado precisa ser informado sobre as possíveis consequências de denunciar esse tipo de autoridade:

> Porque normalmente na custódia eu pergunto, primeiro eu pergunto se a pessoa apanhou ou alguma coisa e aí se a pessoa diz que sim eu pergunto: "Mas você quer falar isso?". Para dar essa oportunidade que a pessoa saiba que ela pode correr um risco depois, de como que é na comunidade dela, como que é na casa dela, como que é a relação dela com a polícia, se ela tem essa disposição de acusar um policial, inclusive ser ameaçada pelo Ministério Público de denunciação caluniosa, vai ter que participar de mais audiências. E dificilmente tem alguma compensação que seja nem financeira, nem processo que é daqueles que não necessariamente, a chance de sucesso, condenação de sucesso é estranho, a chance de algum tipo de resultado que o réu esperaria é mínima, geralmente é um desconforto sem nenhum tipo de compensação. **[DEFENSOR 1]**

Perguntamos, então, aos defensores qual era a percepção que tinham sobre a relação entre a suspensão temporária das audiências e o aumento da violência policial. Segundo disseram, percebe-se um certo impacto porque:

> [O]s policiais vão achar que a gente está vendo menos, talvez. Vai ser mais difícil pegar (...) pode ter aumentado, eu imagino que tenha aumentado porque os policiais acreditam que vai ser mais fácil eles não serem descobertos na custódia, mas não porque anteriormente a gente fazia alguma coisa contrária a isso de uma maneira eficiente, que possa se falar que a custódia estava funcionando, funciona no sentido de mais intimidação. **[DEFENSOR 4]**

Para esse defensor, é possível que a violência policial tenha aumentado com a suspensão das audiências de custódia, não porque elas sejam eficazes para apurar relatos de agressões policiais, mas porque têm um efeito dissuasório, pois o policial pode se preocupar com o que o preso pode relatar na audiência. Assim, a possibilidade de ter que responder a algum procedimento na Corregedoria, mesmo que o caso seja arquivado no futuro, pode ser vista como um dispositivo dissuasório da audiência.

É importante destacar que o número de pessoas mortas pela polícia no estado de São Paulo aumentou consideravelmente no período de pandemia. Em comparação com o mesmo período de 2019, no primeiro semestre de 2020 houve um crescimento de 21% no número de pessoas mortas por policiais. Especificamente na capital, esse aumento foi da ordem de 34%. Segundo dados da Secretaria de Segurança Pública (SSP), 514 pessoas foram mortas pelas polícias (civil e militar) em supostos confrontos, durante o serviço e durante a folga dos agentes. É o maior número da série histórica do governo paulista, iniciada em 2001 (Adorno, 2020). Isso acontece justamente em um momento de redução dos indicadores criminais (Pagnan, 2020). Além desses dados, nesse mesmo período, casos de violência policial no estado e nas periferias de São Paulo tornaram-se públicos e tiveram grande repercussão com a divulgação de vídeos nas redes sociais.

Não é possível, neste momento, estabelecer uma relação direta de causalidade entre o aumento desses casos de agressões policiais com a interrupção das audiências de custódia. Mesmo porque a ocorrência de violência policial nas periferias de São Paulo é um traço recorrente da atuação desses agentes há tempos. No entanto, vale destacar a percepção dos entrevistados sobre o efeito dissuasório das audiências de custódia acerca da atuação violenta do policial, ainda que na prática as audiências não sejam eficazes na apuração das denúncias, já que os relatos, quando recebidos, são meramente encaminhados às Corregedorias das polícias, não havendo nenhum tipo de monitoramento ou controle realizado pelo Poder Judiciário.

Acrescenta-se a isso a percepção de que a suspensão das audiências não revelou nenhum tipo de preocupação da gestão do Dipo em relação a um possível aumento de ocorrências de violência policial, não parecendo ser algo prioritário, uma vez que a mudança temporária para o atendimento remoto dos casos de flagrante foi normatizada de forma rápida. A preocupação com a violência policial tanto não é central para a condução das audiências que ela rapidamente desaparece quando o sistema se adapta para o trabalho remoto.

Conforme o trabalho remoto se estendeu ao longo dos meses, algumas discussões acerca da possibilidade da videoconferência surgiram. Um dos defensores resumiu na entrevista que havia um embate sobre o tema: de um lado, a percepção de que isso possibilitaria pelo menos algum contato com o preso antes do vídeo da audiência, ainda que acompanhado de autoridades policiais e com pouca liberdade para relatar o que de fato aconteceu; de outro, o receio de que isso fosse utilizado como argumento para manter a videoconferência depois da pandemia, prejudicando a ideia de que a custódia só se faz pelo encontro pessoal. Algumas organizações da sociedade civil se manifestaram publicamente de forma contrária à implementação da audiência por videoconferência, em consonância com o receio mencionado pelo defensor (Conectas, 2020).

O CNJ pôs fim à discussão quando, em julho de 2020, proibiu a realização de audiências de custódia por videoconferência, todavia permitindo que tal recurso seja usado para outras audiências criminais (CNJ, 2020). Segundo o voto do presidente da corte, o ministro Dias Toffoli[6]:

> Em outras palavras, audiência de custódia por videoconferência não é audiência de custódia e não se equiparará ao padrão de apresentação imediata de um preso a um juiz,

---

[6] Ato normativo nº 0004117-63.2020.2.00.0000 do CNJ, p. 9. Disponível (*on-line*) em: https://www.conjur.com.br/dl/conselho-nacional-justica-proibe.pdf

> em momento consecutivo a sua prisão, estandarte, por sinal, bem definido por esse próprio Conselho Nacional de Justiça quando fez aplicar em todo o país as disposições do Pacto de São José da Costa Rica (CNJ, 2020).

Ao que parece, o CNJ segue tendo a visão de que a audiência de custódia só se realiza plenamente com a presença física do preso, embora não tenha, ele mesmo, previsto nenhuma normativa específica sobre como adaptar a falta desse encontro para a apuração de maus tratos policiais. Ao escolher que é melhor manter todos os procedimentos da prisão em flagrante em papel, escolheu-se também que a discussão sobre a violência policial fica suspensa até quando a pandemia se encerrar.

Considerações finais

Pesquisadores que entrevistaram juízes do Dipo atuantes na primeira gestão das audiências de custódia (2015-2017) descrevem uma percepção positiva dos magistrados em relação ao contato com as pessoas presas. Os argumentos defendiam que esse encontro possibilitava "a tomada de decisões mais justas" e, sobretudo, sensibilizava os juízes sobre as condições do custodiado (Toledo, 2019; Gisi *et al.*, 2019). No entanto, uma mudança na gestão do Dipo, em 2018, alterou o perfil dos juízes que assumiram a custódia, impactando na forma como as audiências são conduzidas, sobretudo em relação à identificação de casos de violência e tortura no momento da prisão. Com a pandemia, a indiferença em relação ao contato com a pessoa presa ficou mais evidente. As entrevistas com os defensores mostram que os juízes recorrem à recomendação nº 62/2020 do CNJ de maneira conveniente, apenas para justificar o motivo pelo qual a prisão em flagrante está sendo avaliada de forma remota. Além disso, chama atenção que mesmo com a recomendação do CNJ, de se priorizar a liberdade provisória e medidas alternativas à privação de liberdade, os juízes sigam aplicando a prisão preventiva, mantendo (e até elevando) os mesmos percentuais de antes da pandemia.

A prioridade parece ser manter o fluxo do processo na dinâmica burocrática anterior à implementação das audiências de custódia. A excepcionalidade da pandemia retomou a velha rotina e os procedimentos de avaliação dos APFs sem a presença da pessoa presa.

Em certa medida, o contato coloca diante dos juízes histórias de vida, marcadores sociais, sofrimentos e marcas da violência. O papel não é capaz de trazer esses elementos para a avaliação da prisão, até porque a narrativa trazida pelo APF é a do agente policial, que redige essas histórias por uma lente possivelmente bastante diversa da experiência da pessoa presa. Mesmo os questionários acrescidos nos APFs com o objetivo de identificar as pessoas presas com o perfil de grupo de risco não parecem ser devidamente considerados para a concessão de liberdade provisória pelos juízes. Importante destacar que o cumprimento à resolução do CNJ não seria uma previsão legal para criar hipóteses de liberdade provisória, mas apenas para que os juízes se atentem aos critérios legais já existentes e possam aplicar as medidas previstas no Código de Processo Penal, tendo em vista a contaminação descontrolada do novo coronavírus no Brasil.

Destaca-se, ainda, o movimento do Ministério Público em utilizar um dispositivo do Código Penal para justificar a necessidade de manutenção da prisão provisória. Trata-se do artigo 61º, inciso II, alínea "j", sobre cometimento de crimes em momentos de calamidade pública. Ou seja, em vez desse momento de pandemia ensejar apelos para que juízes concedam liberdade provisória e medidas alternativas à prisão, o que vimos é exatamente o oposto: a utilização de um mecanismo pelo Ministério Público que sustenta a manutenção de prisões provisórias e que está sendo aplicado no momento errado, uma vez que essa avaliação de agravantes deve ser feita apenas pelo juiz que julgar o mérito da ação penal.

Por fim, a suspensão das audiências não mobilizou a gestão do Dipo para criar procedimentos de verificação de ocorrências de violência policial, mesmo que de maneira remota, o que revela não ser isso algo prioritário. A própria discussão sobre a possibilidade de adoção da videoconferência como recurso para retomada das audiências de custódia evidencia a centralidade do seu papel mais pré-processual do que de apuração e identificação de violência policial. Sem o contato, não é possível audiência de custódia.

REFERÊNCIAS

BANDEIRA, Ana Luiza Villela de Viana. *Audiências de custódia:* percepções morais sobre violência policial e quem é vítima. Dissertação (mestrado), PPGAS, USP, 2018.

BRANDÃO, Natália Barroso. As audiências de custódia na pandemia e a inquisitorialidade do processo penal. *Dilemas: Revista de Estudos de Conflito e Controle Social*, Reflexões na Pandemia (seção excepcional), 2020. Disponível (*on-line*) em: https://www.reflexpandemia.org/texto-45

CONECTAS. *Tortura blindada:* como as instituições do sistema de justiça perpetuam a violência na audiência de custódia. São Paulo, 2017. Disponível (*on-line*) em: https://www.conectas.org/publicacoes/download/tortura-blindada

CNJ. *Justiça pesquisa:* direitos e garantias fundamentais: audiência de custódia, prisão provisória e medidas cautelares: obstáculos institucionais e ideológicos à efetivação da liberdade como regra (DPJ/CNJ). Conselho Nacional de Justiça (CNJ), s/d. Disponível (*on-line*) em:http://www.forumseguranca.org.br/wp-content/uploads/2018/01/FBSP_Direitos_Garantias_Fundamentais_Audiencia_Custodia_2017_Sumario.pdf

GISI, Bruna; JESUS, Maria Gorete; SILVESTRE, Giane. O contato com o público importa?. *Plural*, vol. 26, nº 2, 2019. pp. 247-270.

IDDD. *Monitoramento das audiências de custódia em São Paulo.* Relatório do Instituto de Defesa do Direito de Defesa (IDDD), [s.l.: s.n.], 2016. Disponível (*on-line*) em: http://www.iddd.org.br/wp-content/uploads/2016/05/Relatorio-AC-SP.pdf

JESUS, Maria Gorete Marques de. *O que está no mundo não está nos autos:* a construção da verdade jurídica nos processos criminais de tráfico de drogas. Tese (doutorado), PPGS, USP, 2018.

KULLER, Laís Bóas Figueiredo. *Audiências de custódia:* um ponto de inflexão no sistema de justiça criminal?. Dissertação (mestrado), PPGCHS, UFABC, 2017.

TOLEDO, Fabio Lopes. *O flagrante ganha voz?:* os significados da presença da pessoa presa nas audiências de custódia no estado de São Paulo. Dissertação (mestrado), Escola de Direito de São Paulo, FGV, 2019.

FONTES DA IMPRENSA

ADORNO, Luís. SP: homicídios sobem e letalidade policial bate recorde. *UOL*, Segurança Pública, 24 de julho de 2020. Disponível (*on-line*) em: https://noticias.uol.com.br/cotidiano/ultimas-noticias/2020/07/24/sob-joao-doria-homicidios-sobem-e-letalidade-policial-bate-recorde-em-sp.htm

CNJ. CNJ regula videoconferência na área penal com veto em audiência de custódia. *CNJ*, Notícias, 10 de julho de 2020. Disponível (*on-line*) em: https://www.cnj.jus.br/cnj-regula-videoconferencia-na-area-penal-com-veto-em-audiencia-de-custodia/

_____. 81% dos APFs analisados por juízes não possuem informação sobre Covid-19. *CNJ*, Notícias, 30 de junho de 2020. Disponível (*on-line*) em: https://www.cnj.jus.br/81-dos-apfs-analisados-por-juizes-nao-possuem-informacao-sobre-covid-19/

CONECTAS. Entidades cobram veto do CNJ a audiências de custódia remotas: ofício enviado ao CNJ pontua que a audiência de custódia não cumpriria sua função se fosse realizada por meio virtual. *Conectas*, Notícias, 22 de junho de 2020. Disponível (*on-line*) em: https://www.conectas.org/noticias/mais-de-150-entidades-enviam-oficio-ao-cnj-pedindo-veto-as-audiencias-de-custodia-por-videoconferencia

PAGNAN, Rogério. Com quarentena, crimes patrimoniais em SP caem até 65%, mas homicídios sobem 10%: dados estão em balanço interno do governo paulista e compreende período de 20 de março a 7 de abril. *Folha de S. Paulo*, Cotidiano, 10 de abril de 2020. Disponível (*on-line*) em: https://www1.folha.uol.com.br/cotidiano/2020/04/com-quarentena-crimes-patrimoniais-em-sp-caem-ate-65-mas-homicidios-sobem-10.shtml

A PANDEMIA DO CONFINAMENTO

POLÍTICAS DE MORTE NAS PRISÕES

Camila Prando • Felipe Freitas
Marília de Nardin Budó • Riccardo Cappi

Desde o anúncio da pandemia do novo coronavírus, várias camadas de crises são construídas pelo Poder Público, muitas delas com efeitos letais. Na política criminal, tais crises traduzem-se no aprofundamento da exposição à morte da população prisional, já vulnerabilizada pela precariedade de suas vidas geridas pelo hiperencarceramento.

O Brasil possui uma população prisional de 757.170 e 170% de déficit de vagas, de acordo com dados do Departamento Penitenciário Nacional (Depen). Nas unidades prisionais, 4 de cada 10 não possuem consultório médico. Com mais de 10 mil casos de tuberculose, a doença atinge 35 vezes mais as pessoas presas do que a população em liberdade.

Esse é o contexto, já muito grave, de chegada do novo coronavírus nas prisões brasileiras. Apesar da gritante subnotificação, em 31 de maio, os dados do Depen apontam 1.362 detecções, 888 suspeitas e 44 óbitos no sistema penitenciário nacional. Mesmo segundo as subnotificadas informações oficiais, as mortes pela Covid-19 aumentam em ritmo veloz: em 17 de abril foi registrada a primeira morte e, em 17 de maio, já constavam 29 mortes.

Tal quadro tem preocupado organizações da sociedade civil, familiares e amigos de pessoas privadas de liberdade e grupos de pesquisa que, de diferentes formas, buscam colaborar com o debate público, visando a aprimorar formas de denúncia e de controle social sobre as ações que vêm sendo desenvolvidas pelo Poder Judiciário e pelas administrações prisionais.

Infovírus

Nesse cenário, resolvemos dar vida ao projeto Infovírus, que tem como objetivo verificar e contrastar as declarações e informações existentes sobre a pandemia de Covid-19 no sistema prisional. Trata-se de uma iniciativa conjunta e voluntária, animada por grupos de pesquisas de diversas universidades brasileiras: Centro de Estudos de Desigualdade e Discriminação (CEDD/UnB), Grupo Asa Branca de Criminologia (UFPE/UNICAP), Grupo de Pesquisa em Criminologia (UEFS/UNEB) e Grupo Poder Controle e Dano Social (UFSC/UFSM), agregando também pesquisadores autônomos, para monitorar dados públicos sobre a crise no sistema prisional.

Em mais de dois meses de atividade, constatamos que a gestão dos números pelo Ministério da Justiça não tem como finalidade informar ou prestar contas sobre os impactos da pandemia no sistema prisional. Trata-se de uma política de reforço de estratégias de confinamento e de exposição à morte das populações prisionais, por meio da produção de dois discursos públicos. No primeiro, produz-se a imagem de um Estado eficiente diante da pandemia, capaz de gerir a política prisional como uma política pública de saúde. No segundo, invocam-se as representações sociais do medo e da periculosidade, fundadas no racismo, para produzir a imagem do Estado intransigente, purificador e armado.

O discurso do Estado eficiente, que aciona o sistema prisional como política pública de saúde, tem sido formulado com base nas informações produzidas pelo painel de acompanhamento de números de contágio no sistema penitenciário nacional, lançado no início da pandemia pelo Depen e alimentado pelas secretarias estaduais. O Infovírus tem constatado que, em primeiro lugar, sua produção é extremamente a-sistemática e apresenta graves problemas metodológicos. Não há informação sobre os modos de coleta dos dados nos estados e a produção das categorias de enquadramento "suspeitos" e "infectados", tampouco explicam as variações cotidianas dos números no painel.

Mais recentemente, em 22 de maio, o painel do Depen passou a incluir o número de "recuperados". Com menos de 0,7% da população prisional testada, dados irregulares e subnotificados, a construção dessa nova categoria no painel alinha a gestão da informação do sistema prisional à política negacionista do governo federal. Essas condições impedem tanto a construção de uma série histórica quanto a compreensão do risco de contágio dentro das prisões brasileiras.

Mesmo com todas as deficiências do painel, o Depen baseou-se nele para afirmar, em informativo de 5 de abril, que a contaminação do sistema prisional brasileiro era inferior à média dos outros países e que a letalidade era 14,2 vezes menor na população prisional do que na população em geral. Essa invenção oficial foi repetida à exaustão pelo então Ministro da Justiça, Sergio Moro.

Desinformação

No mesmo sentido, várias secretarias estaduais de administração prisional passaram a publicar informações e produzir discursos públicos que garantiam que as pessoas presas tinham acesso à saúde e a medidas de prevenção, por vezes até melhores do que a população geral.

Essas afirmações contrastam com dados produzidos pelo próprio Depen, ao longo dos anos anteriores, dando conta de que cerca de 250 mil presos já eram pacientes de doenças como tuberculose, HIV e sífilis em dezembro de 2019. Além disso, em 28 de abril de 2020 havia 208 mulheres gestantes e 44 em pós-parto encarceradas no Brasil, contrariando a recente recomendação nº 62 do Conselho Nacional de Justiça e decisão do ministro Ricardo Lewandowski que, nos autos do HC 143.641/2018, determinou a conversão das prisões provisórias em domiciliares para mulheres gestantes ou com filhos de até doze anos.

A gestão de uma política de negação e de desinformação, pautadas pela inconsistência e contradição de dados, visa a sustentar a imagem de Estado eficiente na prevenção à pandemia nos sistemas prisionais. Essa força imagética inova no discurso público ao localizar a administração prisional e as próprias unidades prisionais como espaços de proteção e de saúde das populações. O confinamento ganha *status* de política pública em defesa das populações prisionais, em contraste com um cenário histórico de graves violações de direitos, aprofundados com a crise e deliberadamente negados pelas gestões atuais frente à pandemia.

O outro recurso imagético formulado pelo discurso público do governo federal é a de um Estado intransigente, purificador e armado. Nele, o alvo não é mais a eficiência da administração prisional, mas as representações sociais de medo e periculosidade que se ancoram na imagem do criminoso e no racismo.

Estado intransigente

Diante da contestação dos dados produzidos pelas administrações prisionais estaduais e federais, por parte de organizações da sociedade civil, defensorias públicas e de projetos como o Infovírus, aciona-se uma nova face do discurso público: a imagem do Estado eficiente é substituída pela do Estado intransigente, formando um duplo que, embora aparentemente contraditório, amplia no discurso público as frentes de defesa do confinamento da população prisional diante da pandemia.

O passo inicial da manifestação da imagem do Estado intransigente, purificador e armado foi uma notícia falsa verbalizada pelo ex-ministro da Justiça, Sergio Moro, em coletiva de 31 de março, dizendo que um homem libertado em razão da pandemia, no Rio Grande do Sul, teria sido preso em flagrante com drogas e armas. Em 01 de abril, a agência Lupa verificou que a soltura tinha decorrido do fim do cumprimento da pena.

Para garantir que a narrativa se mantivesse, porém, dessa vez sem o risco de ser desmentida futuramente, a postura passiva do Depen em receber dados das secretarias estaduais sobre infectados e suspeitos deu lugar, nesse plano, a um agente formulador de políticas e de informação. Em 05 de abril, o órgão solicitou das secretarias estaduais o envio de informações sobre pessoas que receberam progressão de regime ou prisão domiciliar em razão da pandemia. A produção e gestão dessas informações pelo governo federal, replicadas pelas administrações estaduais, não se destinam a produzir dados de referência para a formulação de políticas públicas. Ao contrário: buscam dar visibilidade a casos de soltura ou aplicação de medidas alternativas ao cárcere, nos quais os ex-detentos tenham cometido algum crime, ou descumprido as condições impostas. Esses casos, quando eventualmente noticiados, são trazidos à tona como força imagética que circula em notícias de jornais e intensifica os medos racistas das populações urbanas em relação ao crime.

O medo, assim mobilizado, legítima a imagem do Estado intransigente, purificador e armado, disposto a suspender direitos das populações prisionais para garantir a "defesa da sociedade". Em tempos de pandemia, isso significa a disposição das administrações prisionais e do próprio poder judiciário para deixar morrer a população prisional, negando-lhe o acesso à saúde e o direito à vida, em nome de uma sociedade que tem a imagem dos que estão no poder.

No limiar entre as duas imagens, do Estado eficiente e do Estado intransigente, o Depen lançou mão, ativamente, de três tecnologias de poder: a proposta de construção de contêineres para abrigar detentos recém-chegados às unidades e detentos com suspeita de contaminação, a ampliação da política de monitoração eletrônica e a compra de armas não letais para serem usadas dentro das unidades prisionais.

Em 19 de abril, o Depen encaminhou uma solicitação de flexibilização das Diretrizes Básicas da Arquitetura Penal (Resolução nº 09/2011 do Conselho Nacional de Política Criminal e Penitenciária (CNPCP). A proposta buscava relaxar os parâmetros de regulamentação de arquitetura penitenciária, a fim de investir em novas vagas, obtidas em estruturas de contêineres, para abrigar hospitais de campanha, lugar de quarentena de novos presos e de presos sintomáticos. Na proposta, o Depen flerta com a imagem de Estado eficiente ao formular um discurso público de que é possível construir condições de acesso à saúde dentro das unidades. Mas também se organiza em torno da imagem do Estado intransigente, ao recorrer ao uso de estruturas comprovadamente violadoras dos direitos dos presos, caracterizadas pelo calor excessivo, pela impossibilidade do distanciamento social, do acesso permanente à água e de ventilação. Não por acaso, no documento formulado pelo Depen, as maquetes dos contêineres projetavam imagens de pessoas negras dentro de suas estruturas. Tais violações, quando vêm à tona na mobilização discursiva das organizações da sociedade civil, passam a servir à imagem do Estado intransigente, purificador e armado, aquele que se mostra pronto a lançar mão de qualquer ação necessária para garantir uma sociedade livre de criminosos.

Monitoramento

Em 15 de maio, o CNPCP proibiu a possibilidade de uso de contêineres para a produção de vagas prisionais. Se isso representa uma vitória da mobilização social, abre também uma zona cinza que permite a construção de estruturas temporárias, pouco definidas e com ampla margem de arbitrariedade para novas políticas violadoras.

Com isso, o Depen garante que suas articulações sigam no sentido da ampliação do confinamento, na contramão da Recomendação nº 62 do Conselho Nacional de Justiça, que aponta como principal estratégia de prevenção ao alastramento do novo coronavírus nas prisões a revisão de prisões provisórias, a antecipação das progressões de regime de cumprimento de pena e a prisão domiciliar para pessoas de grupos de risco.

A segunda tecnologia de poder é marcada pela publicação da Portaria nº 224/2020 pelo Depen, em 03 de maio, abrindo prazo para que os estados da federação formulassem, até 15 de maio, pedidos de orçamento para se investir na qualificação e ampliação da rede de monitoração eletrônica de pessoas processadas e sentenciadas pelo sistema de justiça criminal. Na contramão das diretrizes para monitoração eletrônica publicadas pelo próprio Depen, em 2015, o governo federal apostou na ampliação do controle estatal no sistema de justiça criminal. Ao invés de se orientar pela excepcionalidade e pela individualização do uso de monitoração, o Depen acena para a vinculação da soltura dos presos ao uso do dispositivo de monitoração. Dessa forma, propaga efeitos negativos, já apontados pelo documento de 2015, tais como o compartilhamento indevido de informações com a polícia e o exercício da hipervigilância, além da necessidade semanal de recarregar o dispositivo, o que obriga à mobilidade, em oposição à regra atual de confinamento social.

Nessa mesma normativa, o Depen exige como contrapartida da destinação de verbas aos estados, a contrapelo das políticas de proteção de dados, o franqueamento de acesso irrestrito aos sistemas informatizados de monitoração. Com esse acesso, o Depen poderá intensificar e informatizar a gestão do medo e da deslegitimação do desencarceramento na pandemia, por meio da divulgação de dados sobre eventuais ilegalidades cometidas por pessoas monitoradas. Produz, assim, deliberadamente, a imagem do Estado intransigente, capaz de suspender direitos da população prisional em nome da defesa da sociedade.

Na materialização final do Estado intransigente, purificador e armado, o Depen/MJ anuncia a destinação de crédito extraordinário para compra de armamentos não letais a serem usados nas unidades prisionais. Em documentos de comunicação interna, reconhece o aumento da tensão em função da precarização das vidas privadas de liberdade, em razão da suspensão de visitas e da manutenção de pessoas de grupos de risco presas.

A produção de informação e de políticas do Governo Federal no contexto da pandemia no sistema prisional promove, assim, um vislumbre imagético que funciona, paradoxalmente, como um espelho. De um lado, o Estado eficiente em ofertar tratamento de saúde e garantir a vida da população prisional, acionando a prisão como uma política pública, fundado em dados adulterados e subnotificados. De outro, sempre que a farsa do Estado eficiente seja revelada, são acionadas as imagens do Estado intransigente com a defesa da sociedade, identificada com as características daqueles que detêm o poder; do Estado purificador, capaz de intensificar a exposição à morte de criminosos; do Estado armado, disposto a levar a política do confinamento às últimas consequências.

Seja numa ou noutra imagem do Estado, sustentadas na gestão do medo, da negação e da adulteração de informações, a política do confinamento prisional naturaliza, com novas e velhas estratégias, a produção da morte de pessoas negras e periféricas. E responde à pandemia da Covid-19 com a pandemia do confinamento prisional.

O COLAPSO É O PONTO DE PARTIDA

ENTREVISTA COM O MECANISMO ESTADUAL DE PREVENÇÃO E COMBATE À TORTURA DO RIO DE JANEIRO SOBRE PRISÕES E A COVID-19

Rafael Godoi • Ricardo Campello • Fábio Mallart

Somos parte de um coletivo de pesquisadores engajados no acompanhamento da evolução da pandemia do novo coronavírus nas prisões brasileiras. Estamos particularmente atentos às medidas adotadas para gerir tal crise pelos poderes Executivo e Judiciário, da União e de diferentes estados. Interessam-nos tanto as deliberações oficiais (e oficiosas) dos centros gestores da crise quanto as decisões pragmáticas e as opções contingentes adotadas na "ponta", por funcionários públicos diversos, agentes privados, pessoas presas, seus amigos e familiares[1]. Nosso trabalho é conformado, em grande medida, por um conjunto de pesquisas passadas e presentes sobre punição, controle e outras formas de violência de Estado, e que desenvolvemos nos últimos anos, individual e coletivamente (Godoi, 2017; 2019; Campello, 2019; Mallart, 2019; Godoi; Araújo; Mallart, 2019).

---

1 Desse nosso esforço coletivo, já resultou uma série de publicações: Campello (2020); Mallart, Godoi, Campello e Araújo (2020; 2020); e Mallart e Araújo (2020).

Em tempos de pandemia, com as prisões ainda mais fechadas do que de costume, com nossa própria circulação diminuída, sem contar a absoluta falta de coordenação e a pouca transparência das agências governamentais e do Sistema de Justiça, encontramos no Mecanismo Estadual de Prevenção e Combate à Tortura do Rio de Janeiro (MEPCT/RJ) uma referência — e uma parceria — fundamentais para nosso trabalho. Desde 6 de abril, seus integrantes publicam, semanalmente, relatórios com informações qualificadas e verificadas sobre a evolução da pandemia nas prisões e as medidas tomadas por diversas autoridades e instituições diante da crise — com ênfase no estado do Rio de Janeiro, mas sem se restringir a ele, abordando ainda situações e iniciativas de outros estados, de âmbito federal e mesmo de outros países e órgãos internacionais[2]. Daí nosso interesse em iniciar um diálogo com o organismo e entrevistar alguns de seus membros.

O MEPCT/RJ foi criado em 2010 e está ativo desde 2011. Vinculado à Assembleia Legislativa do Estado do Rio de Janeiro (Alerj), é composto por seis membros, com mandatos de quatro anos, eleitos por comitê paritário de representantes da sociedade civil e do poder público estadual. Trata-se da primeira experiência institucional do país a buscar a efetivação do Protocolo Facultativo à Convenção contra a Tortura da ONU, ratificado pelo Brasil em 2007, e que promove a criação de organismos independentes voltados ao planejamento, realização e condução de visitas periódicas e regulares a espaços de privação de liberdade para verificação das condições a que se encontram submetidas as pessoas reclusas, com o intuito de prevenir a tortura e outros tratamentos ou penas cruéis, desumanos e degradantes.

Conversamos sobre os desdobramentos da atual pandemia nas prisões com Graziela Contessoto Sereno, mestre em psicologia social pela UFRJ e membra do mecanismo desde 2015, e com João Marcelo Dias, historiador e membro do MEPCT/RJ desde 2019.

---

[2] Os relatórios e outros documentos elaborados pelo MEPCT/RJ estão disponíveis (*on-line*) em: http://mecanismorj.com.br/relatorios/

Destacamos duas questões-chave que emergem do diálogo reproduzido a seguir. Em primeiro lugar, uma advertência importante: o mecanismo ensina que o maior temor das autoridades sanitárias diante da crise — o colapso do sistema de saúde — já é uma realidade tecnicamente documentada nas prisões do Rio de Janeiro pelo menos desde 2018 (MECPT/RJ, 2018). Portanto, para além da adoção de "medidas preventivas", voltadas para "achatar a curva" do contágio — o que nossos interlocutores reportam como praticamente impossível no atual contexto prisional —, as ações e decisões adotadas pelas autoridades revelam esforços para gerir a crise e seus efeitos com ênfase mais na manutenção da ordem carcerária do que zelando pela vida de trabalhadores e internos.

Tal constatação nos conduz à segunda questão que gostaríamos de destacar: o que vem se passando nas prisões do Brasil durante a pandemia pode ser visto como um prisma revelador do processo em curso do lado de fora dos muros, que massacra determinadas populações e territórios urbanos. Nesses termos, o cárcere já não aparece como aquele espaço segregado que resta ao largo das políticas de prevenção e cuidado, supostamente vigentes do lado de fora; antes, ele figura como uma espécie de modelo (ou laboratório) de uma tecnologia de gestão do contágio e dos óbitos a ele associados e que parece operar em escala mais ampla, no país como um todo, dentro e fora dos muros. Assim como, na prisão, os imperativos da segurança pública e da ordem carcerária se sobrepõem ao valor da vida daqueles que nela habitam e trabalham; fora dela, são os imperativos da economia e do mercado que se impõem sobre as vidas dos setores mais vulneráveis. Em ambos os lados do muro, manifestam-se sinais de uma mesma política de apagamento do vírus, das vidas por ele afetadas e das mortes que ocasiona.

É nesse sentido que buscamos ultrapassar a opacidade que caracteriza as instituições de Justiça e administração penitenciária, no exato momento em que a caixa-preta do sistema prisional brasileiro parece se encontrar mais hermética e inextricável do que nunca. É, portanto, no esforço de perscrutar as técnicas de ocultação de óbitos e contágios no interior das prisões, mediante a identificação dos fluxos subterrâneos de corpos e doentes, que pretendemos examinar o funcionamento do aparato carcerário e suas articulações com o sistema de saúde. De um lado, o contexto de catástrofe sanitária que se instala nas cadeias, potencializado pela disseminação do novo coronavírus, é revelador de uma série de características constitutivas da performance regular e ordinária do sistema prisional, cujo colapso antecede os fatos atuais. De outro lado, a prisão é tomada aqui como um ponto de observação estratégico para a compreensão de determinadas técnicas de administração da crise provocada pela conjugação entre a rápida difusão do vírus e os traços seletivos que caracterizam a política direcionada à sua contenção, fundada na valoração da vida e na distribuição diferencial da morte.

Para começo de conversa, gostaríamos que vocês falassem um pouco sobre as condições de confinamento[3] nas prisões do Rio de Janeiro, sobre seus efeitos na saúde das pessoas.

[GRAZIELA SERENO] Essa questão da saúde no sistema prisional é uma das questões que mais preocupa o Mecanismo, porque o Mecanismo atua desde 2011 e já produziu dois relatórios temáticos sobre esse assunto: um em 2012 e um em 2018, já apontando o colapso do sistema. Pela falta de profissionais que atuam na saúde, também em saúde mental, pelas condições insalubres da unidade, pela superlotação. No Rio de Janeiro, de acordo com a Fiocruz, os dados mais atualizados indicam que 12% da população carcerária têm tuberculose. A gente vê isso como uma questão muito grave, um

3 Um panorama da atual configuração do parque penitenciário fluminense e de seu processo de formação está disponível em Godoi, Araújo e Mallart (2019) e uma primeira aproximação sobre as degradantes condições de confinamento características dessas prisões se encontra em Godoi (2019).

dado que chama muito a atenção, porque a incidência da tuberculose nas prisões do Rio de Janeiro é maior do que na população prisional dos demais estados. Esse é um ponto que a gente precisa frisar por conta da pandemia agora. A Covid-19 traz problemas respiratórios e as pessoas com tuberculose são pessoas que podem ser afetadas de uma forma mais fatal. Então, o Mecanismo observa ainda a falta de ventilação nas unidades prisionais, a falta de entrega de insumos de higiene, que se a família não faz essa entrega, o Estado também não fornece. Ainda aqui, no Rio de Janeiro, a Pnaisp [Política Nacional de Atenção Integral à Saúde das Pessoas Privadas de Liberdade no Sistema Prisional] não foi efetivada. Então, isso também é uma grande preocupação. Por quê? Como eu já falei inicialmente, não tem uma equipe de saúde na unidade, o que a gente tem hoje é o Pronto-Socorro Hamilton Agostinho [no interior do Complexo Prisional do Gericinó, em Bangu, Zona Oeste da cidade], que era uma UPA [Unidade de Pronto Atendimento] e, com uma nova licitação, eles denominaram como um pronto-socorro. Ali não tem setor de UTI, não tem nada e é para onde toda a demanda do sistema prisional é levada. Inclusive, já encontramos com pessoas de Campos [dos Goytacazes, no Norte Fluminense, a 275km da capital], que vieram de Campos para ter atendimento lá. É uma unidade pequena, com falta de recursos. Nas unidades prisionais em si, a gente encontrava no máximo técnicos de enfermagem, eram poucas as unidades com médicos que poderiam prestar alguma assistência para essas pessoas. Então, se a gente não enfrentar essa situação da pandemia de forma articulada, pode ser uma catástrofe dentro do sistema prisional.

[JOÃO MARCELO DIAS] A mesma pesquisa da Fiocruz que calcula esse percentual também aponta para a chance de contágio por tuberculose dentro da unidade prisional ser 30 vezes maior do que a de fora. É um número bem assustador! E sobre o Pronto-Socorro Hamilton Agostinho, é importante dizer que a gente vinha se debruçando sobre esse tema desde o ano passado. A gente acompanhou as mudanças no

Hamilton Agostinho e a gente viu que é um equipamento que não tem a menor infraestrutura para cuidar de presos em estado mais grave. E outra preocupação que a gente tem também com relação ao pronto-socorro centralizar os atendimentos é a questão do transporte feito pelo SOE [Serviço de Operações Especiais], num caminhão completamente fechado. O que já era absolutamente inapropriado para o transporte de pessoas, porque o carro vai superlotado e não tem sequer circulação de ar, com a questão da pandemia viral fica mais assustador ainda. A gente acompanhou o caso do preso que morreu e conseguiu a confirmação por exame de que tinha sido Covid. Ele fez duas ou três idas à UPA em duas semanas e esse transporte foi feito dentro de um caminhão do SOE, que passa a ser, potencialmente, um foco de contaminação. Não só o caminhão, como também o plantão de agentes que fizeram esse transporte — eles podem ser também vetores de contágio. Além disso, existe uma grande preocupação com umas celas, que eles chamam de "Maracanã", que são dois espaços, um na entrada e outro na saída, onde eles colocam todo mundo junto, antes e depois do atendimento. Isso era uma preocupação nossa em relação ao contágio de tuberculose, então, obviamente essa preocupação se reforça no contexto da Covid-19.

E como é a questão da articulação desse pronto-socorro com o sistema de saúde de fora? A gente viu que esse senhor que morreu foi três vezes encaminhado para o pronto-socorro, e a gente sabe que lá não tem UTI, não tem respirador. Então ele bateu no pronto-socorro e voltou para a unidade, bateu e voltou, sem um encaminhamento. Como era e como está essa rede ampliada de serviços de saúde para os presos?

[GS] Essas idas e vindas sempre aconteceram, a gente sempre acompanhava muito isso, diversos casos que iam para a UPA e voltavam para a unidade mais de uma vez. Como a gente também já acompanhou casos de pessoas que estavam na UPA, que eram casos para "vaga zero", ou seja, que se a pessoa não fosse encaminhada para um hospital extramuros ela morreria, e a UPA até conseguia essa vaga, mas o transporte não chegava para buscar a pessoa e então ela falecia na UPA, sem ter tido acesso ao hospital extramuros. A gente viu vários casos desses no ano passado. Inclusive de uma interna que tinha botado fogo no próprio corpo e ela faleceu na UPA. Ela tinha conseguido a "vaga zero", mas o transporte não veio buscá-la. Isso é uma outra questão também que envolve a UPA e a SEAP [Secretaria de Estado de Administração Penitenciária] em que o João tocou, que é o transporte do SOE. Eles acabam priorizando a parte jurídica, as audiências e, para essa pauta de saúde, eles justificam que não têm carro, que não têm efetivo.

Podemos voltar nesse ponto do sistema de saúde mais adiante. Agora, queríamos reconstituir com vocês a trajetória do vírus dentro do sistema. Quando e como vocês começaram a ter as primeiras notícias e a primeira percepção de que o vírus entraria ou tinha entrado? Como vocês viram isso e como isso foi evoluindo até o presente?

[JM] Quando isso começou, estávamos focando muito os nossos esforços na tentativa de liberdade. Foi a nossa "prioridade zero" e, paralelamente, a gente foi tentando acompanhar a evolução dos casos. Mas, sem poder visitar, fica bem mais difícil conseguir afinar esse panorama. A gente foi monitorando com os contatos que a gente tem com as instituições parceiras, com informações que vão chegando através de visitantes, e a [Penitenciária] Milton Dias [Moreira, em Japeri, na Baixada Fluminense] aparece como um ponto de preocupação logo no início. Logo na primeira ou na segunda semana, já se falava de quatro possíveis presos com corona lá dentro. A gente não conseguiu essa confirmação de maneira oficial, mas isso já colocou o Milton Dias no nosso radar, como um dos possíveis focos de contágio. A preocupação, na verdade, nesse momento inicial ainda era muito geral.

Teve um primeiro momento em que suspenderam as visitas e, no entanto, não suspenderam as "custódias" [pacotes de alimentos, itens de higiene, limpeza e vestuário, encaminhados pelos familiares aos presos]. Isso vira até um objeto de briga dos servidores [com a SEAP], porque eles ficam expostos a receber duas ou três mil sacolas por dia, sem o fornecimento de EPI [Equipamento de Proteção Individual], o que coloca eles sob um risco desnecessário. E realmente é um risco muito grande mesmo. Inclusive, eles apontam que isso pode ter sido a causa do contágio de um agente penitenciário que morreu. A gente não tem como confirmar isso, mas foi uma reclamação muito grande deles: o fluxo de material entrando e a aglomeração de pessoas na porta. E a partir do momento que a SEAP junta todos os idosos no Instituto Cândido Mendes [no Centro], a gente passa a ter uma preocupação maior com essa unidade, porque é um público extremamente vulnerável. São idosos e dentro desse universo de idosos têm hipertensos, tuberculosos, todas as comorbidades que aumentam o risco com o contágio da Covid. A nossa preocupação com o Milton Dias se confirma a partir desse primeiro óbito de preso diagnosticado com exame, que é um preso que morre no pronto-socorro vindo do Cândido Mendes, mas que não era preso do Cândido Mendes, ele era do Milton Dias. Então, apesar de não ser computado como um óbito do Milton Dias, ele era de lá.

Num dos primeiros relatórios de vocês, há a informação de que a SEAP separou um conjunto de celas em diferentes unidades para abrigar casos suspeitos. Queríamos que vocês falassem um pouco das medidas da SEAP, como ela foi reagindo a essa evolução dos casos, dos sintomas, das suspeitas, dentro das unidades prisionais?

[JM] Não foram medidas eficientes, obviamente, mas, ao mesmo tempo, acho que vale fazer uma ressalva: a SEAP também já administrava o caos e teve que administrar esse caos elevado à enésima potência quando a coisa começa. Certamente, as medidas que eles tomaram poderiam ter um grau bem mais alto de efetividade se o Judiciário tivesse colaborado e, desde o início, tivesse libertado as pessoas em grupos de risco. Se você tem uma cadeia que não está com um nível de superlotação tão grande, mesmo que ela esteja acima da capacidade dela, uma lotação alta, mas com menos pessoas em grupo de risco, menos pessoas com comorbidades, talvez essa medida de ir isolando quem apresenta sintomas fosse mais efetiva. Honestamente, não sei nem dizer se essa é a melhor medida tecnicamente, talvez a gente precisaria de um médico, alguém da área de saúde, para saber se vale a pena fazer isso desse jeito. Realmente não sei se essa é a medida mais efetiva, mas, me parece, que elas teriam mais efetividade se a gente tivesse conseguido reduzir o efetivo antes de botar elas em prática.

[GS] Tanto é que a primeira liberação que teve no contexto da pandemia foi por meio de um pedido da SEAP ao Tribunal. Porque a SEAP, como ela já administra o caos e já entendeu que as unidades são focos de contágio, também vê que a liberação teria sido a melhor saída. O que a gente sabe é que no início da pandemia eram 52 mil presos e com algumas liberações caiu para 49 mil. Ou seja, menos 3 mil. Pode parecer muito, mas dentro do cenário, da situação precária do sistema prisional, é pouco. E as medidas da primeira resolução da secretaria, o Mecanismo entendia como falhas, porque a gente, que conhece o sistema, a gente sabe. Higienização das mãos? A gente sabe que a água não fica aberta o dia todo, que ela abre dois períodos por dia, de meia hora, para 150 homens. Local bem ventilado? Enfim, medidas que não se aplicavam para o contexto carcerário, nem fluminense e nem do Brasil.

E como é que está a entrada? Não tem ninguém sendo preso? Não entra ninguém no sistema atualmente?

[JM] Continua entrando. Reduziu um pouco, mas continua entrando.

[GS] E as audiências de custódia não estão acontecendo. Voltou a ser como era antes, então o juiz não vê mais o preso nas primeiras 24h ou 48h da prisão. As únicas pessoas que estão tendo contato são da Polícia Civil. E a gente não sabe, pensando como órgão de prevenção e combate à tortura, a gente não sabe como têm sido feitas essas análises à distância, se os juízes têm tido a preocupação de analisar possíveis casos de tortura, mas as audiências de custódia não estão acontecendo. O que a gente sabe é que eles separaram uma ala onde eles colocam os presos em quarentena. De acordo com uma defensora pública da audiência de custódia, eles [a SEAP] colocaram dois médicos para fazer uma pré-avaliação desses presos que estão chegando, e eles tomam banho e trocam de roupa. São as informações que a gente possui.

Queríamos colocar algumas questões relacionadas a essa estratégia de desencarceramento adotada logo nos primeiros momentos, de buscar a liberação de setores de risco, tuberculosos, idosos, gestantes etc. Porque se a gente considera que a prisão gera enfermidades em escala, e a gente vê que mesmo entre as pessoas que estão em liberdade, um número significativo de gente jovem, de gente com "histórico de atleta", também vem sofrendo muito com o vírus...

[JM] Essas estratégias foram adotadas muito no início, quando ainda tinha uma ideia de que há um grupo de risco mais vulnerável, que seriam os idosos, com problemas respiratórios, isso tudo que a gente já sabe. É óbvio que o certo seria, de fato, acabar com as prisões e mandar essas pessoas para a rua. Inclusive, legalmente. Porque se [o Estado] quer manter preso durante uma pandemia, ele deveria ter se preparado e ter um sistema de saúde mais adequado. Se falhou em fazer isso, desculpa, mas legalmente ele tem que liberar as pessoas, que ninguém foi condenado... nenhum deles, mesmo um assassino ou pedófilo em série... ninguém foi condenado a morrer de Covid-19. Mas a gente tem esse problema de que o Judiciário — e particularmente o Sistema de Justiça Criminal — opera de uma maneira muito descolada da realidade, muito em cima do que deveria ser, em vez do que de fato é. Acho que essa é uma questão central. Independentemente da pandemia, o Judiciário opera com o mundo ideal, trabalha com um mundo que não existe, apesar de ter alguns órgãos como o nosso e outros órgãos de fiscalização mostrando para eles o tempo todo que a realidade é bem diferente dessa que eles fantasiam. É complicado. Por outro lado, para além desse descolamento, é verdade que o Judiciário opera também numa lógica muito pautada pelo senso comum. A questão dos idosos, por exemplo: teve uma época que ficou "vão sair", "não vão sair", "vão sair", "não vão sair"... falando bem honestamente, o problema da população idosa dentro do sistema penitenciário é que muitos deles são condenados por crimes sexuais. Essa é a grande questão, sempre se esbarra nisso. Antes mesmo da pandemia, eu já acompanhei alguns esforços da Defensoria Pública tentando a liberdade de idosos com problemas de saúde e eles sempre acabavam esbarrando nisso. Não interessa se não tem mais condições legais de manter essas pessoas presas, o Judiciário se pergunta: "Mas vamos liberar estupradores?" Mesmo que sejam pessoas condenadas por estupro, mas que estavam com 78 anos de idade, precisando da ajuda de outros colegas idosos para trocar a fralda dele três vezes por dia. Isso não vale tanto quanto a constatação "ele é um estuprador!". Quando se coloca essas coisas na balança da Justiça, ela levanta a venda para olhar o que está de cada lado e, nessas horas, ela também usa muito bem a espada que está na outra mão. Como a Graziela muito bem ressaltou, a liberação do pessoal do semiaberto com "benefício de extramuro", o pessoal que trabalhava e estudava e só ia para a cadeia para dormir, a gente sabe que a liberação deles só se deu porque a própria SEAP reforçou o pedido também. A própria secretaria falou: "Olha, pelo amor de Deus, a gente precisa de algum espaço de manobra aqui. Esse pessoal só vai para a cadeia para dormir, já vivem na rua de qualquer maneira". Esses, eles liberaram, mesmo que não completamente, foram soltando aos pouquinhos...

[GS] Essas 3 mil liberações que eu falei, que se deram logo no início, talvez tenham ocorrido também porque ninguém ainda tinha muito conhecimento sobre o que seria essa pandemia. A partir do momento que começa a parecer que se tem um pouco mais de controle, então se bloqueia a questão dos idosos, das gestantes também, que era uma preocupação do Mecanismo. A gente foi acompanhando nos outros países, essas liberações foram ocorrendo, a gente achou que aqui no Brasil seria a mesma coisa, só que não... E tem uma preocupação de que, no Rio de Janeiro, são jovens que estão presos e são presos provisórios. Metade dos presos do estado são presos provisórios, que sequer tiveram ainda sua sentença, muitos deles poderiam ser liberados. A gente achou que aqui no Brasil também ocorreria com maior efetividade essas liberações, tanto que saiu aquela resolução do CNJ[4], mas aí o ministro da Justiça se colocou contrário, falando que não tem nada nos presídios. E agora começa a sair as reportagens sobre as mortes. A gente não sabe se a partir das mortes o Judiciário vai começar a se movimentar e liberar mais pessoas, até porque essas vidas estão na mão do Judiciário.

[JM] A Defensoria [Pública do Estado do Rio de Janeiro] fez pedidos coletivos para todas as unidades. Foram quase 40 HCs [*habeas corpus*] coletivos, visando idosos e pessoas doentes e presos provisórios, mas esses HCs a gente não tem os resultados. Eu imagino que o TJ [Tribunal de Justiça] esteja sentado em cima disso, porque virou uma questão política e não mais jurídica. A maioria dos outros países pautou exatamente isso: idosos, doenças preexistentes, presos provisórios, e alguns incluíram também os que já estavam com a pena

---

4 Ver (*on-line*) em: https://www.cnj.jus.br/wp-content/uploads/2020/03/62-Recomenda%C3%A7%C3%A3o.pdf

para acabar — inclusive o Irã, que foi um país que libertou bastante gente, adotou também esse critério. Eles usaram uma lógica que faz muito sentido: "Essa é uma epidemia que vai perdurar por um longo tempo. A pena desse cara vai acabar ao longo dessa epidemia?", "Vai!", "Então vamos liberar ele logo agora e reduzir os riscos de contágio". Aqui, eles poderiam ter feito algo similar, quem tem a pena para vencer nos próximos três ou seis meses poderia ter sido incluído. Nesse ponto, a gente esbarra também em outra mentalidade muito presente no senso comum, que é a questão de se pensar o cárcere como separado da sociedade... e isso influencia muito nas nossas decisões políticas, porque pensam: "Não vai chegar o corona lá, porque eles estão presos". Mas as pessoas não levam em consideração a gigantesca circulação do que entra e sai da prisão.

Achamos importante colocar três questões: dos diagnósticos, do encaminhamento dos casos suspeitos e depois do fluxo dos mortos. Mas vamos por partes: como é que está sendo essa política dos diagnósticos, não só em relação aos presos, mas também em relação aos funcionários?

[JM] Pelo que parece, da maneira como sempre foi feito antes da pandemia: qualquer diagnóstico de qualquer doença nas unidades prisionais é feito pelos próprios funcionários. Não tem um médico ou sequer um enfermeiro. Os ambulatórios são ocupados por auxiliares e técnicos de enfermagem, que não podem dar um diagnóstico mais certo. Quando aparecem sintomas muito gritantes, a pessoa é colocada como "potencial suspeito", porque nem depois de morto eles estão classificando como "suspeita de Covid". São "potenciais suspeitos". O encaminhamento continua todo centralizado na UPA e a dificuldade de encaminhar qualquer questão de saúde para equipamentos extramuros segue igual. E isso já vem de uma triagem anterior. Nas conversas que a gente tem com a população privada de liberdade, sempre ouvimos que eles só pedem para ir para a UPA quando estão para morrer. Qualquer outra questão, eles preferem lidar sozinhos ali na unidade, mesmo sabendo que só vão conseguir uma dipirona e que um antibiótico é sonho.

[GS] Exames, não tem! A gente até sabe que o Depen [Departamento Penitenciário Nacional] disponibilizou um recurso para as secretarias, para que comprassem alguns insumos, mas que não foi suficiente. Tanto que o Sindicato dos Servidores [do Sistema Penal do Rio de Janeiro] precisou entrar na Justiça para garantir que eles tivessem acesso aos EPIs, a máscara, a luva... a gente também ficou sabendo que adquiriram termômetros infravermelhos para fazer testes nos funcionários. Não ficou claro se isso também seria usado nos presos. O hospital de campanha no [Hospital Penal Psiquiátrico] Roberto de Medeiros, nós estamos aguardando. E ele é também uma preocupação, porque o Roberto de Medeiros estava caindo — tanto que transferiram as mulheres de lá para o [Hospital de Custódia e Tratamento Psiquiátrico] Henrique Roxo há uns dois anos. Caindo fisicamente, com o teto cedendo, então a SEAP já estava vendo um outro local para acomodar os presos de medida de segurança que lá estavam. Então, como pensar um hospital de campanha ali? E o ISE [Instituto Santo Expedito], que era uma unidade socioeducativa, que foi adaptada e muito mal adaptada para receber as mulheres, porque, mais uma vez, não se pensou nas peculiaridades do que é o gênero feminino..., mas aí já é uma outra entrevista, uma outra discussão... numa parte dele também seria colocado um hospital de campanha, mas até agora nada. Algumas mulheres foram transferidas para a [Penitenciária] Talavera Bruce, mas ainda não teve início essas obras. Então, o que a gente sabe é isso: não tem exame, eles isolam quem tem sintomas de gripe e fazem esse fluxo com a UPA. O que a gente sabe do Milton Dias, que fica em Japeri, que não acessa a UPA, mas sim a rede de saúde local, é que teve dois presos que fizeram testes e deu H1N1. Pelo menos essa foi a resposta oficial, a gente não tem como confirmar porque a gente não teve acesso a esse laudo, mas consta que eles fizeram o teste numa clínica de saúde municipal e que deu H1N1. E a gente entende que, primordialmente, tinha que ter EPI para os funcionários e exames, testes rápidos. Tudo bem que é uma etapa, que tem o teste rápido e depois tem que fazer um teste mais avançado. E tem outra questão: os ISAPs [inspetores de segurança e administração penitenciária] com mais de 60 anos e com comorbidades foram liberados; então, se diminui o número de agentes trabalhando, aumenta o número de plantões para aqueles mesmos funcionários. Os profissionais do serviço social e da psicologia, os que estavam, por exemplo, no Henrique Roxo, que conseguiam fazer um trabalho com pacientes de medida de segurança lá, foram transferidos para outras funções, em outras unidades, com desvio de função... então, tem todos esses meandros dentro da SEAP, com toda essa falta de transparência, a gente não consegue entender, o que vai potencializando o risco, porque não tem transparência.

[JM] Só um adendo pequeno a essa questão de diagnóstico ainda... o servidor, o agente que morreu recentemente por Covid, só teve a confirmação de que era mesmo Covid após a morte. Ele estava trabalhando, ele foi liberado para ir para casa quando ele se apresenta para trabalhar com muitos sintomas, já. Então, vai saber desde quando ele estava com o vírus.

Outra questão que nos interessa é a política dos óbitos. Sobre isso, há duas resoluções importantes: a resolução assinada entre a Sepol [Secretaria de Estado de Polícia Civil] e a SEAP, que altera os fluxos no IML[5] [Instituto Médico Legal], e, num segundo momento, a portaria conjunta assinada entre o Ministério

---

[5] Ver (*on-line*) em: http://www.ioerj.com.br/portal/modules/conteudoonline/mostra_edicao.php?k=515CFFD8-0F5PB-4F85-A6E1-5C65E4092D5D

da Saúde e o CNJ[6] [Conselho Nacional de Justiça]. Queríamos que vocês falassem um pouco de como isso está funcionando.

[JM] Com relação ao IML, mesmo antes da pandemia, o IML só fazia laudo cadavérico e exames mais complexos em casos de morte violenta. Em caso de morte natural, eles nunca fizeram. Só faziam a declaração e o atestado de óbito e isso já saía na categoria "natural/doença" ou simplesmente "causa indeterminada". A gente viu até uma que saiu como causa de morte "acidental". No contexto da pandemia, isso cria uma lacuna muito grande, que alimenta a subnotificação dos casos suspeitos. Os casos confirmados a gente sabe que vai ter uma dificuldade grande pela falta de exames mesmo, mas você vai ter uma subnotificação de casos suspeitos, inclusive. Porque são presos que vão morrer e mesmo que tenha lá, na causa da morte, "insuficiência respiratória", ele não vai configurar na estatística geral como um suspeito de Covid. Morreu por insuficiência respiratória e ponto. E isso é muito ruim por causar essa lacuna de subnotificação.

[GS] Segundo as normativas internacionais, qualquer óbito de um preso tem que ter o laudo, tem que estar descrita a morte. Isso a gente já não via na SEAP antes, o que é mais grave ainda nesse período. Eu lembro de uma visita na UPA que eu perguntei dos BAMs [Boletins de Atendimento Médico], dos sinais registrados, do preenchimento, para ver a questão da morte violenta, e nenhuma enfermeira sabia me responder: "Não, não, aqui a gente não faz"; "Não, aqui eles nunca chegam com marcas de agressão" ... e a gente sabe que tem, a gente sabe que chegam, eles não "caem da comarca

---

6 Ver (*on-line*) em: https://atos.cnj.jus.br/files/original180204202004015e84d71c65216.pdf. No início de maio, enquanto esta entrevista era editada, a referida portaria conjunta foi substituída por outra que, entre outras medidas, suspende a diretriz de pronta cremação dos corpos. Ver (*on-line*) em: https://www.cnj.jus.br/wp-content/uploads/2020/05/PortariaConjuntaCNJ_MSaude-2_2020-Sepultamento-28042020.pdf

[leito de concreto da cela]", como dizem. Essa subnotificação agora está patente, ela está aparecendo, porque ela tem que aparecer, mas antes mesmo da situação da Covid a gente já sabia da subnotificação. Quando você chegava na UPA e perguntava: "Quantos BAMs vocês preencheram?" e era um desconhecimento, ou "zero por mês", enfim... talvez esse caos tenha vindo agora para legitimar uma situação que já era assim, com essa "causa indeterminada". O que é muito ruim, para além de uma questão histórica, mas pelo direito mesmo dessa família de conhecer, de saber o motivo [da morte de um familiar na prisão].

[JM] O preenchimento de dados da UPA é historicamente tosco. Eu me lembro de um caso de quando eu trabalhava na Defensoria, que me chamou muito a atenção. O caso de um garoto que tinha chegado morto na UPA, e aí no BAM dele, do dia que ele chegou, dizia que ele tinha chegado "lúcido e orientado". Eu falei: "Mas ele chegou morto!" "Lúcido e orientado?" Eu falei que fizeram um contato espiritual com ele para saber se ele estava lúcido e orientado e preencheram. Porque não vem preenchido nada, eles sequer tiram a temperatura ou pesam o paciente, que é a coisa mais básica, a primeira coisa que se faz num atendimento médico. Às vezes vem: "RG desconhecido"; e você: "Não, mas tem aqui, olha o RG dele". Eles têm essa confusão mesmo. E assim, a nossa conversa com o médico lá da UPA foi uma experiência muito ruim, muito ruim! Até sobre aquela questão do encaminhamento, quando a gente perguntou sobre o encaminhamento para o hospital extramuros, eu me lembro que ele falou: "A gente, às vezes, evita fazer isso, mesmo, para não colocar os colegas de profissão em risco!". Então, pensando na segurança dos colegas médicos plantonistas do hospital público, ele não vai encaminhar um preso para eles atenderem.

Pois é, tem um problema que é de acesso ao serviço de saúde, mas quando esse serviço é prestado, a natureza desse atendimento é totalmente problemática...

[JM] É complicado. E, mais uma vez, esse serviço é prestado por pessoas que são influenciadas pelas mais diferentes vertentes de pensamento. E a classe médica, a gente sabe muito bem, que historicamente tem uma orientação política, em geral, muito ruim. E esse serviço realmente é assim. Quando ele consegue acessar o serviço, esse não é suficiente. Na UPA, se for um caso mais complicado, ele não vai ser suficiente por natureza, pela falta do equipamento adequado mesmo. Mas, às vezes, mesmo numa questão mais simples, esse atendimento é complicado porque ainda assim é "atendimento para vagabundo!". A verdade é essa. Em linhas gerais, o pensamento dos médicos e enfermeiros se confunde com o dos guardas nessa questão. A UPA não tem uma presença ostensiva de agentes de segurança no corredor, você não vê muitos agentes, mas eu reparei nessa última visita, que os médicos e enfermeiros circulam pelos corredores como os agentes circulam pelas galerias dos presídios. Tem essa confusão mesmo. Não fosse o uniforme, eu diria que aquela pessoa ali é um agente e não um médico. Ele sequer toca no paciente que está lá sendo "examinado". A gente tem muito desses relatos; principalmente das mulheres, quando vão para a UPA e contam que o médico nem olha, só pergunta algumas questões e pronto, não quer saber. Nas unidades, os profissionais de saúde da SEAP parecem ter um olhar mais cuidadoso. Só que, ao mesmo tempo, devido à falta de insumos, eles também ficam automatizados, porque é um técnico de enfermagem para uma população carcerária de 2 mil homens com diversas doenças: tuberculose, HIV, sífilis... e essa pessoa sem insumo, sem medicamento, sem material para a própria higiene, sem condições de trabalho, também vai cair num automatismo que faz com que se tenha um atendimento precarizado para o preso. Eu até lembro de algumas vezes que eu vi ambulatórios em unidades prisionais funcionando "bem", por assim dizer; conseguindo girar minimamente o atendimento e conseguindo promover um mínimo de acesso à saúde básica, e, com certeza, eu posso dizer que todas as vezes que eu vi um ambulatório dessa maneira, tinha um profissional de saúde sobrecarregado e possivelmente com contatos na Secretaria Municipal, que conhecia alguém, que era amigo do fulano e que conseguia articular alguma coisa ali com muito esforço. Institucionalmente, ele não tem nenhuma estrutura para isso. Os pedidos de medicamentos, você vê, eles têm as planilhas de quanto eles pediram e de quanto eles receberam. Tem uma defasagem geralmente de 70% a 100% desses pedidos. Eu pedi mil, eu ganhei cem. É sempre assim... eu já ouvi muito responsável por esse pedido em ambulatório falando: "A gente vai pedir cada vez mais para cima para ver se consegue cada vez mais...". A ponto de chegar a pedidos grosseiros de, por exemplo, 5 mil caixas de antibiótico, sendo que não tem nem 5 mil presos na unidade. Como eles sabem que vão conseguir apenas um percentual daquilo, jogam para cima, mas chega uma hora que não dá mais para fazer isso. Você vai pedir todos os antibióticos do estado do Rio?

E nos presídios femininos? Tudo isso que estamos falando serve para as mulheres ou elas acabam tendo um outro tipo de encaminhamento?

[GS] Não, é a mesma tortura. Elas também vão para essa UPA. As gestantes também fazem os exames ali. Elas ficam no Talavera Bruce, mas os exames são feitos nessa UPA. Tem um ginecologista que roda as unidades, mas a gente nunca encontrou com esse médico e olha que a gente já visita há um tempo. Só ouço falar dele. E quando esses exames ginecológicos são feitos, são feitos em mutirão. Várias demandas de saúde feminina são totalmente precarizadas, esquecidas e deixadas de lado. A gente observa muito a violência obstétrica na hora do parto. Eu acho que esse é um ponto que é bem complicado, porque elas são algemadas, elas vão para uma unidade extramuros, e na hora desse parto, por medo, desconhecimento, dessa equipe médica e de enfermagem, muitas vezes, elas são mantidas algemadas na hora do parto. Logo depois que ela tem o bebê, ela fica sozinha, sem nenhum auxílio. A gente já escutou relato, por exemplo, de uma mulher falar: "No dia que eu tive, era um agente mais sensível do SOE [na escolta] e ele veio aqui me ajudar a amamentar o meu filho", que as enfermeiras não vão sequer dar essas primeiras orientações. Isso em hospital extramuros, que supostamente teria um atendimento diferenciado. E quando a gente faz uma visita numa unidade feminina, as demandas por questões de saúde são gigantescas. A gente faz listas e listas de queixas de saúde e, principalmente, de saúde mental. Por quê? Porque as mulheres, além de tudo, além de elas serem submetidas a todos os maus tratos, tortura, a todas as péssimas condições a que os homens são submetidos, as mulheres não recebem visitas. Elas, muitas vezes, são abandonadas pelos companheiros ou eles também estão presos. Então essa questão, a falta de informações sobre os filhos, que muitas vezes estão com a sogra, com a mãe, com uma tia, com algum parente distante. Então, isso tudo agrava a situação dessas internas de um presídio feminino.

Para finalizar, a gente gostaria que vocês fizessem um breve prognóstico de curto, médio e longo prazo.

[JM] O prognóstico que a gente tem, assim, é péssimo. É péssimo mesmo. Essa história desses possíveis afrouxamentos das medidas e essa possível tendência do poder público de começar um pouco a minimizar a pandemia... eu, particularmente, estou vendo isso com muito medo. E acho que, institucionalmente, isso vai gerar também uma preocupação, porque se o poder público vai nesse sentido, vai ficar mais difícil ainda de que a gente consiga medidas mais efetivas para enfrentar a pandemia dentro do sistema. Se a gente afrouxa o isolamento social aqui, a ideia é que está melhorando, então, não tem mais necessidade de ficar soltando as pessoas. Eu tenho visto com muita preocupação o que vai vir por aí no sistema prisional, nesse contexto de pandemia. A gente começa a imaginar já uma verdadeira catástrofe, uma tragédia sem proporções, um número de mortes muito grande, falta de informação. Tenho receio ainda de que, se isso passar e quando a gente estiver bem aqui fora, ainda teremos que seguir muito atentos com o coronavírus dentro do sistema, tal qual a questão da tuberculose, guardadas as devidas proporções, que é o mal do século há 300 anos dentro do sistema prisional. Foi o mal do século para o mundo e há 300 anos ela continua sendo dentro do sistema. Imagino que o corona vai ter um caminho parecido. Imagino que quando estiver tudo bem e todas as políticas de contenção caírem de fato, a gente ainda vai precisar de políticas que incidam sobre a população carcerária e vai ficar mais difícil de conseguir.

[GS] Infelizmente eu concordo com o João. Acho também que o prognóstico não é bom. Até pela forma como começou aqui no nosso país, com uma forte negação e isso, claro, vai para o sistema prisional, como falta de transparência, falta de informação... um viés econômico que sobressai sobre a vida das pessoas... e o mais grave é que as pessoas não se preocupam com isso. É como se eles não fizessem parte da sociedade; é bem aquele "deixar morrer" do Foucault mesmo. Como se eles estivessem lá para isso, como se essas pessoas não fossem passíveis de luto. Mas os profissionais saem, voltam para suas casas, têm contato com esses presos e saem, fazem viagens, então essas medidas de flexibilização tendem a agravar a situação. O prognóstico então é muito ruim por conta disso, pela facilidade com que esse vírus se propaga, e por termos um governo e um Estado que não estão preocupados em ter informações fidedignas, diferente do que a gente vê em outros países... Aqui sequer levaram em consideração como a Itália enfrentou a pandemia no sistema prisional de lá, que no começo foi pelo fechamento total e que isso gerou rebeliões — isso sequer foi colocado aqui como exemplo. Também pela forma que a sociedade lida com as pessoas que estão no sistema prisional, acho que o prognóstico é o pior possível. Tendo também um Tribunal de Justiça que é, no mínimo, omisso, que sequer se pronunciou publicamente, que montou um comitê de crise que nunca se reuniu, que só existe no papel, que sequer conta com pessoas da sociedade civil. Por isso também que o Mecanismo está tentando essa articulação constante com diversos atores e tentando pensar em estratégias de enfrentamento dessa pandemia. O protagonismo não teria que ser nosso, mas se os órgãos responsáveis estão sendo, no mínimo, omissos...

REFERÊNCIAS

CAMPELLO, Ricardo. *Faces e interfaces de um dispositivo tecnopenal:* o monitoramento eletrônico de presos e presas no Brasil. Tese (doutorado), PPGS, USP, 2019.

CAMPELLO, Ricardo. Vírus e vermes: Covid-19, política penitenciária e reatualização do leprosário. *Horizontes ao Sul*, 1° de abril de 2020. Disponível (*on-line*) em: https://www.horizontesaosul.com/single-post/2020/03/27/VIRUS-E-VERMES-COVID-19-POLITICA-PENITENCIARIA-E-A-REATUALIZACAO-DO-LEPROSARIO)

GODOI, Rafael. *Fluxos em cadeia:* as prisões em São Paulo na virada dos tempos. São Paulo: Boitempo, 2017.

_____. A prisão fora e acima da lei. *Tempo Social: Revista de Sociologia da USP,* vol. 31, nº 3, 2019. pp. 141-160.

_____; ARAÚJO, Fábio; MALLART, Fábio. Espacializando a prisão: a conformação dos parques penitenciários em São Paulo e no Rio de Janeiro. *Novos Estudos Cebrap*, vol. 38, nº 3, 2019. pp. 591-611.

MALLART, Fábio. *Findas linhas:* circulações e confinamentos pelos subterrâneos de São Paulo. Tese (doutorado), PPGS, USP, 2019.

_____; GODOI, Rafael; CAMPELLO, Ricardo; ARAÚJO, Fábio. Brazil's Prison: Covid-19 Massacre Imminent. *LatinAmerica Bureau*, 6 de abril de 2020. Disponível (*on-line*) em: https://lab.org.uk/brazils-prisons-covid-19-massacre-imminent/

_____; GODOI, Rafael; CAMPELLO, Ricardo; ARAÚJO, Fábio. O massacre do coronavírus. *Cientistas Sociais e o Coronavírus*, nº 24, Anpocs, 20 de abril de 2020. Disponível (*on-line*) em: http://www.anpocs.com/index.php/ciencias-sociais/destaques/2338-boletim-n-24-o-massacre-do-coronavirus

_____; ARAÚJO, Fábio. Causa mortis determinada: a prisão. *Le Monde Diplomatique Brasil*, Acervo *On-line*, 29 de abril de 2020. Disponível (*on-line*) em: https://diplomatique.org.br/causa-mortis-determinada-a-prisao/

MECPT/RJ. *Sistema em Colapso: Atenção à Saúde e Política Prisional no Estado do Rio de Janeiro.* Relatório temático. Rio de Janeiro: Mecanismo Estadual de Prevenção e Combate à Tortura do Rio de Janeiro (MECPT/RJ), Assembleia Legislativa do Estado do Rio de Janeiro (Alerj), 2018. Disponível (*on-line*) em: https://drive.google.com/file/d/1N28jgO9itWLWt10rxi3dlgEdNUFIRxCw/view

VÍRUS E VERMES

COVID-19, POLÍTICA PENITENCIÁRIA E REATUALIZAÇÃO DO LEPROSÁRIO

Ricardo Campello

Profundissimamente hipocondríaco,
Este ambiente me causa repugnância...
Sobe-me à boca uma ânsia análoga à ânsia
Que se escapa da boca de um cardíaco.
Já o verme — este operário das ruínas —
Que o sangue podre das carnificinas
Come, e à vida em geral declara guerra,
Anda a espreitar meus olhos para roê-los,
E há-de deixar-me apenas os cabelos,
Na frialdade inorgânica da terra!

[**AUGUSTO DOS ANJOS**, PSICOLOGIA DE UM VENCIDO]

Ao doente não era dada outra alternativa para seu tratamento senão submeter-se ao confinamento na colônia, não porque não existissem outras formas de tratamento, mas porque foi considerada a forma mais eficaz de obter seus fins, ainda que isso representasse uma espécie de morte para o leproso e para sua família.

[**DÉBORA MICHELS MATTOS** E **SANDRO KOBOLFORNAZARI**, A LEPRA NO BRASIL: REPRESENTAÇÕES E PRÁTICAS DE PODER]

De alguns anos para cá, movimentos sociais e pesquisadores têm se dado conta de uma das funções não anunciadas do sistema prisional: a produção da morte[1]. Se a prisão ainda é um mecanismo político fundamental de adestramento da vida, sua dimensão letal tem adquirido centralidade no interior de uma penalogia que já não se atém à fábula reabilitadora, passando a concentrar-se na eliminação social e biológica do sujeito considerado criminoso. Basta verificar os índices de mortalidade nos cárceres brasileiros, a frequência de suicídios nas unidades prisionais europeias e estadunidenses ou os níveis de disseminação de doenças altamente letais nos presídios africanos. Nos mais diferentes contextos político-penais, a prisão se estabelece como máquina de fazer morrer.

A resposta política ao avanço da pandemia de Covid-19 e à sua penetração nas prisões brasileiras é a expressão declarada da funcionalidade mortal conferida ao aparato carcerário por seus atuais gestores. A manutenção do confinamento de mais de 800 mil pessoas em instituições prisionais superlotadas, em pleno contexto pandêmico, recupera e atualiza uma das mais antigas técnicas de contenção epidemiológica: não o sistema de controle da peste, baseado no isolamento em quarentena, mas o modelo de exclusão da lepra, centrado na segregação orientada à morte[2]. As medidas até aqui adotadas pelos poderes Executivo e Judiciário em reação à proliferação do coronavírus no sistema prisional reafirmam o poder seletivo das autoridades de Justiça e Segurança Pública em decidir sobre aqueles que devem viver e os que podem morrer.

---

1 Refiro-me, em especial, aos relatórios produzidos pela Pastoral Carcerária, às notas divulgadas pela Frente Estadual pelo Desencarceramento do Estado de São Paulo e, particularmente, à tese de doutorado de Fábio Mallart (2019), intitulada "Findas linhas: circulações e confinamentos pelos subterrâneos de São Paulo".

2 A respeito das práticas médico-sanitárias de exclusão da lepra, ver: Foucault, 2001; Mattos e Fornazari, 2005 e Witter, 2009.

Chega a ser desnecessário elucidar as implicações da entrada do vírus SARS-CoV-2 nas unidades prisionais do país. Entidades como a Pastoral Carcerária e o Instituto de Defesa do Direito de Defesa (IDDD) sublinham a fragilidade particular à qual estão sujeitas as pessoas presas em um cenário de pandemia, uma vez que essas populações já possuem imunidade baixa, dadas as condições de encarceramento. Efeito disso é o fato de doenças como a tuberculose possuírem incidência 30 vezes maior nas unidades prisionais do que na sociedade em geral[3]. Como se sabe, as prisões brasileiras são espaços de aglomeração drástica, ventilação nula, insalubridade completa e atendimento médico precário. Ou seja, são verdadeiros polos de disseminação do coronavírus, por dentro e para fora dos muros.

Frente à urgência de redução da população carcerária, o ministro Sergio Moro restringiu-se a editar normas de suspensão de visitas e posicionou-se contrário à soltura de presos e presas que não tenham sido condenados por violência ou grave ameaça[4]. Além disso, emitiu portarias definindo medidas como o isolamento de detentos com confirmação ou suspeita de Covid-19; a utilização de cortinas e marcações no chão das unidades para delimitar distância mínima entre os internos e a suspensão ou redução de reuniões religiosas ou de grupos de assistência[5].

Para além da irônica instrução de distanciamento social no interior de presídios superlotados, qualquer gestor penitenciário teria ciência clara da inefetividade das medidas adotadas como método preventivo, uma vez que não implicam na redução dos contingentes

---

3 Disponíveis (*on-line*) em: https://carceraria.org.br/combate-e-prevencao-a-tortura/carta-aberta-da-pastoral-carceraria-nacional-sobre-coronavirus-nas-prisoes

4 Disponíveis (*on-line*) em: https://www1.folha.uol.com.br/equilibrioesaude/2020/03/nao-podemos-soltar-presos-e-por-em-risco-populacao-diz-moro-sobre-crise-do-coronavirus.shtml

5 Disponíveis (*on-line*) em: https://www.novo.justica.gov.br/news/ministros-moro-e-mandetta-definem-medidas-de-prevencao-do-coronavirus-nos-presidios

populacionais encarcerados em instituições cuja taxa de ocupação varia de 150% a 500%[6]. A estratégia deliberada consiste, portanto, na pronta resignação ao contágio confinado.

No mesmo sentido, o poder Judiciário recusou-se a atuar de maneira sistemática para conter a transmissão do coronavírus nas prisões do país. O Supremo Tribunal Federal (STF) revogou um pedido de Amicus Curiae[7] realizado pelo IDDD, no qual a organização não governamental solicitava medidas específicas de desencarceramento em caráter emergencial. Alegando que a entidade não era um polo da ação, os ministros do STF ativeram-se a um formalismo frágil e derrubaram a liminar que previa a redução dos níveis de contaminação no sistema prisional.

Mas o modelo funesto de política profilático-penitenciária em reação ao vírus não é exclusividade das instâncias federais, sendo replicado por administrações estaduais. Conforme o Departamento Penitenciário Nacional (DEPEN), 97% das unidades federativas adotaram como medida principal a suspensão total das visitas[8]. Em algumas delas, já há notícias de casos confirmados de Covid-19 nas cadeias[9].

O Rio de Janeiro foi o primeiro estado a notificar a suspeita da doença no sistema prisional. Já no dia 16 de março, conforme publicado pelo *Intercept* Brasil, a direção da Cadeia Pública Milton Dias Moreira, na baixada fluminense, enviou um comunicado à Secretaria de Estado de Administração Penitenciária, informando a suspeita de

---

6 Disponíveis (*on-line*) em: http://depen.gov.br/DEPEN/depen/sisdepen/infopen

7 A figura do *amicus curiae*, ou "amigo da corte", designa uma instituição cuja finalidade é fornecer informações e subsídios às decisões dos tribunais.

8 Disponíveis (*on-line*) em: http://depen.gov.br/DEPEN

9 Disponíveis (*on-line*) em: https://noticias.uol.com.br/cotidiano/ultimas-noticias/2020/03/20/presidios-de-sp-tem-primeiros-casos-de-covid-19.htm e https://noticias.uol.com.br/cotidiano/ultimas-noticias/2020/03/31/coronavirus-casos-suspeitos-em-presidios-do-brasil.htm

quatro casos de coronavírus em detentos da unidade. Em resposta, o governo Witzel determinou que os internos que apresentavam os sintomas fossem isolados, mas permanecessem na unidade mais superlotada do estado[10].

No mesmo dia 16, em São Paulo, a Secretaria de Administração Penitenciária (SAP-SP) e a Corregedoria Geral da Justiça (CGJ-SP) suspenderam a saída temporária do regime semiaberto[11]. A decisão desencadeou a fuga de mais de mil presos dos Centros de Progressão Penitenciária (CPP) de Mongaguá, Tremembé, Mirandópolis, Porto Feliz e Sumaré. Após as fugas, uma série de denúncias realizadas por moradores de Mongaguá reportaram corpos encontrados nos arredores do CPP. Ao que indicam as denúncias, parte dos presos foragidos foram executados pelas forças de Segurança Pública[12].

Em 24 de março, a Frente Estadual pelo Desencarceramento do Estado de São Paulo (FED-SP), a Associação de Amigos e Familiares de Presos (AMPARAR) e o Movimento Mães do Cárcere oficiaram a Defensoria Pública do estado, denunciando o desaparecimento de presos, além de práticas de violência e tortura em diversas unidades prisionais paulistas nos dias subsequentes às fugas. A tônica da gestão penitenciária em São Paulo nas semanas iniciais de pandemia assentou-se sobre a tranca e o abate.

Nos tribunais de justiça estaduais, algumas esparsas iniciativas têm sido realizadas por juízes de execução penal, determinando a soltura de presos e presas enquadrados nos grupos de risco. Todavia, as medidas adotadas às vésperas do auge da crise não abrangem mais do que 0,8% da população prisional do país. A vasta maioria das

---

10 Disponíveis (*on-line*) em: https://theintercept.com/2020/03/18/coronavirus-presidios-rio-witzel/

11 Disponíveis (*on-line*) em: https://www.tjsp.jus.br/Noticias/Noticia?codigoNoticia=60619

12 Para ver na íntegra a nota publicada pela Frente Estadual pelo Desencarceramento do Estado de São Paulo, acesse: encurtador.com.br/jnTY7

pessoas encarceradas permanece sujeita à contaminação em larga escala, cujas consequências epidêmicas já se pode prever.

Costuma-se dizer que as catástrofes trazem consigo a vantagem trágica de desnudar o poder e seu exercício; fazer com que cada traço de sua crueldade mórbida seja exposto sem rodeios. O sonho do extermínio eugênico que imunizaria o corpo-espécie é finalmente revelado sem disfarce ou dissimulação. Nesse sentido, a interface sobreposta entre o encerramento que segrega e a morte que contagia não foi inaugurada pelo novo vírus. Longe disso, teve seu lugar marcado e bem definido na agenda de políticas públicas elaborada pelo Estado brasileiro no decorrer de sua história.

Até meados do século XX, a política médico-sanitária de tratamento da hanseníase (a lepra bíblica) no Brasil fundamentou-se na exclusão de doentes em instituições fechadas, de preferência distantes das áreas populosas, no interior das quais a doença poderia se propagar e evoluir sem maiores ameaças à população sadia. Era a morte antecipada pela gestão da saúde pública. Entre as décadas de 1920 e 1940, a Campanha Nacional de Combate à Lepra estabeleceu-se no bojo do Estado Novo, fundamentada em princípios de caráter desenvolvimentista, nacionalista e higienista. O preço médico e social da saúde e do progresso era pago no pátio dos leprosários[13].

Hoje, autoridades penitenciárias federais e estaduais não hesitam em recuperar a técnica básica da morte-por-rejeição como estratégia central de combate ao coronavírus nas prisões. É sabido que existem outras formas tanto mais efetivas quanto mais indulgentes de prevenção à transmissão da Covid-19 no cárcere. Recentemente, a Organização das Nações Unidas (ONU) exortou os governos a trabalharem rapidamente para reduzir a quantidade de pessoas presas[14]. O próprio Conselho Nacional de Justiça apresentou recomendações

---

13 Mattos e Fornazari, 2005 e Witter, 2009.

14 Disponíveis (*on-line*) em: https://viapais.com.ar/argentina/1661076-la-onu-pidio-liberar-a-presos-debido-al-coronavirus/

nesse sentido aos juízes e tribunais, propondo medidas como a reavaliação das prisões provisórias; a concessão de saídas antecipadas e a determinação de regimes domiciliares a mulheres gestantes, lactantes, mães, assim como idosos e demais pessoas classificadas no grupo de risco[15]. Mais precisa e mais direta, a Frente Estadual pelo Desencarceramento do Estado de São Paulo solicitou a imediata soltura de todas as pessoas em prisão provisória; a proibição do ingresso de novas pessoas presas em unidades que já estejam operando acima da capacidade; a concessão de prisão domiciliar para pessoas em cumprimento de pena em regime fechado e a antecipação da progressão de pena das pessoas em regime semiaberto para o regime aberto. Não são poucas, portanto, as vozes que apontam caminhos mais sensatos para atravessar esse momento e evitar que as prisões se tornem epicentros descontrolados de transmissão viral.

Todavia, estamos tendo que lidar com gestores que parecem se regozijar com seu direito soberano de matar e de deixar morrer. Administradores públicos que se colocam na iminência de confeccionar com o novo vírus uma bomba infecciosa chamada prisão. Vermes que declaram guerra à vida pelo estranho apetite que nutrem com a carniça que produzem.

---

[15] Disponíveis (*on-line*) em: https://www.cnj.jus.br/wp-content/uploads/2020/03/62-Recomendação.pdf

REFERÊNCIAS

FOUCAULT, Michel. *Os anormais*. São Paulo: Martins Fontes, 2001.

MALLART, Fábio. *Findas linhas:* circulações confinamentos pelos subterrâneos de São Paulo. Tese (Doutorado em Sociologia), Universidade de São Paulo, São Paulo, 2019.

MATTOS, Débora Michels; FORNAZARI, Sandro Kobol. A lepra no Brasil: representações e práticas de poder. *Cadernos de Ética e Filosofia Política*, v. 6, n. 1, 2005. p. 45-57.

WITTER, Nikelen Acosta. Lepra: experiência e memória de exclusão. *Aedos*, v. 2, n. 5, 2009. p. 118-123.

SISTEMA DE JUSTIÇA E POLÍTICAS DE MORTE NAS PRISÕES

PANDEMIA E DISCURSO JURÍDICO NA BAHIA

Grupo Clandestino de Estudos em Controle, Cidades e Prisões[1]

Sistema de justiça, prisão e políticas de morte

O sistema de justiça criminal opera uma constelação de táticas de ocultamento dos vínculos insidiosos entre sua prática discursiva e a barbárie do cárcere. Michel Foucault (2008, p. 214), em seu esforço de crítica aos discursos oficiais do direito e do reformismo jurídico, pensava a prisão não como antagonista da justiça liberal, mas como a "região mais sombria do aparelho de justiça". Os atores jurídicos, em seus espaços de privilégio e poder, construíram "técnicas de desresponsabilização" sobre as violações estruturais que alcançam os corpos criminalizados entre a rua e o cárcere.

---

1 Este texto foi escrito por Vinícius de Assis Romão (UERJ), Lucas Vianna Matos (UFRJ), Daniel Fonseca Fernandes (UFRJ) e Ana Luisa L. de A. Barreto (UERJ), a partir de uma pesquisa ainda em desenvolvimento pelo Grupo Clandestino. Além dos quatro autores do texto, participaram da coleta de dados Bruna Portella de Novaes (PUC-RJ) e Marcelo Coelho (UFRJ), que também integram o grupo.

No labirinto burocrático do sistema de justiça, o cheiro da prisão e os gritos de dor são abafados nas salas frias de ar-condicionado. As vestimentas paramentadas e a linguagem empolada ilustram a facilidade com que o Poder Judiciário tende a ser visto como uma zona asséptica e neutra (Fernandes, 2020).

A sistemática legitimação formal dos extermínios de jovens-homens-negros[2], o fomento ao encarceramento, a corporificação de violências em suas dinâmicas cotidianas de julgamento e a interferência conservadora no delineamento das pautas de política criminal demonstram o lugar dos atores jurídicos na estrutura do punitivismo no Brasil[3].

É possível notar, a partir da denúncia de movimentos sociais e da crítica acadêmica, que está em curso um processo de desmitificação da "aparência da democracia dos gabinetes", que tenta encobrir a operacionalização real de um sistema de justiça que naturaliza o racismo e despreza a vida negra (Flauzina, 2017, pp. 13-14). Na pista de Ana Flauzina e Thula Pires (2020), entendemos que um dos desafios para a compreensão crítica e o enfrentamento da barbárie do poder punitivo no Brasil — em suas manifestações mais visíveis, do encarceramento e do extermínio antinegro — é o empreendimento de esforços analíticos que retirem o Judiciário do espaço de instância civilizatória, "situando sua atuação como propagadora da barbárie" (p. 9).

A partir dessas pistas teórico-metodológicas, apresentamos as primeiras reflexões de uma pesquisa coletiva realizada pelo Grupo Clandestino de Estudos em Controle, Cidade e Prisões, em que são analisados os sentidos da prática discursiva do sistema de justiça

---

2 Expressão cunhada por Vilma Reis (2005) para demarcar o padrão de vítimas do terrorismo de Estado, a partir de extermínios policiais na Bahia.

3 Diversos estudos importantes têm analisado essa relação entre o Judiciário e os efeitos das agências do sistema punitivo, como Avritzer (2018), Barreto (2017), Carvalho (2010), Fernandes (2020), Flauzina (2018), Matos e Novaes (2018), Romão (2020) e Zaccone (2015).

baiano sobre o cárcere no contexto da pandemia de Covid-19. As decisões no âmbito da execução penal expressam a resposta a uma pressão jurídico-política que demanda do Poder Judiciário a explicitação de suas leituras sobre a prisão, as condições de vida das pessoas presas, a salubridade do ambiente prisional e as dinâmicas jurídicas da execução. Esta pesquisa se orienta pelo seguinte problema: diante da pandemia de Covid-19, como o Tribunal de Justiça da Bahia (TJBA) tem decidido os pedidos de liberdade no campo da execução penal? O objetivo é compreender o papel que o Judiciário exerce em relação às prisões na atual conjuntura de agravamento dos riscos à vida. A investigação foi conduzida a partir da análise de decisões sobre pedidos de prisão domiciliar e progressão de regime prisional motivados pela pandemia.

A ausência de condições básicas de saúde no cárcere tem sido compreendida como efetiva imposição de tortura (Silva; Fromer, 2020). Acondicionamento precário de alimentos, superlotação, celas úmidas, sem incidência da luz do sol e sem ventilação, ausência de condições básicas de higiene, falta de medicação e assistência médica são permanências históricas que marcam a situação degradante da experiência prisional no país[4]. Essas condições tornam o cárcere um local ideal para a proliferação de diversas doenças contagiosas[5],

---

4 Nesse sentido, é emblemático o relatório da Comissão Parlamentar de Inquérito (CPI) do Sistema Carcerário publicado há mais de dez anos pela Câmara dos Deputados (2009).

5 Mallart e Araújo (2020) apontam que "no Rio de Janeiro, um levantamento feito pela Defensoria Pública demonstrou que, se em 1998, as prisões registraram 26 mortes por doenças, em 2017, o número saltou para 266, aumento de 923%. Dentro desse escopo, vale atentar para um recorte feito pela instituição acerca de 83 mortos entre 2014 e 2015. Conforme a análise dos laudos cadavéricos, 53 faleceram de tuberculose, pneumonias ou complicações decorrentes de infecções pulmonares. Ademais, 30 presos tinham caquexia (grau extremo de emagrecimento) e/ou desnutrição, o que aponta para a produção de um estado gradativo de decomposição — efeito de uma "política do definhamento".

como HIV, tuberculose, sífilis e hepatite, sendo ambiente impróprio para o tratamento adequado. O sistema carcerário brasileiro, além de surtos de gripes, já enfrenta, há algum tempo, uma epidemia de tuberculose, doença que se propaga por gotículas no ar — assim como a Covid-19. Estar preso aumenta em 30 vezes a chance de contrair tuberculose, permanecendo o risco elevado por até sete anos após a saída da prisão (Mabud *et al.*, 2019). O Ministério da Saúde registrou mais de 80 mil casos e 853 mortes causadas pela doença entre presos, de 2009 a 2018 (Borges, 2020).

Além das altas taxas de contaminação, dados do Ministério da Justiça apontam que apenas 66% dos presos estariam custodiados em estabelecimentos com "módulos de saúde" (INFOPEN, 2017). A existência dessas estruturas de saúde, entretanto, não indica que esses espaços reúnam condições adequadas de tratamento. A prisão tem *expertise* em conformar uma arquitetura de tortura, multiplicando espaços de sofrimento e intensificando a agonia de zonas-limite por meio dos "fundos dos fundos" de ambientes de castigo (Mallart, 2019). É possível perceber a realidade das prisões brasileiras como um ambiente de pouca circulação de ar, fezes de rato e insuficiência de água para higiene básica, ao passo que os corpos dos sujeitos presos são marcados por feridas abertas, dores da tuberculose e degradação física (Mallart; Godoi; Campelo, 2020).

A prisão é um espaço que produz "vida matável, morte em vida e morte mesmo" (Mallart; Godoi, 2017, p. 29). Neste sentido, o sistema prisional cumpre um papel em um cenário mais amplo de uma política alicerçada pelo racismo, que produz morte física, subjetiva e epistêmica, conformando a degradação da vida negra em diversas esferas, sendo a saúde e a liberdade precárias algumas das dimensões de um genocídio multifacetado (Vargas, 2010). Das torturas aos altos índices de infecção de doenças, passando pela assistência médica precária, a prisão se apresenta como peça de um maquinário genocida (Flauzina; Pires, 2020), uma das tecnologias que atuam diante da demarcação de uma zona de incomensurabilidade[6], alijando os corpos-alvo de um *status* de humanização (Fanon, 2008).

É nesse cenário que buscamos refletir sobre a interação do Judiciário com a prisão, como órgão com atribuição de intervenção nessa realidade, especialmente quando o TJBA tem de produzir decisões diante de pleitos de liberdade daqueles que buscam evitar outra forma de sufocamento[7] com a chegada da Covid-19.

O Judiciário baiano em defesa da prisão: discursos e práticas na pandemia

O termo inicial da pesquisa dialoga com as primeiras tomadas de posição do Poder Judiciário para responder à pandemia de Covid-19, em especial, a Recomendação nº 62, de 17 de março de 2020 do Conselho Nacional de Justiça (CNJ). A pesquisa não busca fazer um "diagnóstico" sobre a aplicação dessa recomendação, mas toma como referencial importante os parâmetros estabelecidos, como diretrizes definidas pelo próprio Judiciário, buscando "a proteção da vida e da saúde das pessoas privadas de liberdade", em especial daquelas pertencentes a grupos de risco.

A recomendação aponta como pertencentes a grupos de risco idosos, gestantes e pessoas com doenças crônicas, imunossupressoras e respiratórias, além de outras comorbidades preexistentes que possam conduzir a um agravamento do estado geral de saúde a partir do contágio, especialmente, diabetes, tuberculose, doenças

---

6 Como explica Fanon (2008), trata-se de uma consequência da cisão de matriz colonial que produziu duas esferas interdependentes na constituição do padrão de humanidade que perdura contemporaneamente. Em oposição à "zona do ser", embora a sustentando, está a "zona do não-ser", em que corpos negros vivenciam interdições no patamar da existência.

7 É representativa a situação-limite dos presos em Alagoas, agonizando, em setembro de 2020, por falta de ar consequente da superlotação (Stabile, 2020).

renais, infecção por HIV e coinfecções. Entre outras medidas, determinou que os magistrados considerassem conceder "saída antecipada dos regimes fechado e semiaberto" e "prisão domiciliar em relação a todas as pessoas presas em cumprimento de pena em regime aberto e semiaberto".

O universo geral da amostra é representado pela totalidade das decisões criminais publicadas no Diário Eletrônico da Justiça (DJe) do TJBA, proferidas pelos juízes de 1° grau e pelos órgãos do próprio Tribunal entre 18 de março e 17 de abril de 2020. Os diários de cada dia foram baixados na íntegra. Dois critérios foram utilizados no mecanismo de busca dos arquivos de cada diário, filtrando alternativamente os termos "corona" e "Covid". Todas as decisões que apontaram os termos procurados foram verificadas pelos pesquisadores, que analisaram quais delas diziam respeito a pedidos de liberdade. Incluem-se, nesse rol, decisões de conversão da prisão em domiciliar, progressão de regime e pedidos referentes a prisões processuais.

Todas as decisões referentes a pedidos de liberdade em processos criminais, no período supracitado, foram coletadas. Para este texto, que constitui uma primeira análise do material coletado, foram selecionadas exclusivamente decisões proferidas pelos órgãos do próprio TJBA que trataram de temas referentes à execução penal, em cinco dias de semanas diferentes, escolhidos de forma alternada. Nessa primeira etapa, portanto, não foram analisadas as decisões de 1° grau. Desse modo, chegamos a uma amostra operacional (Pires, 2014) composta por 34 decisões do Tribunal de Justiça.

Dialogando com as técnicas de pesquisa documental (Cellard, 2008), a análise desse material nos possibilita suscitar questões importantes a respeito da relação do Poder Judiciário com as prisões, das compreensões do que significa "risco à saúde" dos presos e dos efeitos da pandemia de Covid-19 na maneira como os institutos da execução penal são mobilizados pelos atores judiciais.

A Bahia apresenta três características importantes para a compreensão da conjuntura. A primeira se refere a uma relativa estabilidade nos dados sobre encarceramento. Entre 2007 e 2012, esse número transitou na casa de 13 mil pessoas presas, com exceção de um pequeno aumento em 2009 e um maior número em 2010, quando se registrou o pico da série histórica aqui analisada, com 17.635 pessoas presas. Em 2013, esse número chegou a 15.866, e, até a pandemia, todos os anos registraram dados na faixa de 15 mil pessoas.

O segundo aspecto importante é constituído por dois movimentos paralelos que acompanham essa relativa estabilidade: expansão da oferta de vagas do sistema prisional — inclusive com participação intensa do capital privado — e incremento das mortes violentas no estado. A Bahia foi o estado brasileiro com o maior número de Mortes Violentas Letais Intencionais (MVLI) entre 2011 e 2017, ficando em segundo lugar entre 2018 e 2019 e retomando a primeira posição no primeiro semestre de 2020. Também, nesses últimos dois anos, a Bahia figurou como o terceiro estado com o maior número de letalidade por agentes policiais (FBSP, 2020).

A terceira constatação diz respeito à oscilação do número de pessoas presas no estado durante o período da pesquisa, entre 18 de março de 17 de abril de 2020. Os dados da Secretaria de Administração Penitenciária (SEAP)[8] indicam que houve uma redução significativa do número de presos nesse período, tendo sido libertadas 1.829 pessoas, o que representa uma variação de 12,8% em relação ao total das pessoas presas na Bahia. Portanto, no último dia do período analisado, a SEAP indicou uma população total de 13.196 pessoas presas. É preciso aprofundar as reflexões sobre esse fenômeno, mas, ao que parecem indicar as primeiras análises desta pesquisa, a redução do número de presos não tem relação direta com as decisões do TJBA, sendo necessário observar a atuação dos juízes de 1° grau.

A partir dessas características gerais sobre controle e encarceramento na Bahia, posicionamos a prisão como parte da maquinaria de extermínio estatal e procuramos observar suas relações com o Poder Judiciário.

---

[8] Os dados têm sido coletados no *site* da SEAP da Bahia. Disponível (*on-line*) em: http://www.seap.ba.gov.br/pt-br/dados.

Analisando as decisões do TJBA: primeiras impressões sobre o material empírico

Essa primeira aproximação do material empírico coletado trouxe achados preliminares importantes para o desenvolvimento da pesquisa. Em apenas um dos 34 casos houve o deferimento parcial dos pedidos realizados, determinando a transferência do preso para o regime semiaberto. Nesse caso único, o pedido relacionado à Covid-19 não serviu de fundamento para determinar a transferência. Todos os outros pedidos tiveram como resultado: 1) o indeferimento da liminar, negando o direito pleiteado; 2) o não conhecimento, quando se considerou não ser admissível o uso da ação de *habeas corpus*; ou 3) o encaminhamento do processo para redistribuição, quando se entendeu que, por questões procedimentais, caberia a outro(a) desembargador(a) decidir sobre a liminar.

Considerando essa tendência de negar as demandas por liberdade pautadas na crise sanitária, nosso esforço foi entender, a partir de uma abordagem qualitativa das decisões, como o Tribunal tem enfrentado a tensão pandemia/cárcere; ou seja, como as decisões estruturam os argumentos e hierarquizam os requisitos exigidos para a ampliação dos espaços de liberdade no contexto de risco à saúde de pessoas presas.

Observado de forma ampla, o conjunto de decisões permite identificar o "caráter sucessivo e variável dos requisitos" para a concessão de progressão de regime, prisão domiciliar ou livramento condicional. Essa maneira de decidir representa a construção sucessiva de "obstáculos de última hora" que inviabilizam a concessão dos pedidos. Sempre que as circunstâncias consideradas pelo TJBA parecem estar presentes, são apresentados novos entraves à liberdade.

O primeiro obstáculo apresentado é de natureza formal. Diante dos riscos extraordinários representados pela pandemia no cárcere, o Tribunal parece tentar neutralizar suas responsabilidades com argumentos formais questionáveis, até mesmo em termos meramente normativos, como no indeferimento de pedido em sede *habeas corpus* por ausência de apreciação do pedido pelo juízo da execução penal (1° grau). A tese da "supressão de instância"[9] é mobilizada constantemente nas decisões, ainda que na maioria das vezes articulada com outros argumentos mais diretamente relacionados com o caso concreto. Em algumas decisões, a supressão de instância chega a inviabilizar a discussão sobre os eventuais riscos de contaminação da pessoa presa. Na decisão 23[10], por exemplo, a defesa argumenta que o paciente[11], preso em regime de execução provisória (ou seja, sem condenação definitiva), é portador de diabetes. A defesa demanda que o presídio apresente um relatório médico de sua condição de saúde (o que comprovaria a sua situação de risco) e que, consequentemente, seja concedida a prisão domiciliar, com o uso de tornozeleira eletrônica. Como essas questões ainda não haviam sido analisadas pelo juízo de 1° grau, o Tribunal não conheceu do *habeas corpus*, ou seja, sequer analisou a alegada situação de risco do preso, determinando o arquivamento.

Na decisão 28[12], outra questão formal inviabiliza a discussão sobre a demanda de liberdade, afirmando que o *habeas corpus* não é o meio de impugnação adequado. Essa decisão se destaca, pois, a questão já havia sido julgada em 1° grau, não sendo possível, portanto,

---

9 Supressão de instância é a expressão que indica que um pedido está sendo submetido à instância superior sem que tenha sido analisado pela instância inferior. Esse é um argumento muito frequente na jurisdição brasileira, que permite aos tribunais não analisarem determinados pedidos. No caso do *habeas corpus*, a noção é especialmente problemática, já que se trata de um instrumento para evitar restrições ilegais à liberdade e pode ser concedido "de ofício", ou seja, sem que tenha havido pedido explícito de reconhecimento de determinada ilegalidade.

10 Processo n° 8007288-47.2020.8.05.0000, DJe, 14 de abril de 2020.

11 "Paciente" é o termo que designa a pessoa em favor de quem o *habeas corpus* é apresentado.

12 Processo n° 8008212-58.2020.8.05.0000, DJe, 14 de abril de 2020.

falar em "supressão de instância". A defesa sustenta que o paciente está cumprindo pena em uma delegacia, é idoso (69 anos), hipertenso, sofre de labirintite e apresenta sintomas gripais. Ainda assim, o Tribunal, por meio de uma ginástica formalista, contrariando o alcance libertário do *habeas corpus*, não entrou na discussão do caso concreto, diante da previsão legal de que as decisões do juízo da execução penal devem ser atacadas por meio de recurso específico, o "agravo em execução".

Em outras decisões, apesar do mérito da demanda ser aparentemente enfrentado, sustentam-se fundamentações abstratas, que nem chegam a dialogar com as alegações relativas ao caso concreto. Na decisão 5[13], a defesa traz uma extensa fundamentação sobre os riscos que a prisão em regime fechado representa para o paciente, alegando demonstrar documentalmente que ele faz parte do grupo de risco, sendo hipertenso, obeso e diabético, e preenche os requisitos da Recomendação n° 62 do CNJ. O pedido também afirma que havia sido protocolado agravo em execução em dezembro de 2019, mas que o recurso estava parado por conta do atraso na manifestação do Ministério Público. A decisão, contudo, não enfrenta esses argumentos, sustentando não estarem presentes "elementos capazes de revelar o alegado constrangimento ilegal sofrido pelo paciente", sem se aprofundar nas questões trazidas pela defesa.

Mas a lógica dos "obstáculos de última hora" se expressa de forma mais evidente nas decisões que dialogam com os argumentos concretos mobilizados nos *habeas corpus* e, em termos normativos, com os dispositivos da Recomendação n° 62 do CNJ. É interessante notar, por exemplo, como o Tribunal trata as questões de idade da pessoa e comprovação de doenças prévias. Ter idade inferior a 60 anos (não idoso) e/ou não apresentar a prova de comorbidades são fatores decisivos para a negativa de pedidos nas decisões. No entanto,

[13] Processo n° 8006289-94.2020.8.05.0000, DJe, 25 de março de 2020.

quando um ou outro (ou os dois) elementos estão presentes, eles não são, por si só, garantias da liberdade. Criam-se outros obstáculos, aumentando-se o nível de exigência para a comprovação da situação de risco.

Em várias decisões relativas a pessoas idosas, por exemplo, o Tribunal explicita que a condição etária do paciente não é suficiente para a pronta concessão da liberdade[14]. Na decisão 7[15], a pessoa presa tem 68 anos e alega ser portadora de doença cardíaca. A decisão afirma que: "embora o paciente seja idoso e afirme ser hipertenso, os documentos acostados nos autos não são suficientes a atestar a existência das comorbidades". Assim, a condição de idoso é afastada como requisito autorizador da prisão domiciliar, pois a comorbidade não foi devidamente provada, sem indicar maiores detalhes sobre o que faltou em termos documentais para a demonstração da doença. O fato é que em quase todos os procedimentos em que há alegação de comorbidade relevante, em termos de aumento do risco para a Covid-19, a questão é afastada pelo Tribunal sob o argumento de suposta insuficiência probatória.

Mas a "suficiência" probatória tampouco significa a concessão da liberdade. A decisão 14[16] é representativa: uma mulher hipertensa e portadora de diabetes pediu para ser colocada em prisão domiciliar, alegando haver uma agente penitenciária infectada por Cvodi-19, com a qual teria tido contato. O Tribunal, embora reconheça essas circunstâncias como verdadeiras, indefere a liminar em razão da idade da mulher (36 anos). Neste caso, o julgador não nega a força probatória do documento que comprova a existência de comorbidades. Tampouco pode mobilizar o argumento, como em muitas

---

[14] Nessa chave de análise, que há decisões, como a 17 (processo nº 8007335-21.2020.8.05.0000, DJe, 6 de abril de 2020), em que o julgador sequer faz referência ao fato de a pessoa presa ser idosa.

[15] Processo nº 8007486-84.2020.8.05.0000, DJe, 2 de abril de 2020.

[16] Processo nº 8007780-39.2020.8.05.0000, DJe, 6 de abril de 2020.

decisões, de que não há casos comprovados na unidade prisional em questão, pois foi demonstrado que há, pelo menos, um caso e que a paciente teve contato direto com uma agente penitenciária que testou positivo para Covid-19. Diante desse quadro, a decisão faz surgir novos obstáculos. Assume que a paciente é hipertensa, mas alega que há comprovação de que a doença está "descontrolada". Admite a existência de casos na unidade prisional, mas alega que não está superlotada e que a mulher presa não apresenta — até o momento — sintomas gripais. Por fim, o golpe argumentativo final: a presa não é idosa.

Casos como esse evidenciam uma lógica decisória que não se pauta no risco comprovado à saúde da pessoa presa, mas exige a ocorrência de dano efetivo e consumado a sua integridade, de difícil comprovação. Há, no quadro geral da amostra analisada, uma constelação discursiva que implica um sofisticado "jogo de presunções em defesa da prisão", especialmente a partir da mobilização arbitrária e, no limite, negacionista, em relação à noção de risco.

A decisão 6[17] ajuda a compreender a questão. O *habeas corpus* apresenta uma série de argumentações em torno da situação jurídica do paciente que, estando em regime fechado, já teria cumprido os requisitos para a progressão de regime e, até mesmo, para o livramento condicional[18]. Esses pedidos haviam sido feitos 15 dias antes ao juiz de 1° grau, que, até o momento da impetração do *habeas corpus*,

---

17 Processo n° 8006624-16.2020.8.05.0000, DJe, 25 de março de 2020.

18 Ambos os institutos jurídicos são fruto da reforma penal feita na década 1980 sob a influência das propostas de alternativas penais oriundas de movimentos pelo desencarceramento. O primeiro se refere ao sistema progressivo de cumprimento de pena, visando um retorno gradativo ao convívio social extramuros. Já o livramento condicional, que pode ser a última etapa antes da extinção da pena, é um instrumento que garante maior liberdade, por não demandar um retorno ao cárcere durante a semana. O acesso a esses direitos, em princípio, se dá a partir de critérios subjetivos, relacionados à conduta da pessoa presa, e objetivos, pautados no tempo de pena já cumprido.

não havia se manifestado. O pedido defendia o cabimento da análise pelo Tribunal diante da gravidade da pandemia e dos riscos a que o paciente estava submetido. O desembargador não chega a discutir o argumento jurídico, alegando supressão de instância, mas o que chama atenção é a interpretação sobre a ideia de risco.

A decisão ensaia uma comparação, presente em muitos discursos sobre pandemia e cárcere, entre os riscos que a pessoa presa representaria para a "sociedade" e os riscos que a manutenção da prisão representa para sua saúde. Por meio da mobilização da velha categoria racista da "periculosidade", o Tribunal opera uma inversão idealista de quais riscos são "abstratos" e quais são "concretos". Nos termos da decisão, "o paciente tem histórico que indica, *prima facie*, a propensão à prática de delitos", inexistindo, por outro lado, "a demonstração de qualquer risco concreto à integridade do Paciente".

De forma explícita, o desembargador fundamenta sua decisão em um exercício estereotipado de futurologia e nega a concretude dos riscos que o cárcere representa para a saúde das pessoas presas e dos(as) trabalhadores(as) do sistema prisional. Como salienta Vera Malaguti Batista (2016), a matriz teórica por trás desse decisionismo que patologiza o sujeito criminalizado, cunhada como positivismo criminológico, não é apenas uma "maneira de pensar", mas segue profundamente enraizada nas práticas sociais, funcionando como um importante catalisador de violências, produzindo conceitos que as justifiquem.

Ainda no jogo de presunções em defesa da prisão, chama atenção a "fé inabalável" do Tribunal nas medidas normativas e administrativas de contenção do contágio da Covid-19 nas prisões. Essa linha de argumentação aparece com duas roupagens na prática discursiva do Tribunal. Em alguns casos, é mobilizada uma referência expressa e genérica às medidas declaradas ou efetivamente adotadas pela SEAP, entre as quais se destacam a suspensão das visitas e o isolamento de presos, apresentadas como formas eficazes de impedir a exposição das pessoas presas a riscos.

A perspectiva de "isolamento da prisão" para proteção das pessoas presas é equivocada e, no limite, cínica. Os estudos prisionais têm demonstrado que, ao contrário da tipologia ideal da instituição total, a prisão não é um "mundo à parte" em relação à sociedade mais ampla, mas um espaço social estruturado em fluxos de pessoas, objetos, documentos e informações, realidade que não muda com a proibição de visitas (Cunha, 2004; 2005; Godoi, 2017). Esse argumento cínico nega que a ampliação dos espaços de liberdade e o desencarceramento massivo são as únicas formas de proteger as pessoas presas, seus familiares e os(as) trabalhadores(as) atuantes no sistema prisional.

Além da impossibilidade de efetivo isolamento, a ausência de visitas representa, na realidade, um fator de risco para as pessoas presas. As visitas nos presídios garantem complementação (ou fornecimento) de alimentos, fiscalizam as violências ocorridas intramuros e fornecem medicamentos e apoio diante dos graves danos à saúde mental que pode representar a situação de encarceramento (Lago, 2020). Em outras ocasiões, o Tribunal exige, sem dizer como, que se prove o óbvio: que a situação de aprisionamento representa riscos para a saúde dos presos.

A decisão 33[19] mobiliza as duas roupagens da fé nas medidas administrativas de contenção do contágio, expressando o que estamos chamando de jogo de presunções em defesa da prisão. Nesse caso, o paciente afirmou estar preso há mais de 15 anos em uma unidade prisional superlotada e sem atendimento médico minimamente adequado. Ele faz parte do grupo de risco, tendo apresentado documentação do próprio serviço médico do sistema prisional, indicando que é hipertenso. Preparando o terreno para refutar uma demanda robusta, a decisão começa com uma observação em torno do alcance da Recomendação n° 62 do CNJ. Ecoando os discursos de que a referida normativa não pode significar um "libera geral", o Tribunal se antecipa dizendo que: "não há, entretanto, uma determinação de

---

19 Processo n° 8007914-66.2020.8.05.0000, DJe, 14 de abril de 2020.

soltura de todo preso que se encontre em grupo de risco de contaminação grave pelo Covid-19, devendo os citados atos normativos serem aplicados de acordo com as situações peculiares de cada caso concreto"[20]. Na sequência, explica-se o temor, em mais um exemplo da inversão discursiva entre riscos concretos e abstratos: "colocar a segurança pública em risco".

A interpretação sobre o "caso concreto" merece atenção. O paciente demonstrou fazer parte do grupo de risco, juntando documentação emitida no próprio sistema prisional. Com isso, era impossível alegar falta de comprovação idônea da situação de risco. Uma barreira importante foi ultrapassada pelo paciente, mas surgem novos obstáculos. A decisão argumenta que não ficou demonstrado se foi notificado algum caso de Covid-19 na unidade prisional e aponta que não há comprovação de que a administração prisional "não esteja cumprindo com as medidas para prevenir a propagação da infecção pelo novo coronavírus". Esse difícil encargo probatório surge da presunção de que medidas genéricas anunciadas pela SEAP são capazes de proteger a salubridade do ambiente prisional.

Essa "fé inabalável" nas medidas de contenção, portanto, costuma vir acompanhada de uma postura negacionista dos julgadores diante das condições estruturais das prisões baianas. Quando, por exemplo, há alegação de superlotação da unidade carcerária — a exemplo dessa mesma decisão 33 — como um fator que potencializa os riscos de contágio, o Tribunal não analisa essa condição. Alega-se a formulação genérica de não existência de evidências de constrangimento ilegal ou de ausência de comprovação do risco de contaminação por Covid-19.

---

20 Tal argumentação faz lembrar um dos últimos posicionamentos de Sérgio Moro como ministro da Justiça e Segurança Pública em texto escrito com Fernando Bondigton, então presidente do Departamento Penitenciário Nacional (Depen). Segundo eles, a pandemia não é "solturavírus", e o "fique em casa" para os presos é o "fique preso" no ambiente sem água, imundo, sem luz solar e superaglomerado que chamaram de "domicílio precípuo dessa população" (Moro; Bondigton, 2020).

Considerações finais

A partir da compreensão de que o Judiciário é peça importante da violência do sistema penal, apresentamos neste texto as primeiras reflexões a respeito das decisões do Tribunal de Justiça da Bahia sobre pedidos de liberdade, no contexto da pandemia de Covid-19. É possível concluir que a prova ou não de doenças preexistentes, a idade da pessoa presa, o contato com pessoas infectadas ou a superlotação da unidade prisional têm pouca importância para o TJBA no momento de decidir sobre a liberdade. Quando não estão provadas, todas essas circunstâncias são apresentadas como necessárias para a concessão do direito pleiteado. Quando há comprovação, apresenta-se outras exigências ou recorre-se a fórmulas genéricas de ausência de risco ou urgência para, ainda assim, negar a concessão de liberdade.

Essa forma de decidir é marcada pelo "caráter sucessivo e variável dos requisitos" para a concessão da liberdade. Cada vez que está provada uma circunstância que parece ser decisiva, são apresentados "novos obstáculos de última hora". Entre argumentos formais, exigências de provas documentais e a crença inabalável nas medidas precárias de contenção realizadas pela administração, o Tribunal constrói um "jogo de presunções em defesa da prisão" que oculta a letalidade das condições materiais de encarceramento em favor de uma ideia abstrata de perigo para a sociedade.

Com isso, verificamos a continuidade de violações por meio de decisões judiciais que tratam os presos como corpos marcados pela desumanização, que autorizam a banalização dos pedidos destinados a resguardar sua saúde, sejam eles relacionados a casos graves ou não. Isso fica evidente na permanência de um viés "periculosista" que, ao desconsiderar os riscos à vida e à saúde, conforme a noção do risco concreto que emanaria da eventual liberdade (ou mesmo da prisão domiciliar) de sujeitos inferiorizados por determinismos que justificam violências institucionais contra eles.

REFERÊNCIAS

AVRITZER, Leonardo. Operação Lava Jato, judiciário e degradação institucional. *In*: KERCHE, Fábio; FERES JÚNIOR, João (orgs). *Operação Lava Jato e a democracia brasileira*. São Paulo: Contracorrente, 2018. pp. 37-52.

BARRETO, Ana Luísa Leão de Aquino. *Urgência punitiva e tráfico de drogas*: As prisões cautelares entre práticas e discursos nas Varas de Tóxicos de Salvador. Dissertação (mestrado), PPGD, UFRJ, 2017.

BATISTA, Vera Malaguti. O positivismo como cultura. *Passagens*, vol. 8, nº 2, 2016. pp. 293-307.

BORGES, Juliana. O que a pandemia do coronavírus expõe sobre as prisões: As prisões e a política criminal de nosso país são importantes espelhos de nossa sociedade, de compreensão de humanidade e de dignidade de seus cidadãos. *Nexo Jornal*, Debate, 20 de abril de 2020. Disponível (*on-line*) em: https://www.nexojornal.com.br/ensaio/debate/2020/O-que-a-pandemia-do--coronav%C3%ADrus-exp%C3%B5e-sobre-as-pris%C3%B5es

CÂMARA DOS DEPUTADOS. *Comissão Parlamentar de Inquérito do Sistema Carcerário*. Edições Câmara, 2009.

CARVALHO, Salo de. *O papel dos atores do sistema penal na era do punitivismo*. Rio de Janeiro: Lumen Juris, 2010.

CELLARD, André. A análise documental. *In*: POUPART, Jean; DESLAURIERS, Jean-Pierre; GROULX, Lionel-H.; LAPERRIÈRE, Anne; MAYER, Robert; PIRES, Álvaro P. *A pesquisa qualitativa*: Enfoques epistemológicos e metodológicos. Petrópolis: Vozes, 2014. pp. 295-316.

CONSELHO NACIONAL DE JUSTIÇA. *Recomendação nº 62/2020, de 17 de março de 2020:* recomenda aos Tribunais e magistrados a adoção de medidas preventivas à propagação da infecção pelo novo coronavírus — Covid-19 no âmbito dos sistemas de justiça penal e socioeducativo. Conselho Nacional de Justiça (CNJ), 17 de março de 2020. Disponível (*on-line*) em: https://www.cnj.jus.br/wp-content/uploads/2020/03/62-Recomenda%C3%A7%C3%A3o.pdf

CUNHA, Manuela. El tempo que no cesa: La erosión de lafronteracarcelaria. *Renglones*, nº 58-59, 2004/2005. p. 32-41.

FANON, Frantz. *Pele negra, máscaras brancas*. Salvador: EDUFBA, 2008.

FERNANDES, Luciana Costa. *Como as juízas mulheres julgam mulheres pelo tráfico de drogas:* discursos criminológicos reforçando privilégios e silenciamentos na cidade do Rio de Janeiro. São Paulo: IBCCrim, 2020.

FLAUZINA, Ana Luiza Pinheiro. Apresentação. *In*: ALEXANDER, Michelle. *A nova segregação:* racismo e encarceramento em massa. São Paulo: Boitempo, 2017. pp. 11-18.

_____; PIRES, Thula. Supremo Tribunal Federal e a naturalização da barbárie. *Revista Direito e Práxis*, vol. 11, nº 2, 2020. pp. 1211-1237.

FBSP. *Anuário Brasileiro de Segurança Pública,* ano 13. Fórum Brasileiro de Segurança Pública (FBSP), 2019.

_____. *Anuário Brasileiro de Segurança Pública*, ano 14. Fórum Brasileiro de Segurança Pública (FBSP), 2020.

FOUCAULT, Michel. *Vigiar e punir*. Petrópolis: Vozes, 2008.

FREITAS, Felipe. Coronavírus e desgoverno nos presídios brasileiros. *Carta Capital*, Opinião, 28 de março de 2020. Disponível (*on-line*) em: https://www.cartacapital.com.br/opiniao/coronavirus-e-desgoverno-nos-presidios-brasileiros/

GODOI, Rafael. *Fluxos em cadeia:* As prisões em São Paulo na virada dos tempos. São Paulo: Boitempo, 2017.

IPEA. *Atlas da Violência 2020*. Instituto de Pesquisa Econômica Aplicada (Ipea), 2020. Disponível (*on-line*) em: https://www.ipea.gov.br/atlasviolencia/download/24/atlas-da-violencia-2020

LAGO, Natália. Na "linha de frente": Atuação política e solidariedade entre "familiares de presos" em meio à Covid-19. *Dilemas: Revista de Estudos de Conflito e Controle Social,* Reflexões na pandemia (seção excepcional), 2020. Disponível (*on-line*) em: https://www.reflexpandemia.org/texto-80

MABUD, Tarub S.; ALVES, Maria de Lourdes Delgado; KO, Albert I.; BASU, Sanjay; WALTER, Katharine S.; COHEN, Ted; MATHEMA, Barun; COLIJN, Caroline; LEMOS, Everton; CRODA, Julio; ANDREWS, Jason R. Evaluating Strategies for Control of Tuberculosis in Prisons and Prevention of Spillover into Communities: An Observational and Modeling Study from Brazil. *PLoS Med*, vol. 16, nº 1, 2019. pp. 1-16.

MALLART, Fábio; ARAÚJO, Fábio. Causa mortis determinada: a prisão. *Labcidade*, 2020. Disponível (*on-line*) em: http://www.labcidade.fau.usp.br/causa-mortis-determinada-a-prisao/

_____; GODOI, Rafael. Vidas matáveis. *In*: MALLART, Fábio; GODOI, Rafael (orgs). *BR 111*: A rota das prisões brasileiras. São Paulo: Veneta, 2017. pp. 21-33.

_____; _____; CAMPELO, Ricardo. O massacre do coronavírus. *In*: GROSSI, Miriam Pillar; TONIOL, Rodrigo (orgs). *Cientistas sociais e o coronavírus*. São Paulo/Florianópolis: Anpocs/Tribo da Ilha, 2020. pp. 405-409.

MATOS, Lucas Vianna; NOVAES, Bruna Portella. Gestão penitenciária e poder judiciário: Interações entre agentes institucionais dentro e fora dos muros da prisão. *Revista Brasileira de Ciências Criminais,* vol. 145, 2018. pp. 181-208.

MILANEZ, Felipe; VIDA, Samuel. Pandemia, racismo e genocídio indígena e negro no Brasil: Coronavírus e a política de extermínio. *Pensar la pandemia:* Observatorio social del coronavírus, Clacso, 31 de maio de 2020. Disponível (*on-line*) em:https://www.clacso.org/pandemia-racismo-e-genocidio-indigena-e-negro-no-brasil-coronavirus-e-a-politica-de-exterminio/

MORO, Sergio; BORDIGNON, Fabiano. Prisões, coronavírus e "solturavírus". *Estadão*, Blogs, 30 de março de 2020. Disponível em: https://politica.estadao.com.br/blogs/fausto-macedo/prisoes-coronavirus-e-solturavirus/

PAIVA, Luiz Fábio S. É só uma gripezinha': O bolsonarismo contra a sociedade em tempos de pandemia. *Dilemas: Revista de Estudos de Conflito e Controle Social*, Reflexões na Pandemia (seção excepcional), 2020. Disponível (*on-line*) em: https://www.reflexpandemia.org/texto-28

PIRES, Álvaro. Sobre algumas questões epistemológicas de uma metodologia geral para as ciências sociais. *In*: POUPART, Jean; DESLAURIERS, Jean-Pierre; GROULX, Lionel-H.; LAPERRIÈRE, Anne; MAYER, Robert; PIRES, Álvaro P. *A pesquisa qualitativa:* Enfoques epistemológicos e metodológicos. Petrópolis: Vozes, 2014. pp. 43-94.

REIS, Vilma. *Atucaiados pelo Estado:* As políticas de segurança pública implementadas nos bairros populares de Salvador e suas representações, 1991-2001. Dissertação (mestrado), PPGES, UFBA, 2005.

ROMÃO, Vinícius de Assis. *Entre a vida na rua e os encontros com a prisão:* Controle urbano e audiências de custódia. Belo Horizonte: Letramento, 2020.

SILVA, Lucas; FROMER, Sofia. Não é falta de condições de saúde, é tortura. *Ponte Jornalismo,* 2 de fevereiro de 2020. Disponível (*on-line*) em: https://ponte.org/artigo-nao-e-falta-de-condicoes-de-saude-e-tortura/

STABILE, Arthur. Presos agonizam no chão, com falta de ar, em presídio de Alagoas. *UOL*, Cotidiano, 14 de setembro de 2020. Disponível (*on-line*) em: https://noticias.uol.com.br/ultimas-noticias/ponte-jornalismo/2020/09/14/presos-agonizam-no-chao-com-falta-de-ar-em-presidio-de-alagoas.htm

VARGAS, João Costa. A diáspora negra como genocídio: Brasil, Estados Unidos ou uma geografia supranacional da morte e suas alternativas. *Revista da ABPN*, vol. 1, nº 2, 2010. pp. 31-65.

ZACCONE, Orlando. *Indignos de vida:* A forma jurídica de política de extermínio de inimigos na cidade do Rio de Janeiro. Rio de Janeiro: Revan, 2015.

TRANCA, CONTÊINER E BOMBA

A GESTÃO PENITENCIÁRIA DA PANDEMIA NO BRASIL

Ricardo Campello • Rafael Godoi

> GRANADAS INDOOR: fabricadas com o corpo inteiramente de borracha, duplo estágio e retardo 1,5 segundos, são ideais para utilização em ambientes internos.
>
> GRANADAS LACRIMOGÊNEAS: produzem densa fumaça, com agentes lacrimogêneos, garantindo a eficácia na ação dos agentes da lei.
>
> PIMENTA OC E CS: para uso no controle de distúrbios, garantem eficácia na incapacitação através da ação de agentes químicos.
>
> MUNIÇÕES DE IMPACTO CONTROLADO: último degrau da Não-Letalidade. Fabricadas nos modelos calibre 12 e calibres 37/38 mm, 37/40 mm, 38.1 mm e 40 mm, permitem ao agente da lei disparar contra um alvo com total segurança e efetividade."

A lista de produtos apresentada acima compõe o catálogo da empresa "Condor Tecnologias Não-Letais", parceira há mais de uma década do Departamento Penitenciário Nacional (Depen). Nas últimas semanas, cerca de R$ 20 milhões foram destinados pelo órgão governamental à aquisição de artefatos como esses, com o propósito de enfrentamento aos "possíveis tumultos" no sistema prisional em razão da suspensão de visitas. Há mais de três meses estão proibidas as visitas nas unidades prisionais de todo o país, sob a justificativa de prevenção à disseminação da Covid-19 nas cadeias. Entretanto, a manutenção de mais de 700 mil pessoas em instituições superlotadas e o fluxo permanente de entrada e saída de milhares de servidores penitenciários tornam inócuas as medidas restritivas, cujo efeito colateral principal reside na possibilidade iminente de exacerbação das tensões no interior das unidades. Nesse contexto, a compra de aparatos pirotécnicos voltados à tortura tecnológica integra o conjunto de medidas que constituem a atual administração política da pandemia de coronavírus nas prisões brasileiras. E a estratégia profilática de gestão epidemiológica no sistema carcerário passa a ser paramentada pela indústria do castigo.

Malgrado a ocultação notória e deliberada de informações a respeito dos impactos da Covid-19 nas prisões do país e passados mais de três meses desde a deflagração da crise, já nos parece possível esboçar uma análise dos traços gerais das políticas penitenciárias desenvolvidas nesse cenário. Debruçamo-nos aqui sobre as medidas levadas a cabo pelo Depen, órgão executivo vinculado ao Ministério da Justiça e Segurança Pública (MJSP), responsável pelo controle e administração da execução penal em todo o país. Não contemplamos aqui, portanto, a questão das providências tomadas (ou não) pelo Poder Judiciário, o que implicaria uma análise do fluxo de entradas e saídas das prisões após a recomendação do Conselho Nacional de Justiça (CNJ), sugerindo a substituição das penas de prisão de pessoas em grupos de risco e em final de pena por outras medidas, como prisão domiciliar. Com o intuito de analisar mais detidamente a gestão política da pandemia no cárcere, concentramo-nos nas medidas engendradas pelo Poder Executivo Federal sob a rubrica do Depen.

Das primeiras portarias recomendando o fechamento completo das unidades prisionais em meados de março, aos mais recentes repasses de verba para a aquisição de armamento menos letal — passando pelas propostas de flexibilização da arquitetura penal e uso de contêineres para ampliação de vagas —, as autoridades penitenciárias demonstram (uma vez mais e como de costume) pouca preocupação com a vida e a saúde das pessoas privadas de liberdade. Ao contrário, neste momento de disparada dos níveis de contágio e de flexibilização das medidas de distanciamento social, a morte nas prisões, além de cuidadosamente silenciada, mais parece reiteradamente provocada, figurando como o destino provável de centenas e centenas de presas e presos. Espaços de aglomeração infernal, atendimento médico precário e insalubridade absoluta, as unidades prisionais brasileiras reúnem os elementos propícios à disseminação generalizada do coronavírus — bem como de outras tantas enfermidades.

Em termos mais abrangentes, o diagnóstico de como o Estado brasileiro vem lidando com a pandemia já nos parece feito: trata-se da necropolítica em sua mais cristalina face, na qual avulta o genocídio de povos indígenas, negros e pobres — e se, do lado de fora dos muros, mesmo a morte de pessoas idosas e doentes "de bem" chega a ser considerada positiva para a nossa saúde previdenciária, o que se dirá das pessoas privadas de liberdade, no país onde, há muito tempo, "bandido bom é bandido morto"? De todo modo, buscamos instalar nossa análise aqui numa camada intermediária, entre esse diagnóstico mais abrangente e o registro das tragédias singulares que, nos últimos meses, vêm invadindo nossos dias. A ideia é explorar o nível das tecnologias de gestão da vida e da morte em sua empiria, discernindo nas medidas efetivamente adotadas pelas autoridades penitenciárias no contexto da pandemia, seus traços mais marcantes, seus movimentos mais pronunciados, bem como os diferentes contextos e conjunturas que desenham.

No que se refere às políticas protagonizadas pelo Depen, é possível identificar duas disposições constantes e três momentos ou movimentos principais. Constantes são, de um lado, as políticas de negação e dissimulação da gravidade da crise sanitária nas prisões do país; e de outro, as políticas de fechamento do cárcere, a aposta reiterada na segregação, no isolamento e na incomunicabilidade das pessoas presas — como se fosse possível impedir a entrada do vírus nas unidades prisionais; como se não fossem múltiplos os vasos comunicantes que conectam os mundos de dentro e de fora dos muros. Não obstante a permanência dessas disposições no decorrer dos últimos meses, é possível identificar nas políticas "sanitárias" das autoridades penitenciárias nacionais três momentos principais: num primeiro momento temos a adoção de medidas urgentes diante da deflagração de uma crise sanitária sem precedentes; em seguida, um período marcado por medidas preventivas bastante tímidas e pela tentativa de ampliação de vagas prisionais mediante a utilização de contêineres — tudo isso em meio a uma aguda crise política; e, finalmente, um terceiro momento — o atual — em que o contágio e suas mazelas são aceitos como um fato consumado e se aposta no recrudescimento da repressão.

Medidas urgentes frente a uma crise sanitária

Tão logo se confirma a presença do vírus no Brasil, o Depen institui, em 28 de fevereiro, um Grupo de Trabalho (GT) para estudar possíveis impactos do novo coronavírus nas prisões do país. Em 2 de março, o órgão divulga o Procedimento Operacional Padrão (POP) a ser implementado nos presídios federais. Entretanto (e como em toda parte), é somente quando se tem os primeiros registros de contaminação comunitária que medidas mais drásticas começam a ser tomadas: em 16 de março, o Depen suspende visitas, atendimentos de advogados, atividades educacionais, de trabalho, de assistência religiosa, transferências e deslocamentos de presos em todo o sistema penitenciário federal. Dois dias depois, duas outras importantes portarias são publicadas pelo MJSP, sendo uma delas em parceria com o Ministério da Saúde (MS), ambas trazendo determinações específicas a serem adotadas pelas administrações penitenciárias estaduais para prevenir o contágio no interior das prisões.

Entre as diversas recomendações, as três principais medidas propaladas são: a suspensão de visitas familiares, o isolamento de pessoas presas com sintomas de gripe e a separação dos idosos do restante da população carcerária. Ou seja, trata-se de um conjunto de medidas emergenciais que visam impedir que o vírus adentre as prisões do país, que ele se propague no interior das muralhas e atinja os grupos mais vulneráveis. Tais medidas são de caráter imediato e estritamente administrativo, só dependendo da decisão dos gestores locais para serem postas em prática pelo corpo de funcionários já disponível — não dependem, portanto, de maiores investimentos, recursos e planejamento. Ao mesmo tempo, as autoridades penitenciárias negavam a gravidade da situação, sustentando que não havia contágio nas prisões do país e que a letalidade do vírus em prisões do mundo inteiro vinha se provando mínima. Características desse primeiro momento da crise, essas disposições se revelarão constantes nos períodos subsequentes. Tão constantes, quanto ineficazes, se se considera a extrema superlotação que vigora nas prisões do país, sua infraestrutura degradada e degradante e a precariedade dos serviços de atenção básica à saúde nelas disponíveis. Conforme tal arranjo se cristalizava, entrevíamos se atualizar a dinâmica dos velhos leprosários — fundamentada na segregação orientada à morte — e se anunciar (mais) um verdadeiro massacre. A inclinação funesta das medidas adotadas nesse primeiro momento é confirmada e reforçada pela publicação, em 30 de março, da portaria conjunta do MS com o CNJ, estabelecendo procedimentos de registro de óbitos e de sepultamento dos corpos, sem maiores investigações da causa mortis, como numa injunção para "pacificar os mortos" o quanto antes e a qualquer custo, no fundo de uma vala comum.

Iniciativas dispersas em meio a uma crise política

Apesar dos esforços para fechar as instituições, isolar sintomáticos e separar grupos de risco, a pandemia atinge o cárcere. Em abril, os primeiros casos vêm à tona: no dia 8, o primeiro contágio de uma pessoa presa é confirmado num presídio do Pará, e no dia 17, a primeira morte por Covid-19 é registrada dentro do sistema carcerário do Rio de Janeiro. Rapidamente as notificações vão se multiplicando — atingindo um número cada vez maior, não só de presos, mas também de funcionários.

Enquanto o vírus circulava, as autoridades prisionais ensaiavam uma política mínima (ou minimalista) de prevenção, calcada sobretudo na aquisição e distribuição de Equipamentos de Proteção Individual (EPI) e de materiais de higiene e limpeza. Trata-se de uma medida urgente, mas não imediata, porque depende da burocracia da administração pública. Mesmo com a suspensão dos protocolos de licitação, o Depen precisa levantar a demanda, contatar possíveis fornecedores, remanejar recursos — o que, invariavelmente, leva tempo. Os efeitos dessas medidas se concretizam na segunda quinzena de abril e maio adentro, na forma de dezenas de remessas, a praticamente todas as unidades da federação, com máscaras de diversos tipos, luvas e aventais, álcool em gel e sabonete líquido.

Entretanto, o que marca e define todo esse segundo período é a proposta de ampliação de vagas pela utilização de contêineres. Atrelada à recusa sistemática em estimular um processo de desencarceramento, a criação de novas vagas por meio da utilização de estruturas metálicas claustrofóbicas e passíveis de superaquecimento aparece como solução rápida e eficaz aos quadros de superlotação. Em 17 de abril, a Diretoria Geral do Depen emitiu um ofício ao Conselho Nacional de Política Criminal e Penitenciária (CNPCP), solicitando a suspensão das Diretrizes Básicas para Arquitetura Penal, com o propósito de autorizar a instalação de contêineres adaptados para abrigar pessoas presas contaminadas e pertencentes aos grupos de risco. A ideia era utilizar essas estruturas como celas para idosos, diabéticos, hipertensos, asmáticos e pessoas com outras comorbidades, ou ainda aqueles que apresentassem os sintomas da Covid-19 e não necessitassem de tratamento intensivo. A proposta do Depen foi amplamente rechaçada por movimentos sociais, organizações da sociedade civil e coletivos anti-prisionais, que apontaram para as condições análogas à tortura subjacentes ao confinamento de pessoas em contêineres. As altíssimas temperaturas e a falta de circulação de ar no interior destes espaços, fabricados para armazenamento de carga, eram algumas das objeções apontadas pelas mais de 70 entidades signatárias de um apelo enviado à Organização das Nações Unidas (ONU) com o intuito de barrar a proposta. No dia 15 de maio, sob a pressão dos movimentos, a proposta foi vetada mediante resolução definida pelo CNPCP. Todavia, a decisão do Conselho manteve a possibilidade de utilização de "estruturas temporárias" para abrigar presos e presas com suspeita de Covid-19, deixando a cargo dos estados a definição de como seriam estas estruturas. Manteve-se aberta a brecha aos improvisos locais e uso de espaços e compartimentos deletérios para o abrigo de pessoas presas.

É também nesse período que o Depen anuncia o financiamento de programas de monitoração eletrônica, direcionados a pessoas em cumprimento de medidas cautelares diversas da prisão; medidas protetivas de urgência; regime semiaberto de execução penal e prisão domiciliar. Mediante a portaria publicada no dia 3 de maio, o órgão prevê um repasse de verbas às unidades da federação com o propósito de fomentar os serviços e estruturas de monitoramento, cujo principal efeito, nesse caso, consiste em converter os regimes aberto e semiaberto em regimes mais fechados — rastreados, controlados, supervisionados. O que seria uma suposta alternativa à prisão é instrumentalizado como via de intensificação do controle penal além-muros.

Assim como ocorre com as políticas sanitárias empregadas no país de modo geral, esse segundo momento das políticas penitenciárias de enfrentamento da pandemia é marcado, em grande medida, pelas crises políticas que emanam do planalto — e que explicam, pelo menos em parte, a notória insuficiência das medidas preventivas adotadas, bem como o veto à proposta do Depen no CNPCP. De modo esquemático, é possível dizer que uma crise decorre do enfrentamento de duas formas de se encarar a pandemia, uma mais alinhada às orientações da Organização Mundial de Saúde (OMS) e outra que incorpora o negacionismo bolsonarista — e que tem como seus principais marcos as trocas de comando no MS, em 16 de abril e 15 de maio; enquanto a outra crise se instala no MJSP em torno da interferência do presidente na Polícia Federal (PF), acarretando a demissão do titular da pasta em 24 de abril e a troca da direção do DEPEN em 22 de maio.

A aposta repressiva numa crise securitária

A terceira fase que discernimos no processo político aqui em tela é a fase atual, marcada pela hegemonia do negacionismo bolsonarista nos órgãos governamentais, quando uma injunção à "abertura" e à normalização da vida social (fora do cárcere) se sobrepõe à escalada do número de contágios e mortes. O MS, posto sob intervenção militar, passa a alterar políticas de contabilidade do contágio e de divulgação das informações da pandemia, num esforço deliberado de produzir uma sensação de normalidade. No Depen, por sua vez, nesse último período, duas movimentações principais são dignas de nota. Em primeiro lugar, vale notar que, no fim de maio, o órgão começa a distribuir as primeiras remessas de testes rápidos de Covid-19 às administrações penitenciárias estaduais. É importante ter em mente que esses testes sorológicos, que identificam a existência de anticorpos num organismo, têm baixa sensibilidade e são incapazes de detectar a Covid-19 na fase ativa de transmissão do vírus. Eles podem ter, portanto, algum valor para a análise epidemiológica, mas não servem para informar uma política proativa de contenção do contágio — o que deveria ser ainda mais necessário num ambiente de confinamento extremamente precário e superlotado. Nesse sentido, o que pode parecer um grande esforço sanitário, mais revela, na verdade, a aceitação tácita da disseminação do vírus no cárcere como um fato consumado.

Por outro lado, ainda no rescaldo das discussões em torno da utilização de contêineres, mas já manifestando as prioridades e inclinações da nova gestão do Depen, em 27 de maio, o diretor de políticas penitenciárias assina um despacho tratando do repasse de recursos voltados ao combate ao coronavírus no sistema prisional. Dentre os itens do despacho, previa-se a destinação de cerca de 20 milhões de reais às administrações penitenciárias estaduais, voltados à aquisição de armamentos menos letais, tais como granadas lacrimogêneas, munições de elastômero e *sprays* de pimenta. O objetivo era precaver os estados de possíveis rebeliões desencadeadas pelas prolongadas restrições e austeridades que haviam sido definidas pelo próprio Depen. Para as autoridades penitenciárias, o longo período sem direito a visitas e a ausência de atendimento jurídico poderiam provocar um estado agudo de tensões nas unidades prisionais, cujo controle dependeria do fortalecimento de suas capacidades repressivas. A tônica da política penitenciária se desloca, então, para o endurecimento securitário, fomentando e sendo ela mesma fomentada pela florescente indústria brasileira da punição.

Nesse sentido, o uso de artefatos bélicos desenvolvidos pelo setor privado e destinados à contenção de revoltas é revelador da mecânica perversa que vem caracterizando a administração epidemiológica no sistema prisional brasileiro. Articulado às políticas de fechamento do cárcere e à flexibilização das diretrizes de arquitetura penal, o emprego das mais diversificadas tecnologias de produção da dor física integra as principais medidas de gestão público-privada da Covid-19 nas prisões. De um lado, a crise sanitária deflagrada pela pandemia é tomada como pretexto para a intensificação da segurança penitenciária e a asfixia completa das populações encarceradas. De outro, a prospecção de rebeliões possivelmente provocadas por tal conjuntura agônica é tida como janela de oportunidades para as empresas e empresários do ramo, convertendo um problema de saúde pública em vetor de aquecimento do mercado do castigo.

Desse modo, o cenário de catástrofe desencadeado pela pandemia e seus desdobramentos no cárcere põe a nu alguns dos traços característicos do Estado brasileiro nos tempos atuais, que vincula seu culto à tortura com o estímulo zeloso à economia de mercado, às custas das vidas daqueles que habitam ou orbitam as prisões. A análise das políticas penitenciárias no contexto pandêmico revela a face mais crua do cruzamento entre a disposição obstinada do governo federal em exercer sua capacidade de fazer morrer com a incitação irrefreada à iniciativa privada como agente fundamental de gestão da crise.

IMPLICAÇÕES DAS MEDIDAS DE PREVENÇÃO À COVID-19 NOS PRESÍDIOS DO ESTADO DO RIO DE JANEIRO

SUSPENSÃO DE VISITAS E DIREITO À INFORMAÇÃO E COMUNICAÇÃO

Isabella Mesquita Martins • Rebeca Arruda de Souza

Vanessa Kopke dos Santos

Introdução

Com uma população de cerca de 50 mil presos, os presídios do estado do Rio de Janeiro precisaram se adaptar, nos últimos meses, às medidas de prevenção à disseminação da Covid-19. Decerto, o ambiente penitenciário é propício ao alastramento dessa doença potencialmente letal devido à sua falta de infraestrutura e insalubridade (Massaro, 2020), haja vista a preocupação do Mecanismo Estadual de Combate e Prevenção à Tortura do Rio de Janeiro (MEPCT/RJ)[1]

[1] O MEPCT/RJ é um órgão vinculado à Assembleia Legislativa do Estado do Rio de Janeiro (Alerj) que realiza visitas a espaços de privação de liberdade, aprisionamento, contenção, contenção, abrigos e outros visando prevenir a tortura e penas e tratamentos cruéis e degradantes.

com o alto número de internos diagnosticados com comorbidades, uma vez que esse número ultrapassa 3 mil indivíduos sob custódia no estado (MEPCT/RJ, 2020b, p. 31). Logo, no discurso, as ações do Estado se voltaram para as formas de gerir esses indivíduos e suas penas de modo que a superlotação gerasse menores prejuízos na prevenção à Covid-19, mas o primeiro e principal meio adotado pelo Estado de contenção do novo vírus foi a suspensão das visitas, uma tentativa de minimizar a circulação da doença no ambiente insalubre e superlotado como relataram Lago (2020) e Massaro (2020).

Ocorre que, não obstante a existência de diversas normas nacionais e internacionais que estabelecem maneiras diversas de manter a rede de comunicação entre os presos e seus familiares, a realidade evidencia o descaso com essa parcela vulnerável da população, uma vez que lhes é cerceado o direito à comunicação em tempo de crise sanitária mundial. Ainda assim, observou-se que o acesso à informação, nesse espaço social, não se consolida, restando evidente que o Estado é ilusório no que tange à efetividade de suas políticas públicas.

Tendo como referência os dados acima apresentados, o Laboratório de Estudos sobre Conflitos, Cidadania e Segurança Pública (Laesp), da Universidade Federal Fluminense (UFF), no âmbito da pesquisa "Covid-19: impactos da pandemia sobre processos de precarização da vida e naturalização da morte na metrópole carioca", por meio do GT Sistema Prisional, vem desenvolvendo um estudo cujo objetivo é identificar em que medida a pandemia impactou as relações dos atores inseridos no contexto do sistema prisional do Rio de Janeiro[2]. A fim de compreender como estão sendo conduzidas as práticas institucionais na pandemia, ao longo dos últimos meses entrevistamos apenados e seus respectivos familiares, profissionais

---

[2] A pesquisa foi conduzida pelo GT Sistema Prisional, subgrupo da pesquisa "Covid-19: impactos da pandemia sobre processos de precarização da vida e naturalização da morte na metrópole carioca", desenvolvida pelo Laesp. Ver (*on-line*): https://laesp.org/pesquisas

de saúde e segurança que atuam nas prisões do Rio de Janeiro, bem como aqueles vinculados ao sistema de justiça criminal em função do sistema penitenciário, no desenvolvimento das atividades de defesa técnica (advogados e defensores públicos), além da análise de publicações da Secretaria de Estado de Administração Penitenciária do Rio de Janeiro (SEAP/RJ) em suas redes sociais, comentários nas mesmas e decretos estaduais.

Sendo assim, para abordar a proposta de investigação de violação do direito à comunicação e informação em decorrência da suspensão de visita nas unidades penitenciárias do estado do Rio de Janeiro, serão utilizados dados de natureza qualitativa que consideram o ponto de vista nativo (Geertz, 1983). O trabalho é orientado pela metodologia proposta pela antropologia jurídica (Kant de Lima; Baptista, 2014), pois a pesquisa empírica pressupõe justamente o direcionamento do olhar para o contexto fático. Dessa forma, é possível observar normas bem esculpidas e os seus contrastes claros com a prática.

Ainda assim, será abordada a centralidade do familiar na assistência ao preso e as consequências da restrição aos meios de comunicação e informação. De igual modo serão apresentadas as principais reivindicações, por meio de manifestações desses familiares pelo direito à comunicação e informação, e manifestações de ONGs e movimentos sociais que vem acontecendo nas redes sociais, exigindo do Estado um plano de retomada para a atividade, uma vez que, mesmo sem a cura para a Covid-19 e antes da vacinação, diversos setores já retornaram às suas atividades, evidenciando mais uma vez o descaso com a parcela esquecida pela sociedade.

O retorno de algumas atividades e a falta de planejamento para a retomada das visitas demarcam o lugar social das pessoas que aguardam para visitar e serem visitadas. A precariedade imposta a esses familiares em sua identidade como visitantes de uma unidade penitenciária está destinada a sujeitos desiguais na sociedade brasileira, cujas próprias instituições são responsáveis por manter e promover tais desigualdades (econômicas, sociais e jurídicas), uma vez que é importante manter esses indivíduos à margem de diversos direitos para a manutenção deles como base de um sistema piramidal que os submete a um menor rol de prerrogativas e proteção de direitos (Kant de Lima, 2004).

Assim, destaca-se que o principal objetivo deste texto não é criticar ou questionar a suspensão das visitas nas unidades penitenciárias do estado do Rio de Janeiro, mas sim refletir acerca da não implementação de alternativas de comunicação e informação asseguradas aos presos e seus familiares no contexto específico do sistema prisional do Rio de Janeiro.

Direito à informação e comunicação nos presídios do estado do Rio de Janeiro

Embora exista uma gama de normas nacionais e internacionais que tutelam o preso nos espaços prisionais e socioeducativos, é de conhecimento público que as prisões brasileiras não cumprem a determinação legal, privando-os de seus direitos intrínsecos à pessoa humana. Essa deformidade entre norma e realidade foi caracterizada pelo Supremo Tribunal Federal (STF) no julgamento da arguição de descumprimento de preceito fundamental (ADPF) de nº 347, sendo reconhecido o "estado inconstitucional das coisas", visto que é contínua a violação dos direitos fundamentais e humanos da massa carcerária.

Desse modo, no que tange ao acesso à comunicação com o mundo exterior, é assegurado ao preso o contato com seus familiares e amigos por meio de cartas, visitas, telecomunicações, meios digitais, entre outros (UNODC, 2015). Embora outros meios de comunicação sejam legalmente garantidos aos acautelados (como, por exemplo, acesso às cartas), é a visita que se constitui como o principal meio de contato com o mundo exterior. Nesse encontro, além de receberem suprimentos materiais e financeiros que os auxiliarão nos dias seguintes, são abastecidos de afeto e carinho, e, principalmente, de notícias sobre o seu círculo familiar.

Todavia, no atual cenário pandêmico, uma das principais medidas de contenção de disseminação do novo coronavírus nas unidades penitenciárias foi a suspensão de visitas. A recomendação nº 62/2020 do Conselho Nacional de Justiça (CNJ) se fundamenta em propor medidas preventivas à propagação da infecção pelo novo coronavírus no âmbito dos sistemas de justiça penal e socioeducativo. Assim, em seu artigo 11°, inciso VI, explicita a previsão de medidas alternativas compensatórias às restrições de visitas, facilitando a utilização de outros meios de comunicação. De mesma monta, encontra-se redigido na lei nº 8.851/20:

> Art. 1º As regras de visitação, durante a vigência do estado de emergência em razão da epidemia do COVID-19, em estabelecimentos prisionais e unidades socioeducativas, deverão observar, preferencialmente, as seguintes providências:
>
> II — previsão de medidas alternativas à restrição de visitas, inclusive por meio da utilização de outros meios de comunicação e correspondência, a exemplo das correspondências escritas, assegurados às pessoas privadas de liberdade os insumos necessários à efetivação de tais medidas.
>
> Parágrafo único. Na hipótese de restrição de visitas prevista no caput, não poderá ser limitado o fornecimento de alimentação, de medicamentos, de vestuários, de itens de higiene e limpeza trazidos pelos visitantes.

É notório que os espaços de confinamento sofrem com questões sanitárias, sendo detentores de acomodações insalubres e mal ventiladas, além de não gozarem de uma estrutura arquitetônica que acompanhe o seu inchaço populacional. Desse modo, o ambiente que já tem um histórico de apenados acometidos de doenças infectocontagiosas e comorbidades[3], torna propício para o alastramento de uma doença potencialmente letal, como a Covid-19, fazendo com que recomendações como a suspensão temporária da visita se torne um meio inibidor de circulação do vírus nas unidades penitenciárias.

Entretanto, a realidade muitas vezes aparece em conflito com as normas que o direito estabelece e as demandas da sociedade acabam não sendo solucionadas pela norma escrita (Kant de Lima; Baptista, 2014). O Decreto estadual nº 46.970, de 13 de março de 2020, suspendeu as visitas nas unidades penitenciárias no estado do Rio de Janeiro e, com isso, o principal meio de comunicação dos presos com o mundo exterior foi interrompido. Segundo o MEPCT/RJ, a SEAP/RJ não fez qualquer movimento no sentido de efetuar ou garantir que as visitas ocorram (MEPCT/RJ, 2020a).

Ainda segundo o MEPCT/RJ, a completa falta de estrutura de medidas alternativas para garantir o contato frequente das pessoas privadas de liberdade com seus familiares, somada à falta de transparência com os representantes de órgãos de fiscalização, resulta em um potencial agravamento do cenário de violência institucional, tortura e maus tratos. É nesse segmento que o castigo, se assim podemos exprimir, fere mais a alma do que o corpo (Mably, 1789).

> Diante desse contexto da pandemia causada pelo coronavírus todos perderam contato com os familiares, todos perderam contato com o mundo. Assim, né, porque a forma de quem tá no fechado, vamos supor assim... [a forma] de recorrer aos seus problemas é por meio dos familiares. Se o cara tá precisando de uma internação é o familiar que corre atrás. A Defensoria [Pública] faz, mas se o familiar não for lá na [Vara de Execuções Penais] VEP e falar com a defensora, correr atrás de não sei o que, nada anda. Então, o sistema se fecha mais, todos perdem contato com seus familiares,

---

[3] Disponível (*on-line*) em: http://depen.gov.br/DEPEN/depen/sisdepen/infopen/relatorios-analiticos/RJ/rj

os guardas em si passam a usar máscara e passam a entrar menos na unidade (...). Então posso dizer com propriedade pra você que hoje essas pessoas que se encontram privadas da liberdade têm a preocupação maior de não tá vendo seus familiares, isso dói mais. [**ENTREVISTADO Nº 1**, CUMPRINDO PENA EM PAD[4]]

Logo, a interrupção do contato entre o preso e seus familiares não tem relação só com a questão do afeto, mas também com o abastecimento material e o acompanhamento burocrático do processo, bem como com o acesso a outras demandas pelas quais os familiares se empenham em fazer com que sejam sanadas (Godoi, 2017). Dessa forma, com a suspensão das visitas o Estado suspende, por tabela, muitos outros direitos fundamentais do apenado.

A centralidade dos familiares na consolidação ao direito à informação e as dificuldades decorrentes da Covid-19 no Rio de Janeiro

Além da falta de contato com o preso, os familiares também encontram dificuldades para conseguir respostas da SEAP/RJ a respeito do estado de saúde de seus familiares. Esse cenário já existia, mas se agravou durante a pandemia, uma vez que a falta de comunicação com familiares e a indeterminação a respeito dos procedimentos não é efeito exclusivo da Covid-19, nem responsabilidade da pandemia (Lago, 2020. p.2), mas uma característica padrão dessa interação.

No que diz respeito à transparência, a SEAP/RJ vive um cenário muito específico: quando não dá transparência e publicidade aos

---

4 Prisão Albergue Domiciliar (PAD): regime no qual o preso pode exercer qualquer atividade durante o dia, sendo recolhido à noite e nos dias de folga. Ressalta-se que no início da pandemia, seguindo a recomendação 62 do CNJ, a prisão foi convertida em prisão domiciliar.

dados produzidos pelo sistema penitenciário, a Secretaria se mantém ativa nas suas redes sociais gerando algum nível de comunicação. Nas redes sociais[5] há pouca produção de conteúdo para além de parabenização às categorias profissionais — como, por exemplo, aos assistentes sociais e inspetores penitenciários nos dias de comemoração para as categorias —, divulgação de cursos para os servidores e publicidade midiática sobre a Secretaria, um resumo informativo, o "Boletim SEAP" sobre a situação do coronavírus nas unidades e comunicados aos presos que estão em condição de liberdade por motivo de pandemia e aos familiares. Porém, as informações disponibilizadas no meio podem ser consideradas, no máximo, protocolares, sem se aprofundarem em detalhes sobre a situação.

Os boletins oficiais das autoridades penitenciárias do estado do Rio de Janeiro sobre a evolução da pandemia no cárcere podem ser descritos como assépticos, constritos e minimalistas. Procuram passar a impressão de que não há muito o que dizer sobre a matéria e que estão fazendo o necessário para sanar a crise. Tentam comunicar uma sensação de normalidade, de que as autoridades têm tudo sob controle (Prando; Godoi, 2020, p. 10).

Nas postagens direcionadas aos familiares, observamos notificações de quantidade de atendimentos remotos realizados durante a pandemia, esclarecimentos de notícias genéricas sobre o retorno das visitas, avisos da obrigação de retorno do preso no prazo estabelecido pela VEP, canais de agendamento de atendimento virtual com psicólogos, datas e horários de entrega da sucata[6] e outros. No que tange à visitação, a única informação disponibilizada aos visitantes durante muito tempo eram as atualizações do tempo das prorrogações da suspensão e não havia indicadores de planejamento para o

---

[5] Perfil oficial da SEAP/RJ no *Instagram* Disponível (*on-line*) em: https://instagram.com/seap_rj?igshid=yqc7ph3cdtsf

[6] "Sucata" é o termo nativo usado para designar as sacolas com alimentos e outros itens levadas pelos familiares nos dias de visita e nos dias de entrega de itens mesmo sem poder ver o preso.

retorno da atividade. Isso se manteve até a autorização do retorno, que fez iniciar uma sequência de publicações com as novas regras para os visitantes e sobre a custódia.

Dessa maneira, por não se verem como prioridade nas demandas estatais, as reivindicações dos familiares se transformaram em objeto de protestos e manifestações em tempo de pandemia, uma vez que se utilizam do seu direito constitucional, art. 5°, XVI, Constituição Federal (1988), para divulgar as negligências do Estado e descumprimento dos preceitos legais, uma vez que seus direitos foram suprimidos sem nenhum substitutivo nesse momento de pandemia.

Há 50.822[7] presos no estado do Rio de Janeiro, mas apenas 2.808[8] testes para detecção da Covid-19 foram realizados nos apenados. Para dar conta da efetivação do direito à saúde de toda a massa carcerária há apenas 27 médicos, 32 enfermeiros e 284 técnicos e auxiliares de enfermagem atuantes em todo o estado[9]. Esse déficit nos números evidencia a negligência com os presos e instaura o pânico dentro e fora das unidades. Somado a isso, a omissão de informação sobre o estado de saúde dos presos e a falta de comunicação com o acautelado transfere parte da pena para terceiros, uma prática vedada pelo ordenamento jurídico, mas que indiretamente se encontra presente no contexto.

> Eu tenho um primo que foi privado agora no início dessa pandemia e desde o momento [que foi preso] a gente não conseguiu acesso a ele, entende? A gente não consegue. A gente mandou um Sedex, escreveu uma carta e não tem notícia de como ele tá lá dentro. [**ENTREVISTADO Nº 1**, CUMPRINDO PENA EM PAD]

---

7 Disponível (*on-line*) em: http://depen.gov.br/DEPEN/depen/sisdepen/infopen/relatorios-analiticos/RJ/rj

8 Monitoramento Quinzenal Covid-19. Disponível (*on-line*) em: https://www.cnj.jus.br/wp-content/uploads/2020/08/Monitoramento-CNJ-GMFs-Covid-19-5.08.20.pdf

9 Idem.

Desse modo, o crescente número de pessoas infectadas e que vieram a óbito em decorrência da Covid-19 no Rio de Janeiro[10] gera pânico nos familiares de presos que têm ciência da falta de respaldo para a contenção do vírus nos presídios do estado, contrariando mais uma vez o disposto no artigo 10°, parágrafo único da resolução do CNJ, que discorre acerca do dever de ser assegurado o pleno direito à informação sobre as providências adotadas em virtude de suspeita ou confirmação de diagnóstico de Covid-19 às pessoas privadas de liberdade, bem como a seus familiares e defensores:

> Tem sido perceptível a angústia causada pela falta de informações sobre o estado de saúde dos presos, grau de contaminação das unidades, dentre outros, em especial para os familiares de presos que possuíam alguma condição pretérita de saúde que os coloquem no grupo de risco. A incomunicabilidade e a falta de transparência por parte do Estado estabelecem-se simbioticamente de modo a produzir efeitos deletérios à saúde mental de todos os que são afetados pela privação de liberdade (MEPCT/RJ, 2020a, p. 8).

É preciso pontuar que essas dificuldades de comunicação direta e a ausência de informações oficiais claras a respeito da situação dos presos implicam grande dano para os familiares que, como grupo, já são abandonados pelo Estado e suas políticas. Os estudos sobre a questão penitenciária geralmente acabam envolvendo o preso e a administração penitenciária, devido ao fato de as condições penitenciárias no Brasil não serem as ideais (Duarte, 2013), mas isso não faz com que olhar para esses familiares e seus direitos seja menos urgente, principalmente no que diz respeito à comunicabilidade,

---

[10] Painel Coronavírus: Divulgação de dados atualizados pelo Ministério da Saúde por meio da Secretaria de Vigilância em Saúde (SVS/MS). Disponível (*on-line*) em: https://covid.saude.gov.br/

em momentos em que, tanto para o preso quanto para o familiar, ter notícias sobre o estado de saúde um do outro é de extrema importância para o equilíbrio emocional.

Ainda ressaltamos que assim como em casos de violência, durante uma pandemia com amplo grau de letalidade, é possível realizar uma interpretação analógica do entendimento que negar informações aos familiares pode acarretar danos psíquicos e morais a eles pelo sofrimento e dor gerado pelo medo do adoecimento ou morte de seus entes queridos privados de liberdade (MEPCT/RJ, 2020a, p. 14).

Uma reivindicação dos familiares muito significativa durante boa parte da pandemia, principalmente enquanto durou a suspensão das visitas, foi sobre a comunicação por carta, principal meio de comunicação entre familiar e preso nesse período, único substitutivo de contato na impossibilidade das visitas. Segundo eles, as cartas não estão sendo entregues aos presos, e, quando entregues, não devolvem as suas respostas[11], inviabilizando a rede de comunicação.

Logo, esses familiares, que já tinham seu direito restrito de estar fisicamente próximo ao preso, também perderam a única opção legal de contato que havia restado. Salienta-se que mesmo com a demora de entrega das cartas, essa era uma opção que mantinha a comunicação e, com isso, de alguma forma tranquilizava o familiar e o preso quanto à situação um do outro.

Não obstante a dificuldade no translado de comunicação, de 17 de agosto a 17 de setembro de 2020 os Correios permaneceram em greve, relatando a situação econômico-financeira agravada pela crise mundial causada pela pandemia. Entretanto, a paralisação impactou negativamente o ambiente carcerário por ser um importante meio de entrada de mantimentos, artigos de higiene e comunicação em tempos de restrição de visitas. Todavia, na atualidade há diversos

---

[11] Postagem feita pela Frente pelo Desencarceramento-RJ sobre a obstrução na entrega de cartas. Disponível (*on-line*) em: https://www.instagram.com/p/CCzKdHrJQ7O/?igshid=1njwjj8j3lev9. Acesso em: 18 jul. 2020.

mecanismos tecnológicos que podem ser utilizados como meio de comunicação. Bons exemplos são como o estado de São Paulo tem empregado as teleconferências (G1 CAMPINAS E REGIÃO, 2020) e o programa "Conexão Familiar" (Massaro, 2020) para retomar o contato dos presos com seus familiares.

> Os Correios estão parados. No começo da pandemia o correio falou que não ia mandar nada para a cadeia, então parou. O correio não está levando e quem está tendo que buscar é a SEAP [e levar] para a cadeia. E no começo o correio não estava levando e ficava lá no correio mesmo, agora [é] a SEAP que está indo buscar no correio. Mas é aquilo, você tem que preencher um formulário para falar o que você está levando, às vezes você esquece alguma coisa de preencher, aí eles não dão, ou às vezes está muito cheio e não tem como você preencher o formulário. [**ENTREVISTADA Nº 2**, ADVOGADA CRIMINALISTA]

Segundo a Convenção Contra a Tortura e Outros Tratamentos ou Penas Cruéis, Desumanos ou Degradantes da ONU, uma das definições possíveis para a palavra "tortura" é castigar alguém por ato que ela ou outra pessoa tenha cometido ou seja suspeita de ter cometido. O valor da definição encontra-se presente dentro e fora do cárcere, uma vez que a omissão de dados e informações pessoais dos apenados e a obstrução de comunicação podem ser taxados como violência psicológica, gerando angústia e sofrimento. Tal palavra é utilizada com frequência nas manifestações de familiares de presos, uma vez que manter esse isolamento, não só físico, mas também de notícias, gera, especialmente nesse período, aflição para ambas as partes envolvidas.

Essa negação de direitos pode causar danos emocionais aos familiares diante da preocupação com a contaminação e da impossibilidade não só de ajudar o preso, mas também de tomar conhecimento sobre o seu bem-estar, o que potencializa a sensação de violência sofrida e suas dores, e os danos causados por essa preocupação não devem ser subestimados ou negligenciados uma vez que nesse momento a informação é tudo que eles poderiam ter.

Sempre que se discute a violência como um problema social tem-se como referência a ideia do uso ilegítimo da força, ainda que frequentemente esse aspecto seja tomado como dado, fazendo com que a dimensão moral da violência seja pouco elaborada e mal compreendida, mesmo quando constitui o cerne da agressão do ponto de vista das vítimas (Cardoso de Oliveira, 2004, p.135).

Essas denúncias dos familiares podem ser exemplificadas por relato do MEPCT/RJ, na mesma nota técnica, sobre um caso concreto de retenção de cartas por parte da administração de uma unidade penitenciária, que só destinou à família as cartas escritas por uma apenada após o falecimento dela:

Como exemplo disso, o MEPCT/RJ acompanhou uma grave situação de uma presa com comorbidade durante a pandemia. Seu estado de saúde foi agravado em junho de 2020, com constantes internações hospitalares, fator que fez com que a Defensoria Pública realizasse um pedido de prisão domiciliar humanitária. A decisão favorável saiu no dia em que a presa veio a óbito. No momento da recepção da notícia do óbito foi entregue a familiar 30 cartas que estavam na direção da unidade. Sua filha escreveu durante todo processo de agravamento da doença e intenso sofrimento até o seu óbito cartas que jamais puderam ser respondidas, por falta de entrega pela unidade prisional, produzindo danos profundos a integridade de sua mãe e a da própria presa, cuja comunicação em seus últimos dias foi negada pelo Estado (MEPCT/RJ, 2020a, p. 11).

Nesse ínterim, diante da inobservância dos órgãos estatais em prestarem informações sobre o estado de saúde dos apenados e inibirem o meio de comunicação intramuros e extramuros, o MEPCT/RJ, em parceria com a Frente Estadual pelo Desencarceramento[12], desen-

---

12 Frente de ação fluminense do movimento social "Agenda Nacional pelo Desencarceramento", que se propôs a construir um programa popular de desencarceramento e desmilitarização focado na redução da população prisional do país.

volveu a plataforma de monitoramento "Desencarcera, RJ!"[13], com o objetivo de facilitar a comunicação com os órgãos públicos durante a pandemia, dadas as restrições impostas pela política de isolamento (Lucius, 2020). A plataforma visa receber informações sobre casos suspeitos de Covid-19 no sistema e a saúde dos presos e denúncias de violações de direitos humanos no sistema carcerário do Rio de Janeiro, de modo que os familiares consigam, mesmo que distantes, respaldar os seus entes e lutar pela efetivação de seus direitos.

Suspensão das visitas: manifestações e retomada

Tendo em vista o entrave na comunicação e a falta de transparência de dados e informações do sistema penitenciário em tempo de pandemia, torna-se necessário colocar em pauta o retorno das visitas, que foi o principal ponto de reivindicação dos familiares a respeito da administração penitenciária. Uma das críticas mais latentes nos discursos dos familiares gira em torno de não haver manifestação pública, por parte do governo, sobre um plano de retomada das visitas. Diante de outras atividades, as visitas não parecem ser prioridades para os órgãos estatais, e esses familiares se sentem ainda mais negligenciados pelo Estado.

No estado do Rio de Janeiro, durante a pandemia, as decisões de retomada dos comércios e outras atividades foram divididas entre os governos municipais e estadual; em diferentes momentos, cada um deliberou sobre retorno gradual de estabelecimentos (UOL, 2020). O fato de parte da abertura de comércios e as atividades penitenciárias não terem a mesma gestão não muda a movimentação feita pelos familiares, uma vez que também houve uma sinalização do governo estadual sobre a liberação de algumas atividades que para esses grupos não são consideradas prioritárias. Ademais, isso revela

[13] Disponível (*on-line*) em: http://abre.ai/desencarcerarj

a falta de um trabalho harmônico entre os poderes e suas dificuldades de deliberação em um planejamento único, amplamente divulgado e em que as prioridades façam sentido para a população, sobre o retorno dos diferentes setores da sociedade.

> (...) não consigo acreditar que meu marido morreu naquele lugar sozinho. Eu gostaria de falar pra você como aconteceu. Há um mês ele me disse que estava com muita dor de cabeça, aí fiquei preocupada por conta desse Covid, mas pensei: "Não, lá é protegido". Aí passou, ele melhorou, colheu o exame do Covid e deu positivo. Ele me contou — ali meu coração já chorava —, ele ficou isolado sete dias e [quando] saiu do isolamento estava super bem, não sentia nada. De sexta pra sábado ele sentiu uma forte falta de ar e não teve socorro. Aquele presídio matou meu marido, ele deu positivo [no teste] do Covid e eles simplesmente isolaram sete dias e pronto. E hoje meu marido deixou três filhos e muita saudade. (...) Não quero que pensem que eu estou aqui para assustar vocês, mas me diz: eles tiraram a visita para que, se a cadeia tá contaminada? Tinham 50 com meu marido infectado. [**DEPOIMENTO DE FAMILIAR Nº 1**]

A impossibilidade de visitação, quando colocada ao lado do aval de abertura de *shoppings*, bares, academias ou o retorno dos jogos de campeonatos de futebol (na capital), por exemplo, todos liberados pelo Decreto nº 47.176, de 21 de julho de 2020, é motivo de questionamento dos familiares e de movimentos sociais que trabalham com a causa penitenciária. Além de demandarem o retorno das visitas, esses familiares colocaram em questão a ausência de divulgação de um planejamento para tal, a dificuldade de comunicação com o preso e a falta de informações por parte da SEAP/RJ.

> Estamos todos sofrendo sem poder saber como estão lá dentro. Que política é essa que só faz o que convém? Já adiou de novo a volta da visita, mas o turismo, cinema, *shopping*... está tudo de volta. [**DEPOIMENTO DE FAMILIAR Nº 2**]

Movimentos de desencarceramento[14] iniciaram campanhas de denúncias de violações de direitos durante a situação de pandemia, e um protesto crescente entre eles se deu por meio de uma *hashtag* no *Instagram* sobre os direitos dos familiares: #SerFamíliaNãoÉCrime. Nessa *hashtag* é possível encontrar denúncias sobre a retenção de cartas enviadas, transferência de presos sem comunicar aos familiares e a demora de semanas para comunicar a família sobre óbito da pessoa presa, engrossando as questões sobre as dificuldades de comunicação nesse cenário de pandemia, pois agora, além de tudo, não existe a possibilidade de ver pessoalmente a situação do preso na visita.

O Decreto estadual nº 46.970/2020, que suspendeu a visita nas unidades prisionais, estabeleceu inicialmente um prazo de 15 dias para a interrupção das atividades. Contudo, esse prazo foi continuamente prorrogado por igual período e veiculado nas redes sociais da SEAP/RJ após publicação de decreto com a prorrogação no "Diário Oficial". Destaca-se que a prorrogação da suspensão das visitas sem um planejamento para a retomada da atividade se torna uma prática abusiva e desumana, em que é possível compreender que as práticas da instituição não necessariamente se realizam à luz dessas expectativas de comunicação e transparência sobre os acontecidos dentro das unidades.

Para tanto, entende-se e espera-se que para manter a rede de comunicação e informação entre presos e familiares e órgãos de assistência é necessária uma reprogramação das medidas de combate

---

[14] Movimento de luta pela causa prisional. Disponível (*on-line*) em: https://desencarceramento.org.br/

à disseminação do novo coronavírus, uma vez que o quantitativo de normas que visam proteger o apenado não está produzindo efeito. É certo que a principal preocupação no momento seja inibir a entrada do vírus nas unidades penitenciárias, porém, o óbice na comunicação e informação, além de ser uma prática vedada pelo ordenamento jurídico, acarreta danos irreparáveis ao preso e a quem está em seu entorno.

Considerações finais

Desde quando o Rio de Janeiro acatou a recomendação nº 62/2020 do CNJ, suspendendo temporariamente as visitas nas unidades penitenciárias do estado, em virtude da contenção do novo vírus, novas normas fizeram-se presentes, ratificando a importância de outros meios de comunicação para manter a ponte entre o dentro e o fora do presídio. Entretanto, o que se observou durante a pesquisa foi que a SEAP/RJ não garantia a plena eficácia das normas, interrompendo a interação dos apenados com os seus familiares e não propiciando acesso pleno a cartas, telecomunicações e meios digitais.

Frisa-se que por muito tempo, durante a pandemia, o acesso a informações sobre o estado de saúde dos apenados é obstruído pelos canais de comunicação oficiais, fazendo-se necessária a junção de órgão autônomos para veicular reclamações sobre o bem-estar dessa população. Essa prática, além de vedada pela Constituição, se assemelha às definições de tortura trazidas pela Convenção Contra a Tortura e Outros Tratamentos ou Penas Cruéis, Desumanos ou Degradantes de 1984 da ONU e ratificada pelo Brasil em 1989.

Entende-se que o estado do Rio de Janeiro tem sofrido um aumento considerável de pessoas infectadas com o novo coronavírus, mas é dever dos órgãos responsáveis esclarecer e cobrar o motivo pelo qual foram necessários cinco meses para o retorno das visitas (sem um plano de retorno divulgado previamente) e por que nenhuma medida de interação entre os apenados e seus familiares foi afirmada e assegurada, inclusive para aqueles familiares ainda receosos de realizar a visita presencial, uma vez que ainda estamos suscetíveis à contaminação. É notório que a preocupação dos órgãos públicos no momento não gira em torno das dependências do cárcere, tendo em conta que essa população está calada pelas grades que os cercam.

De todo modo, isso não diminui o impacto dessa inobservância das reivindicações dos familiares, uma vez que "o lugar das famílias dos detentos no dispositivo carcerário contemporâneo não pode ser ignorado nem diminuído como colateral ou secundário" (Godoi, 2017, p. 231), seja no sentido material, afetivo ou até mesmo visando à manutenção desse laço social para a reinserção desses indivíduos na sociedade ao final da pena. A participação dos familiares é central para a sustentação do sistema, mas não se vê um tratamento correspondente às demandas apresentadas por eles.

De fato, não nos cabe discutir aqui quais deveriam ser as prioridades de flexibilização das atividades no estado, mas sim questionar por que essa parcela da sociedade é menos detentora de direitos que as demais. Por fim, o fato de os presos estarem privados de liberdade não quer dizer que sejam privados de dignidade; assim como qualquer outro cidadão, devem ter acesso à comunicação e poder transmitir informações.

CARDOSO DE OLIVEIRA, Luis Roberto. Existe violência sem agressão moral?. *Revista Brasileira de Ciências Sociais*, vol. 23, nº 67, 2008. pp. 135-146.

DAS, Veena; POOLE, Deborah. State and Its Margins: Comparative Ehtnographies. *In*: *Anthropology in the Margins of the State*. Santa Fé: SAR, 2004. pp. 3-34.

DUARTE, Thais Lemos. Amor, fidelidade e compaixão: "Sucata" para os presos. *Sociologia & Antropologia*, vol. 3, nº 6, 2013. pp. 621-641.

GEERTZ, Clifford. *A interpretação das culturas*. Rio de Janeiro: Zahar, 1978.

_____. From the Native's Point of View: On the Nature of Antropological Understanding. *In*: *Local Knowledge:* Further Essays in Interpretive Anthropology. Nova York: Basic Books, 1983. pp. 249-356.

G1 CAMPINAS E REGIÃO. Unidades prisionais da região de Campinas têm 2,6 mil 'visitas virtuais' durante pandemia: Com visitas suspensas em virtude da pandemia, serviço de videochamada aproximam detentos de familiares. De acordo com a SAP, desde junho foram realizadas ainda 53 mil trocas de e-mails. *G1*, Campinas e Região, 26 de agosto de 2020. Disponível (*on-line*) em: https://g1.globo.com/sp/campinas-regiao/noticia/2020/08/26/unidades-prisionais-da-regiao-de-campinas-tem-26-mil-visitas-virtuais-durante-pandemia.ghtml

GODOI, Rafael. *Fluxos em cadeia:* as prisões em São Paulo na virada dos tempos. São Paulo: Boitempo, 2017.

KANT DE LIMA, Roberto. Direitos civis e direitos humanos: Uma tradição judiciária pré-republicana?. *São Paulo em Perspectiva*, vol. 18, nº 1, 2004. pp. 49-59.

_____; BAPTISTA, Bárbara Gomes Lupetti. Como a antropologia pode contribuir para a pesquisa jurídica? Um desafio metodológico. *Anuário Antropológico*, vol. 39, nº 1, 2014. pp. 9-37.

LAGO, Natalia. "Na linha de frente": atuação política e solidariedade entre "familiares de presos" em meio à Covid-19". *Dilemas: Revista de Estudos de Conflito e Controle Social,* Reflexões na Pandemia (seção excepcional), 2020. Disponível (*on-line*) em: https://www.reflexpandemia.org/texto-80

LUCIUS, Leon. Mecanismo de Combate à Tortura lança plataforma *on-line* para recebimento de denúncias durante a pandemia. *Alerj*, Publicações, Notícias, 8 de junho de 2020. Disponível (*on-line*) em: http://www.alerj.rj.gov.br/Visualizar/Noticia/48866?AspxAutoDetectCookieSupport=1

MASSARO, Camilla Marcondes. Estado penal, necropolítica, sistema prisional e direitos humanos: Considerações em tempos de pandemia. *Dilemas: Revista de Estudos de Conflito e Controle Social*, Reflexões na Pandemia (seção excepcional), 2020. Disponível (*on-line*) em: https://www.reflexpandemia.org/texto-49

MABLY, Gabriel Bonnot de. *De la législation, Oeuvres complètes*. Tomo. IX, 1789.

MEPCT/RJ. *Nota técnica sobre comunicação e cartas durante a pandemia de Covid-19*. Mecanismo Estadual de Combate e Prevenção à Tortura do Rio de Janeiro (MEPCT/RJ), 2020a. Disponível (*on-line*) em: http://mecanismorj.com.br/wp-content/uploads/Nota-T%C3%A9cnica-sobre-Comunica%C3%A7%C3%A3o-e-Cartas-durante-a-pandemia-de-COVID-MEPCTRJ.pdf

_____. *Relatório Parcial sobre os impactos do Covid-19 no Sistema Prisional do Rio de Janeiro:* informações adicionais até o dia 9 de agosto de 2020. Mecanismo Estadual de Combate e Prevenção à Tortura do Rio de Janeiro (MEPCT/RJ), 2020b. Disponível (*on-line*) em: http://mecanismorj.com.br/wp-content/uploads/Relat%C3%B3rio-Parcial-do-MEPCTRJ-sobre-o-COVID19-no-sistema-prisional-atualizado-09.08.pdf

PRANDO, Camila; GODOI, Rafael. A gestão dos dados sobre a pandemia nas prisões: Uma comparação entre as práticas de ocultamento das secretarias de administração prisional do RJ e DF. *Dilemas: Revista de Estudos de Conflito e Controle Social*, Reflexões na Pandemia (seção excepcional), 2020. Disponível (*on-line*) em: https://www.reflexpandemia.org/texto-60

UNODC. *Regras Mínimas das Nações Unidas para o Tratamento de Reclusos (Regras de Nelson Mandela).* Escritório das Nações Unidas sobre Drogas e Crime, 2015. Disponível (*on-line*) em: https://www.unodc.org/documents/justice-and-prison-reform/Nelson_Mandela_Rules-P-ebook.pdf

UOL. Witzel flexibiliza isolamento e autoriza reabertura de comércio no Rio. *UOL,* Coronavírus, 6 de junho de 2020. Disponível (*on-line*) em: https://noticias.uol.com.br/saude/ultimas-noticias/redacao/2020/06/06/witzel-flexibiliza-isolamento-e-autoriza-reabertura-de-comercio-no-rio.htm

"NADA FORA DA ORDEM"

GESTÃO DA MORTE NAS UNIDADES PRISIONAIS NO ESTADO DE SÃO PAULO DURANTE A PANDEMIA

Sofia Fromer Manzalli • Heloisa de Souza Dantas

Quando você for convidado
Pra subir no adro da Fundação Casa de Jorge Amado
Pra ver do alto a fila de soldados, quase todos pretos
Dando porrada na nuca de malandros pretos

De ladrões mulatos
E outros quase brancos
Tratados como pretos
Só pra mostrar aos outros quase pretos
E são quase todos pretos
Como é que pretos, pobres e mulatos
E quase brancos, quase pretos de tão pobres são tratados

[CAETANO VELOSO E GILBERTO GIL, HAITI, 1993]

O estado de São Paulo, em suas 178 unidades prisionais, custodia 1/3 das pessoas presas no Brasil. Sua população[1] é bem semelhante à descrita no trecho acima de Haiti, de Caetano Veloso e Gilberto

---

[1] Dados sociodemográficos da Secretaria de Administração Penitenciária do Estado de São Paulo (SAP-SP) referentes a 26/02/2021.

Gil: 59,95% das pessoas são negras (13,31% pretos e 46,44% pardos), 65,88% têm entre 18 e 35 anos, 44,50% têm ensino fundamental incompleto e, para completar esse perfil — que poderia ser acrescido de diversos outros marcadores sociais de desigualdade, mas não o é por falta de informações atualizadas e de transparência dos órgãos oficiais —, o crime que mais prende pessoas no estado é o tráfico de drogas, correspondendo a 40,25% dos casos entre a população masculina e 62% entre a feminina[2].

Esses são os corpos de homens e mulheres custodiados pelo Estado e essa "escolha" não é aleatória. Este breve ensaio tem como propósito trazer dados que evidenciam e ilustram a maior probabilidade de se morrer no contexto prisional durante a pandemia do coronavírus e como, após mais de um ano da presença do vírus em nosso cotidiano, o Estado pouco se preocupou em preservar um de seus mais importantes fundamentos: a garantia da vida.

A pandemia de Covid-19, anunciada em março de 2020, desnudou as já brutais condições de aprisionamento vividas no cárcere e não deve ser tomada unicamente como um marco de violações de direitos, mas também como uma conjuntura de exacerbação de vulnerabilidades. A seção Reflexões na Pandemia, de Dilemas, trouxe textos fundamentais para a compreensão do universo prisional neste momento, incluindo a gestão da pandemia nas prisões e a negação da vida das pessoas presas (Prando; Godoi, 2020). A própria paralização das audiências de custódia contribuiu para a não identificação de casos de violência e tortura policial no momento da prisão, intensificando um processo que já estava em curso na cidade de São Paulo desde 2018, quando houve uma mudança no perfil dos juízes responsáveis pelas audiências (Silvestre, Jesus; Bandeira, 2020). A pandemia ainda agravou o sofrimento de familiares das pessoas presas, especialmente mães e mulheres, que se viram sem

---

2 Dados do Levantamento Nacional de Informações Penitenciárias (Infopen), atualizados em 25/06/2020.

notícias e possibilidade de visitas (Lago, 2020; Martins, Souza; Santos, 2021), sendo fundamental, nesse contexto, o trabalho realizado pela Associação de Familiares e Amigos de Presos/as (Amparar) em São Paulo (Lago, 2020).

É certo que a insalubridade nos espaços prisionais, com celas mal iluminadas, falta de ventilação, racionamento de água, falta de profissionais de saúde, alimentação precária, entre outras privações, faz com que esses ambientes sejam, do ponto de vista sanitário, espaços ideais de proliferação e espalhamento do vírus. O infográfico abaixo, baseado em estudo de pesquisadores da Fundação Oswaldo Cruz (Fiocruz) (Sanchez *et al.*, 2020), revela a estimativa de transmissão da Covid-19 entre pessoas fora do cárcere e entre aquelas vivendo nas condições de encarceramento das prisões brasileiras:

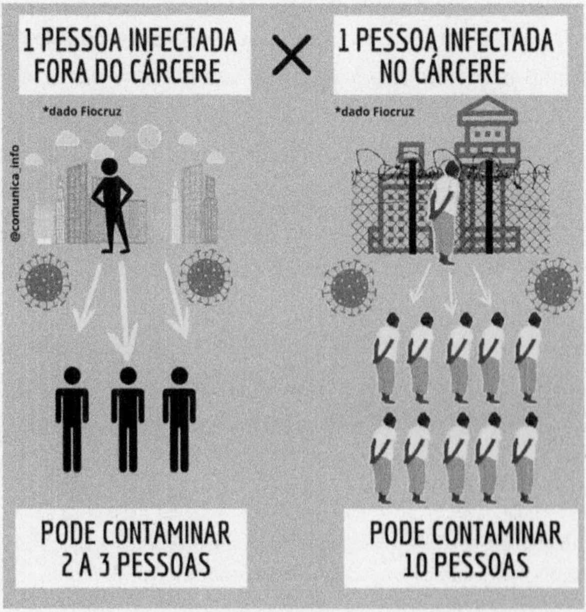

FONTE: Comunica Infográficos

Depois de mais de um ano de pandemia, diversas pesquisas científicas acerca do coronavírus foram realizadas, novas cepas foram descobertas e, ainda assim, as recomendações para mitigar a proliferação da Covid-19 continuam as mesmas: distanciamento físico, uso de máscaras, rotina de higiene, testagem maciça e, mais recentemente, vacinação. Desde o início, organizações de direitos humanos, Defensorias Públicas, familiares e amigos começaram a se preocupar com a população privada de liberdade, justamente pelo conhecimento acerca das condições precárias e insalubres dentro dos espaços destinados ao cumprimento de pena. As medidas desencarceradoras se mostravam um possível horizonte. Entretanto, não foi essa a resposta do sistema de justiça.

Há um claro endereçamento aos corpos daqueles considerados menos humanos, "seres desprezíveis que ameaçam a ordem pública e, portanto, de vidas potencialmente matáveis" (Mallart; Rui, 2016, p. 436). No contexto atual, esse endereçamento de sofrimento a determinados corpos fica ainda mais evidente a partir das ações tímidas e omissas do Estado na garantia da vida, como: 1) a não aplicação de testes maciços e periódicos para detecção da Covid-19 na população prisional; 2) a postura leniente do poder de justiça ao não observar a recomendação nº 62/2020 do Conselho Nacional de Justiça (CNJ) (atualizada para a recomendação nº 91/2021[3]; 3) o não acolhimento de *habeas corpus* coletivo para mulheres, impetrado pela Defensoria Pública do Estado de São Paulo (DPE-SP); 4) a manutenção de mulheres grávidas, lactantes, idosos/as e pessoas com comorbidade presas; 5) a não inclusão de pessoas presas no

---

[3] A recomendação do CNJ, observando as péssimas condições de aprisionamento do sistema prisional e para os adolescentes cumprindo medidas socioeducativas, recomendava aos magistrados a substituição da pena privativa de liberdade ou medida para alternativas penais, como a prisão domiciliar para grupos específicos, como mulheres lactantes, gestantes, idosos, mas também para aqueles em locais superlotados.

grupo prioritário para a vacinação, entre diversas outras ações suprimidas pelo Estado na manutenção da vida.

Este ensaio, além de apontar como a pandemia continua representando risco à vida das pessoas presas, busca revelar a escassez de dados oficiais produzidos sobre o sistema prisional e a implicação desse problema para a elaboração de medidas públicas eficazes para essa população. Nesse sentido, podemos citar os seguintes indicadores correspondentes ao estado de São Paulo: 1) superlotação; 2) falta de itens de higiene; 3) racionamento de água; 4) ausência de equipes mínimas de saúde; 5) falta de testagem maciça e mortes; 6) falta de vacinação; 7) corte de verbas destinadas a políticas penitenciárias.

Os dados aqui apresentados são baseados nas informações disponibilizadas pela Secretaria de Administração Penitenciária do Estado de São Paulo (SAP-SP) em seu *site*, bem como nos relatórios de inspeções realizadas pelo Núcleo Especializado de Situação Carcerária (Nesc) da DPE-SP. Essa, por meio do Nesc, tem a incumbência legal[4] de realizar inspeção nas unidades prisionais do estado, a fim de averiguar as condições de aprisionamento e denunciar judicialmente e extrajudicialmente as violações de direitos. Durante a pandemia, especificamente entre junho de 2020 e março de 2021, o Nesc realizou 21 inspeções, tendo finalizado o relatório de 14 delas. Os dados coletados nas unidades inspecionadas foram compilados com o intuito de se ter um panorama das violações de direitos durante a pandemia. As informações serviram, inclusive, para dar sustentação ao pedido feito pelo órgão à Corte Interamericana de Direitos Humanos (CIDH) para reunião no 180° Período de Sessões da CIDH.

---

[4] Deliberação nº 296/2014 do Conselho Superior da DPE-SP.

Superlotação

Em 7 de maio de 2021[5], 83,55% das unidades prisionais — penitenciárias, centros de detenção provisória e centros de progressão penitenciária — do estado de São Paulo estavam superlotadas, algumas com taxa de superlotação de quase 200%, como a Penitenciária Masculina de Guarulhos I, que, apesar de ter capacidade para 881 pessoas, abrigava 1.752. Nesses espaços não há condições físicas para qualquer tipo de distanciamento. Nesse contexto, as pessoas presas não têm autonomia para os cuidados com a sua própria saúde e proteção, sendo obrigadas a viver em espaços que deveriam abrigar entre 10 e 12 pessoas, mas onde na prática vivem 40[6].

Dessa forma, a estrutura física das unidades, em decorrência da superlotação, não permite que haja qualquer medida de isolamento de pessoas infectadas pelo vírus ou daquelas com comorbidades, idosas, lactantes e gestantes.

Falta de itens de higiene

Nas inspeções realizadas pelo Nesc, constatou-se que a entrega de itens de higiene nunca ou raramente ocorreu em 53,9% das unidades prisionais inspecionadas — 30,8% nunca receberam produtos de higiene e 23,1% raramente receberam. Ainda que a entrega ocorresse, os relatórios de inspeção destacaram a escassez de cada item. Para se ter uma ideia, foi verificado, por exemplo, que no Centro de

---

5 O cálculo foi feito a partir das informações disponíveis no portal eletrônico da SAP-SP.

6 Em 3 de março de 2021 a DPE-SP fez inspeção no Centro de Detenção Provisória de São Vicente, ocasião em que constatou diversas violações de direitos, entre elas celas com capacidade para 12 pessoas sendo abrigadas por 40. Informações disponíveis (*on-line*) em: https://www.facebook.com/watch/live/?v=184349626867893

Detenção Provisória de São Vicente uma pessoa dividia um sabonete com outras sete.

É importante contextualizar que uma das únicas medidas adotadas pela SAP-SP e pelo Poder Judiciário para conter o novo coronavírus no sistema prisional paulista foi a tentativa, ainda que inviável do ponto de vista prático, de aprofundar o isolamento do sistema prisional em relação à realidade extramuros, através da suspensão das visitas presenciais ainda em meados de abril de 2020. Entretanto, tal medida teve graves implicações na subsistência das pessoas presas. Com a suspensão das visitas, familiares foram impedidos de levar presencialmente a complementação dos itens de higiene pessoal, entre outros materiais. A entrega de produtos de higiene, roupas, remédios e comidas (pacote conhecido como "jumbo"), foi autorizada somente pela via postal (Sedex). O custo do serviço, somado ao preço dos produtos e a eventuais pioras nas condições financeiras das famílias em decorrência da crise sanitária, revelou-se uma barreira para a efetiva entrega desses recursos. Por esse motivo, os destinatários dos itens ficam em situação de vulnerabilidade ainda maior do que antes da pandemia.

Racionamento de água

O racionamento de água é uma prática constante de violação de direitos observada no contexto prisional, revelando-se como mais uma das torturas que extrapolam em muito o único direito suprimido com a pena de prisão: a liberdade. Em 85,71% das unidades inspecionadas pelo Nesc constatou-se a presença de racionamento de água. Um exemplo é o ocorrido na Penitenciária Masculina de Sorocaba II, onde pessoas presas relataram que a água era liberada por não mais que 45 minutos por dia.

Como justificativa para a prática violadora, as unidades prisionais[7] utilizam-se de eufemismos para minimizar tal violação, afirmando que, na prática, há apenas "uso racional da água" e "controle na distribuição do recurso".

Ausência de equipes mínimas de saúde

Mesmo antes da pandemia, 77,28% das unidades prisionais não tinham equipes mínimas de saúde[8]completas, de acordo com Política Nacional de Atenção integral à Saúde das Pessoas Privadas de Liberdade (PNAISP)[9]. Isso por si só já representava um dos grandes problemas do sistema prisional, pois, somados às péssimas condições de aprisionamento, o risco de contrair doenças, nesse contexto, aumenta exponencialmente e a ausência de profissionais de saúde corrobora para que não seja possível qualquer tipo de cuidado e atenção à saúde.

Além das usuais demandas de saúde, durante a pandemia elas foram agravadas. Além dos problemas já existentes e comumente identificados, a contaminação pelo novo coronavírus piorou significativamente o estado de saúde das pessoas presas. Assim, de forma ainda mais prejudicial, os problemas cotidianos acabaram sendo deixados em segundo plano, uma vez que as equipes de saúde, que mal davam conta dos atendimentos, estiveram ainda mais sobrecarregadas, além de serem reduzidas por conta de funcionários afastados em decorrência da Covid-19. Além disso, houve a dificuldade de atendimentos médicos externos pela falta de estrutura de

---

7 Resposta de ofício enviado pelo Nesc para a SAP-SP nas unidades em que realizou a inspeção.

8 Dados compilados durante as inspeções periódicas realizadas em unidades prisionais paulistas para o monitoramento das condições materiais de aprisionamento. Desde 2014 foram realizadas 182 inspeções pelo Nesc da DPE-SP.

9 Portaria interministerial nº 1, de 2 de janeiro de 2014.

escolta, acompanhamento pré-natal, entre tantas outras demandas inexistentes para essa população.

Nas inspeções realizadas pelo Nesc durante a pandemia, constatou-se que nenhuma das unidades tinha equipe mínima de saúde de acordo com os parâmetros legais. Em quatro unidades prisionais não havia nenhum médico, como no Centro de Detenção Provisória de Pinheiros II, que tem uma população de 1.625 pessoas. A Penitenciária Feminina da Capital, por exemplo, tem uma ala materno-infantil, mas não conta com nenhum médico ginecologista e pediatra para o atendimento das mulheres grávidas e puérperas e dos bebês.

Dessa forma, com o acesso à saúde negado ou postergado, as pessoas podem: "adquirir patologias ou, se já estiverem doentes, ter piora no seu estado de saúde, o que demanda tratamentos complexos" (Minayo; Constantino, 2015, p. 24).

Falta de testagem maciça e mortes

Segundo dados da SAP-SP, de junho de 2020 – quando se iniciou a aplicação de testes no sistema prisional – a 2 de julho de 2021, 4.159 agentes prisionais e 14.769 pessoas presas foram infectadas pelo novo coronavírus, e 116 agentes prisionais e 71 pessoas presas morreram em decorrência da Covid-19.

Assim, podemos concluir[10] que nos primeiros cinco meses de 2021 "o número de mortes de pessoas presas foi maior do que o número de óbitos no primeiro ano da pandemia". Até 3 de fevereiro de 2021 35 pessoas morreram, e hoje já chegamos a 71 mortes, 36 a mais. Os gráficos 1 e 2 mostram a evolução da doença e a curva de mortes de pessoas presas no 1° semestre de 2021.

---

[10] Afirmação feita pelos Defensores Públicos na Ação Civil Pública n° 1044279-60.2021.8.26.0053.

GRÁFICO 1 | **Evolução da doença nas pessoas presas e agentes penitenciários no 1º semestre de 2021**

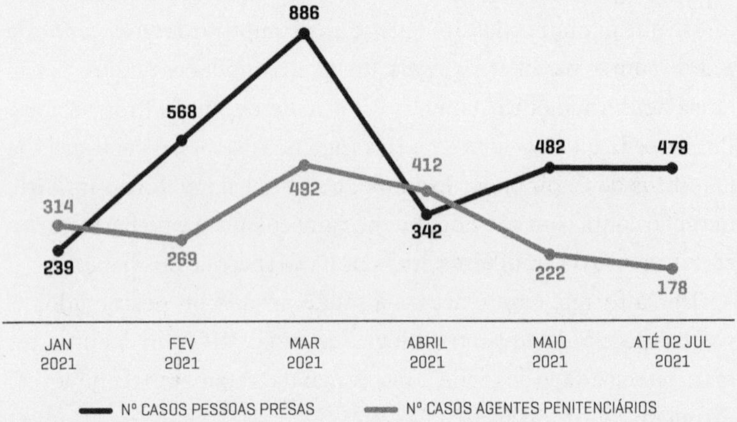

FONTE: Boletim informativo da SAP-SP.

GRÁFICO 2 | **Mortes de pessoas presas e agentes penitenciários no 1º semestre de 2021**

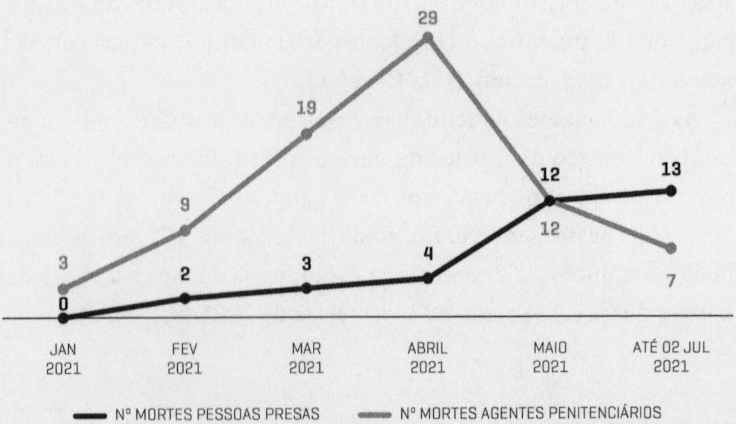

FONTE: Boletim informativo da SAP-SP.

Algumas observações podem ser feitas em relação à testagem e transparência dos dados no sistema prisional:

1. As informações disponibilizadas pelo estado de São Paulo não são precisas e confiáveis. Os dados oficiais da SAP-SP apresentam quatro informações: a) número de resultados positivos (teste RT-PCR e teste rápido); b) número de testes descartados e não confirmados; c) número de casos suspeitos com afastamento (agentes) e isolamento (pessoas presas); d) número de óbitos. Assim, não é possível saber com precisão o número total de testes aplicados, nem em quais estabelecimentos prisionais foram aplicados, tampouco se houve realização de mais de um teste por pessoa. Ademais, é feita uma somatória do número de casos e óbitos a cada dia em relação aos dias anteriores, sem se explicitar de maneira clara os dados diários;

2. Segundo dados da SAP-SP, 82,63% dos testes aplicados nas pessoas presas são testes rápidos, que não têm o padrão ouro para detecção da Covid-19, podendo apresentar elevados índices de resultados falso-positivos ou falso-negativos. O número de testes rápidos aplicados na população prisional é muito maior, se comparado com o mesmo tipo de testagem nos agentes penitenciários — 38,39% foram testes rápidos. Assim, a escolha feita pelo estado para a realização em maior quantidade de testes rápidos nas pessoas presas, em detrimento de testes RT-PCR, revela o tratamento diferente e menos protetivo dispensado à população prisional;

3. Outra fonte oficial de obtenção de dados é o Departamento Penitenciário Nacional (Depen), que não coincide com as informações da SAP-SP para a mesma data. Segundo o Depen, em consulta feita ao painel informativo em 2 de julho de 2021, 14.128 pessoas estariam contaminadas no sistema prisional — não há uma clara discriminação se seriam apenas dados sobre

as pessoas presas ou uma somatória com os agentes penitenciários — e 57 pessoas teriam morrido em decorrência da doença;

4. Uma terceira fonte oficial é o CNJ, cujos dados também apresentam divergência em relação às fontes anteriores. Segundo o boletim de 30 de junho de 2021, 14.800 pessoas presas e 4.128 agentes prisionais estavam infectados. Embora os dados não sejam da mesma data, é possível observar a falta de clareza, pois o número de pessoas presas infectadas é maior que os dados de data posterior disponibilizados pela SAP-SP.

Falta de vacinação

O Plano Nacional de Operacionalização (PNO) da Vacinação Contra a Covid-19 do Governo Federal[11] prevê a prioridade na vacinação (grupo 17) para as pessoas presas, classificando-as como grupo com "elevada vulnerabilidade social"[12]. Entretanto, o plano de vacinação do Governo do Estado de São Paulo não inclui a população prisional como prioritária, adotando o critério etário, que não é capaz de contemplar as diversas vulnerabilidades a que as pessoas presas estão expostas e que colaboram diretamente para o maior risco de infecção e morte pela doença.

---

11 Disponível (*on-line*) em: https://www.gov.br/saude/pt-br/coronavirus/publicacoes-tecnicas/guias-e-planos/plano-nacional-de-vacinacao-covid-19

12 "(...) a população privada de liberdade, suscetível a doenças infectocontagiosas, como demonstrado pela prevalência aumentada de infecções transmissíveis nesta população em relação à população em liberdade, sobretudo pelas más condições de habitação e circulação restrita, além da inviabilidade de adoção de medidas não farmacológicas efetivas nos estabelecimentos de privação de liberdade, *tratando-se de um ambiente potencial para ocorrência de surtos, o que pode fomentar ainda a ocorrência de casos fora desses estabelecimentos*" (pág. 18 do PNO da Vacinação Contra a Covid-19, grifos nossos).

De acordo com dados da SAP-SP, apenas 6% da população prisional do estado de São Paulo teria sido vacinada (Palhares; Damasceno, 2021). Nesse sentido, a DPE-SP (G1 SP, 2021) aponta que, seguindo os critérios etário e de comorbidades aplicados para o restante da população, aproximadamente 63 mil[13] pessoas presas já deveriam ter sido vacinadas em julho de 2021 — 19.853 homens com comorbidades, 87 grávidas e lactantes, 2 mil mulheres com comorbidades e 42 mil pessoas com mais de 41 anos.

Assim, observa-se que as pessoas presas não têm o mesmo direito à vacinação que a população em geral e que o grupo, que deveria ser prioritário, na prática pode ser um dos últimos a ser vacinado.

Corte de verbas destinadas às políticas penitenciárias

Em 2020 o governo paulista cortou R$ 14 milhões do atendimento à saúde nas prisões e R$ 31 milhões de ações como a aquisição de produtos de higiene (Zaffalon, 2021). Além dos cortes, houve redução nos investimentos em todas as ações do Programa de Gestão de Reintegração Social da População Penal. Para cada R$ 6 previstos na Lei Orçamentária Anual (LOA) de 2020, ao menos R$ 1 foi cortado durante o ano. Da previsão de R$ 92,8 milhões, a gestão empenhou R$ 76,5 milhões, com uma redução de R$ 16,3 milhões. Os valores nominais empenhados nesse programa durante o primeiro ano de enfrentamento da Covid-19 são menores que os investimentos realizados nos últimos cinco anos.

Os dados quantitativos elencados são capazes de anunciar o óbvio: com superlotação, racionamento de água, falta de itens de higiene, ausência de profissionais de saúde, pouca testagem e falta

---

[13] Esse número pode ser menor, pois algumas pessoas podem estar nos dois grupos, faixa etária e comorbidade.

de vacinação, a população prisional está marcada pela lógica da exclusão e da violência estatal, que estrategicamente define quem pode viver e quem deve morrer. A Covid-19 escancarou o que os inúmeros diagnósticos do sistema prisional anunciaram nas últimas décadas: a prisão viola diariamente os direitos das pessoas privadas de liberdade, o que em inúmeros casos se dá com a perda da própria vida de homens e mulheres nessas masmorras medievais.

Além disso, outro ponto importante que vale ser salientado é a ausência de dados oficiais confiáveis sobre o sistema prisional, em especial sobre o monitoramento da Covid-19. A falta de produção de informações não é novidade: o Monitor da Violência[14] (2020), por exemplo, concluiu, depois de realizar pedidos de Lei de Acesso à Informação (Lei nº 12.527/2011), que não era possível sequer saber com precisão o total de pessoas presas no Brasil.

Esse "apagão" de dados nos coloca em situação bastante preocupante, pois sem saber a real situação da pandemia no contexto prisional não é possível formular e aplicar políticas públicas de saúde para a proteção da vida das pessoas em situação de prisão. A não produção de dados confiáveis pode ser vista como mais uma forma de violação de direitos dessa população, reforçando nossa afirmação de que tudo parece estar dentro da mais perfeita ordem, em que o Estado acaba sendo o regulador da morte dos grupos historicamente considerados perigosos e indesejáveis. Por isso, "quando ouvir o silêncio sorridente de São Paulo diante da chacina, pense no Haiti, reze pelo Haiti. O Haiti é aqui. O Haiti não é aqui"[15].

---

14 Iniciativa composta por jornalistas em parceria com o Fórum Brasileiro de Segurança Pública (FBSP) e o Núcleo de Estudos da Violência (NEV) da Universidade de São Paulo (USP) para a produção de dados sobre o sistema de justiça.

15 Trecho da música "Haiti", composta por Caetano Veloso e Gilberto Gil.

G1 SP. Defensor diz que 60 mil presos com mais de 41 anos estão aptos a tomar vacina contra Covid-19 em SP; 10 mil foram vacinados: Governo diz que segue cronograma de faixa-etária alvo em cada cidade em que penitenciária está instalada e que responde apenas por presos em regimes fechado e semiaberto. *G1*, São Paulo, 1 jul. 2021. Disponível (*on-line*) em: https://g1.globo.com/sp/sao-paulo/noticia/2021/07/01/defensor-diz-que-60-mil-presos-com-mais-de-41-anos-estao-aptos-a-tomar-vacina-contra-covid-19-em-sp-10-mil-foram-vacinados.ghtml

G1 SP. Defensoria denuncia Governo de SP a órgão internacional por superlotação e racionamento de água em presídios durante a pandemia. *G1*, São Paulo, 28 abril. 2021. Disponível (*on-line*) em: https://g1.globo.com/sp/sao-paulo/noticia/2021/04/28/defensoria-denuncia-governo-de-sp-a-orgao-internacional-por-superlotacao-e-racionamento-de-agua-em-presidios-na-pandemia.ghtml

LAGO, Natália. Na "linha de frente": atuação política e solidariedade entre "familiares de presos" em meio à Covid-19. *Dilemas, Rev. Estud. Conflito Controle Soc.*, Reflexões na Pandemia (seção excepcional), 2020. Disponível (*on-line*) em: https://www.reflexpandemia.org/texto-80

MALLART, Fábio; RUI, Taniele. Por uma etnografia das transversalidades urbanas: entre o mundão e os dispositivos de controle. *In*: MELO, Juliana; SIMIÃO, Daniel; BAINES, Stephen (orgs). *Ensaios sobre justiça, reconhecimento e criminalidade*. Natal: EDUFRN/ABA, 2016.

MARTINS, Isabella Mesquita; SOUZA, Rebeca Arruda de; SANTOS, Vanessa Kopke dos. Implicações das medidas de prevenção à Covid-19 nos presídios do estado do Rio de Janeiro: Suspensão de visitas e direito à informação e comunicação. *Dilemas, Rev. Estud. Conflito Controle Soc.*, Reflexões na Pandemia (seção excepcional), 2020. Disponível (*on-line*) em: https://www.reflexpandemia2021.org/texto-96

MINAYO, Maria Cecília de Souza; CONSTANTINO, Patricia (Orgs.). *Deserdados sociais:* Condições de vida e saúde dos presos do estado do Rio de Janeiro. Rio de Janeiro: Fiocruz, 2015.

PALHARES, Isabela; DAMASCENO, Victoria. Só 6% dos presos de SP foram vacinados contra a Covid: Governo paulista não seguiu recomendação do Plano Nacional de Imunização de priorizar o grupo. *Folha de S. Paulo,* Cotidiano, 5 jul. 2021. Disponível (*on-line*) em: https://www1.folha.uol.com.br/cotidiano/2021/07/so-6-dos-presos-de-sp-foram-vacinados-contra-a-covid.shtml

PRANDO, Camila; GODOI, Rafael. A gestão dos dados sobre a pandemia nas prisões: Uma comparação entre as práticas de ocultamento das secretarias de administração prisional do RJ e DF. *Dilemas, Rev. Estud. Conflito Controle Soc.*, Reflexões na Pandemia (seção excepcional), 2020. Disponível (*on-line*) em: https://www.reflexpandemia.org/texto-60

SANCHEZ, Alexandra; SIMAS, Luciana; DIUANA, Vilma; LAROUZE, Bernard. Covid-19 nas prisões: um desafio impossível para a saúde pública?. *Cad. Saúde Pública*, Rio de Janeiro, vol. 36, n. 5, e00083520, 2020.

SILVESTRE, Giane; JESUS, Maria Gorete Marques de; BANDEIRA, Ana Luiza Villela de Viana. Pandemia, prisão e violência: os efeitos da suspensão das audiências de custódia na cidade de São Paulo. *Dilemas, Rev. Estud. Conflito Controle Soc.*, Reflexões na Pandemia (seção excepcional), 2020. Disponível (*on-line*) em: https://www.reflexpandemia.org/texto-64

ZAFFALON, Luciana. Folha de S. Paulo: Dória corta da saúde prisional e engorda o caixa em ano de pandemia: Os efeitos das políticas prisionais e orçamentárias se prolongarão em 2021. *Justa*, 29 mar. 2021. Disponível (*on-line*) em: https://justa.org.br/2021/03/folha-de-s-paulo-doria-corta-da-saude-prisional-e-engorda-o-caixa-em-ano-de-pandemia/

"TEM IRMÃO MORRENDO AQUI DENTRO!"

A GESTÃO CARCERÁRIA-MILITAR [DO LIMITE] DA VIDA

Fábio Candotti

Nos últimos anos, o sistema carcerário amazonense ficou mundialmente conhecido por dois "massacres", protagonizados por presos, com mais de cento e vinte homens mortos. Esses eventos se demonstraram bastante úteis para a reprodução de discursos securitários e colonialistas. Ilustrados com mapas, deram atenção à "expansão" nacional e internacional das facções criminosas sudestinas e ao "descontrole" das fronteiras nacionais na "Amazônia", território entendido como "rota" e imaginado como carente de estado e vigilância.

Com exceção de algumas poucas reportagens sobre as responsabilidades de empresas cogestoras e da administração penitenciária, quase nada se falou das relações de poder que definem o cotidiano prisional amazonense. Nada foi dito sobre o crescimento de 500% da população custodiada pelo sistema carcerário em vinte anos. E nenhum alarme foi acionado quando, poucas semanas após o primeiro massacre, em janeiro de 2017, a gestão voltou às mãos da Polícia Militar depois de uma primeira experiência frustrada. Uma nova tentativa que, dessa vez, parece ter passado no teste, ficando intocada mesmo com o segundo "massacre" entre presos, em maio de 2019.

A realidade é radicalmente outra quando a atenção se desloca para o que dizem — e fazem ver — as pessoas presas e seus familiares (uma imensa maioria de mulheres). Dessas perspectivas, aparece um universo de relações de força no qual acontecimentos muito menos espetaculares que os "massacres" ganham importância. Ou melhor, uma realidade na qual um outro massacre, "lento, progressivo e silencioso" passa ao centro. E, há muito tempo, no núcleo mais estável desse universo, estão a "saúde" e as "doenças" das pessoas presas.

Nos últimos quatro meses de pandemia, começou uma nova fase desse outro massacre nas prisões brasileiras e de outros países marcados por processos coloniais. Arquipélago de instituições onde "o colapso é o ponto de partida". Momento novo — e talvez menos excepcional do que se deseja — que, no entanto, serve para pensar esse campo de batalhas numa escala temporal mais ampla e como uma guerra em que a verdade sobre a materialidade carcerária é um foco central de luta. Momento que impele a pensar na maneira como a verdade sobre a "saúde" e as "doenças" é *feita* num jogo desigual e dramático de forças e perspectivas entre, de um lado, pessoas presas e seus familiares — sobreviventes da escravidão e do genocídio negro e indígena — e, de outro, a gestão carcerária-militar — comandada, no Amazonas, por uma instituição que narra com orgulho sua origem como Guarda Policial, criada em 1837 para massacrar a Cabanagem.

Saúde e segurança

Em 28 de janeiro deste ano, a Secretaria de Estado de Administração Penitenciária do Amazonas (SEAP) publica, em uma de suas páginas de rede social, mais uma "prestação de contas". A imagem mostra um espaço limpo e organizado, com quatro homens presos algemados com as mãos para trás, vestidos com camisetas limpas e brancas e sentados em mesas de plástico brancas diante de quatro agentes de saúde com jalecos, máscaras de proteção e toucas igualmente brancas. O texto dentro da imagem anuncia um aumento de atendimentos de saúde dentro de unidades prisionais; o texto fora da imagem informa 217.241 atendimentos para um conjunto aproximado de 7.500 pessoas presas. No mesmo dia noticiam "palestras sobre hanseníase"; em fevereiro, um "mutirão de saúde" na maior unidade da capital.

Em 13 de março, antes mesmo dos primeiros decretos estaduais de prevenção ao novo vírus, a SEAP relata aos seus quase 10 mil seguidores a participação numa reunião com o Departamento Penitenciário Nacional sobre "medidas de prevenção", "levando em consideração que a grande concentração de pessoas nos ambientes prisionais propicia maior vulnerabilidade ao contágio". No mesmo dia, informa a suspensão de visitas de familiares. No dia seguinte, inicia uma sequência de postagens de fotos e textos sobre suas ações. Todo um cuidado com a "saúde" de "apenados" e "servidores" aparece em fotos e textos: "orientações" sobre o novo vírus e recebimento e distribuição de EPI e materiais hospitalares, de limpeza e higiene; higienização de pavilhões e celas e a reforma de uma enfermaria e um pavilhão; manutenção do banho de sol ("vital para a saúde humana"), distribuição e injeção de vitaminas e vacinação para H1N1; uma "busca ativa" de pessoas com tuberculose e sintomas de Covid-19, a separação de pessoas em "grupo de risco" e quarentena para "todos que entrarem". Publicam cenas de confecção de máscaras (e de cursos para aprender a fazê-las), parcerias para produção de álcool 70% e a entrega de respiradores mecânicos consertados. Informam o início de "televisitas" e do "vídeo parlatório", pelos quais as pessoas presas podem falar com familiares e advogadas, além da retomada de audiências judiciais por videoconferência. Publicam, ainda, foto de um juiz e dois defensores durante uma inspeção: "sempre de portas abertas".

As postagens mostram espaços limpos e reformados, povoados por "servidores" atenciosos e por pessoas presas vestidas com roupas limpas, corpos saudáveis sem rostos e com braços quase sempre algemados ou trabalhando. Os textos falam em "atendimento", "humanização", "ressocialização", "direitos" e "saúde".

No dia 22 de abril, a SEAP informa "o primeiro caso de Covid-19 no sistema prisional", testado enquanto o preso estava internado num hospital por complicações numa cirurgia. Em 1° de maio, aparece, enfim, o primeiro caso de Covid-19 dentro de uma penitenciária, em Parintins. No dia 5, mais sete casos no mesmo lugar; dia 6, um caso em Tefé; dia 7, um em Itacoatiara e, no dia 8, oito casos em Tabatinga — todos municípios do interior do estado. Dia 13, é comunicada a primeira e única morte atribuída à Covid-19 durante toda a pandemia, em Tabatinga. Dia 15, mais um caso no interior, agora em Coari. E acabou.

Além das postagens nas redes sociais, ainda em março, a SEAP começa a enviar relatórios à Secretaria de Saúde e órgãos da justiça estatal. Documentos bem elaborados, com mais de trinta páginas e um conjunto exaustivo de medidas sanitárias para "prevenir" o contágio dentro de prisões, incluindo mais e mais fotos e, ainda, tabelas com a quantidade de pessoas presas em "grupo de risco", de casos confirmados de Covid-19 e de "custodiados" que ganharam liberdade. A nova doença e seu perigo não são negados. Ao contrário, a "saúde" das pessoas presas é objeto de uma gestão atenta às normas sanitárias. Um cuidado sem lacunas, no interior de um espaço higiênico onde nunca falta nada.

No último relatório, relativo às atividades realizadas até 3 de julho, a tabela de casos confirmados demonstra o bom resultado: com quase três meses de "medidas de prevenção", quando o Amazonas começava a deixar a lista dos piores lugares do mundo para viver na pandemia, apenas 100 casos confirmados da nova doença e somente um — aquele hospitalizado — nas sete unidades da capital, onde estão presas cerca de 5 mil pessoas.

No mesmo período pandêmico, na mesma rede social, a SEAP "prestou contas" de ações de uma outra natureza. Em 7 de abril, postou a "descoberta" de um túnel do lado externo da Unidade Penitenciária do Puraquequara (UPP). No dia 8, relatou, com foto de dezenas de presos desnudos enfileirados e acantonados, uma "revista geral" realizada por "100 homens" encapuzados e armados. No dia 17, outra "descoberta" de túnel, dentro de outra unidade; no dia 26, a "interceptação" de um arremesso de celulares na mesma UPP; dia 27, a retomada de "patrulhamento do entorno das unidades prisionais". Em 2 de maio, aparecem postagens sobre "lei e ordem reestabelecidas" após uma rebelião na UPP, encerrada com a ação do Grupo de Intervenção Penitenciária (GIP), criado no ano passado e formado por PMs. No dia 18, mais uma "descoberta" de túnel, dentro de outra unidade; no dia 20, fotos da retomada de treinamento do GIP. No dia 31, é a vez de um "curso de condutores de cães em ambiente prisional"; e em 11 e 19 de junho, outras "interceptações" de "arremessos" de celulares e "produtos ilegais".

De maneira mais convincente que a administração penitenciária federal — bem analisada em outros artigos recentes — e de maneira muito mais frequente do que nos meses anteriores, a SEAP procura demonstrar que, além de eficiente na gestão da "saúde", sua atuação na "segurança" carcerária é absolutamente intransigente. E quando, no dia 22 de junho, a postagem comemora uma moção de parabenização da Assembleia Legislativa do Estado do Amazonas, a imagem mostra em primeiro plano, numa montagem, a foto de um homem vestindo capacete, balaclava e colete à prova de balas, segurando uma espingarda *Pump* calibre 12 e olhando na direção da segunda foto, uma vista aérea de uma das penitenciárias da capital.

SOCORRO!

"Tem irmão morrendo aqui dentro!". É o que diz um preso num vídeo de um minuto e meio gravado dentro da UPP em 2 de maio, durante uma revolta coletiva. "E olha só a condição desumana que a gente tá passando". As imagens mostram primeiro o teto do corredor de um pavilhão sem fiação elétrica e com buracos no lugar onde deveriam estar ventiladores. "O auxílio não vem auxiliar nós, entendeu? Ninguém desce pra porra nenhuma! A choque entra esculachando a parada e a gente vive nessa condição aí ó". E a filmagem continua dentro de uma cela por alguns segundos: paredes esburacadas, mofadas, se desfazendo. O vídeo volta para o corredor, onde está uma multidão de presos, enquanto o narrador pede a saída do secretário.

Do lado de fora, uma multidão de mulheres aflitas descobre que seus parentes estavam há dias — provavelmente desde o "arremesso de celulares" do dia 26 de abril — trancados nas celas, sem banho de sol, sem limpeza e passando fome e sede. Desde o começo da pandemia, algumas delas já haviam visto seus parentes pela tela do celular, por um ou dois minutos, mas em ligações sempre interrompidas diante do menor sinal de fumaça. Antes disso, desde julho de 2019, algumas já haviam peregrinado por todas as instâncias públicas possíveis de denúncia, relatando os "castigos coletivos" narrados por presos e egressos. Em 9 de janeiro, protocolaram um ofício na Defensoria Geral, na Procuradoria Geral do Estado e na Presidência do Tribunal de Justiça do Amazonas: "corte de energia e água", retirada de ventiladores e colchões, "tortura física", "violências psicológicas", "revistas violentas mesmo os internos não oferecendo nenhuma resistência". Isso tudo e mais o ordinário: que há "escassez de remédios e falta de atendimento médico", que "dificilmente recebem produtos de higiene", que não há água "em temperatura adequada para sua ingestão" ou "em tempo razoavelmente suficiente para as atividades de higiene e limpeza".

Após a revolta de 2 de maio, encerrada sem qualquer negociação e com a invasão do GIP, somente dezesseis presos foram levados à enfermaria. Desses apenas um não foi identificado como refém. Ninguém foi encaminhado para exame de corpo de delito. Na versão da SEAP, os próprios presos destruíram a cadeia, incluindo bebedouros, e queriam apenas fugir por mais um túnel descoberto. Ao longo da semana, o Coletivo de Familiares e Amigos de Presos e Presas do Amazonas recebeu muitos relatos de presos internados em hospitais. E em dois meses, outros tantos relatos de violência durante a "contenção" da revolta, incluindo tiros de bala de borracha no rosto.

No fim de maio, o mesmo coletivo recebeu uma carta escrita por um preso da capital: "Em nome de todos os irmãos que se encontram doentes e estão no grupo de risco. (...) Irmãos com tuberculose escarrando sangue, aidéticos, doentes cardíacos, [h]ipertensos, diabéticos [,] todos juntos em cada cela com 30 ou mais internos". O texto relata a falta de medicamentos e que "quando um de nós está com pressão alta e desmaiando o remédio que nos é dado pelas [nome de médicas] é Lavozine e Diazepam que são remédios pra dormir. Eles nos deixam 3 dias sem água para beber e para tomar banho[.] Dormimos no chão[,] jogados[,] cheio de baratas, fungos e suor[.] Vários irmãos estão adquirindo doenças de pele por conta disso[.] Não temos nenhuma ventilação, nenhuma iluminação dentro das celas, não recebemos qualquer tipo de higiene[.] Aqui tudo fede a mofo e a azedo (...). Quando subimos para falar com as médicas e as enfermeiras nossas dores, problemas e doenças[,] elas escrevem no nosso prontuário tudo ao contrário do que estamos passando e sentindo[.] Se a pressão tá 17/8 sempre colocam 12/8. Todos veem isso mas quando vamos perguntar elas falam na nossa cara que é ordem da direção, que só cumprem ordens, que não podem fazer nada e se não nos calarmos somos agredidos e torturados pela SEAP e pelo GIP com gás de pimenta, agressão física[,] socos, chute no estômago, bala de borracha e agressões verbais". A carta termina com um pedido de "SOCORRO" — com a tinta da caneta reforçada — e uma demanda por uma fiscalização não restrita aos "amarelinhos" — grupo de presos selecionados para trabalhar que vivem em pavilhão próprio e reformado e com tratamento considerado melhor.

A carta foi encaminhada à órgãos da justiça amazonense. Seriam apenas mais algumas palavras de pessoas presas contra as publicadas pela administração penitenciária, se semanas antes o Mecanismo

Nacional de Prevenção e Combate à Tortura (MNPCT) não tivesse publicado um relatório de 92 páginas sobre as prisões de Manaus, descrevendo, em outra linguagem, exatamente as mesmas condições, expondo fotos de celas sujas, filtros de água quebrados, cozinhas e enfermarias sem condições mínimas de higiene, e corpos marcados por doenças de pele. E tudo isso num contexto em que empresas cogestoras recebem cerca de R$ 5 mil por pessoa presa. "Todas [as unidades] estão orientadas sob uma mesma perspectiva de humilhação, violação de direitos e violência, travestida de 'disciplinamento e segurança'" — diz o relatório, que também mostra fotos de presos segurando cápsulas de balas de borracha.

Vídeo, ofício, carta e relatório fazem ver, juntos, outra realidade das "doenças" e da "saúde". As primeiras são ameaças à vida humana que se proliferam de maneira descontrolada misturadas a um ambiente com seres, cores, cheiros e sabores que provocam abjeção. E são forças com efeitos corporais concretos — sangue escarrado, pressão alta, desmaios, dores. A "saúde", por sua vez, é uma gestão do sofrimento que atua no limiar entre a vida e a morte, "cuida" desse limiar e o faz existir, no limite do insuportável. Indiscernível de uma política violenta de "opressão" e do controle do fluxo de informações, a "saúde" é relação de força em seu estado mais puro — e com aspecto de uma "guerra infraestrutural" necropolítica.

No limite, do limite, do limite

No jogo de verdades com a administração penitenciária, o efeito *jurídico* do relatório do MNPCT foi o mesmo do vídeo da revolta, da carta de um preso e do ofício protocolado pelos familiares: nulo. A "razão humanitária", sustentada no sofrimento dos corpos, por aqui, não causa a mesma comoção que nas velhas metrópoles coloniais.

Por outro lado, a "prestação de contas" da SEAP demonstrou a importância da política penitenciária federal de distribuição de "insumos" e "armamento não letal"; conferiu legitimidade a pareceres do Ministério Público Estadual contrários à soltura de presos em "grupo de risco"; deu razoabilidade para a Fundação de Vigilância em Saúde do Amazonas aplicar testes de Covid-19 somente nas pessoas diagnosticadas como "sintomáticas" pela própria administração na capital — resultando em nenhum caso confirmado publicamente; enfim, sustentou relações de cooperação — em grande parte apenas apalavradas, sem documentação — com a justiça amazonense durante as reuniões do Comitê de acompanhamento das medidas de prevenção ao novo coronavírus nos sistemas carcerário e socioeducativo[1].

Ora, toda essa eficácia ocorre "apesar" dessa administração demorar quase dois meses para entregar uma lista irrisória de pessoas presas com comorbidades; "apesar" de admitir que faltavam medicamentos de uso contínuo somente após muitos meses de pressão do Coletivo de Familiares e Amigos de Presos e Presas do Amazonas; "apesar" de parar de divulgar casos de Covid-19 em suas redes sociais e esparsar o envio de relatórios, levando outros órgãos a publicarem um monitoramento alternativo; "apesar" de demorar mais de um mês para repassar informações sobre a testagem feita; "apesar" de nunca entregar uma lista de pessoas indígenas sob sua custódia no interior do estado; e "apesar" de esperar meses para adotar qualquer medida de prevenção nas penitenciárias e carceragens fora da capital — onde, por iniciativas locais e em meio a revoltas num presídio e numa carceragem, foram feitos alguns poucos testes, chegando a 99 pessoas com a nova doença em 3 de julho, numa população de mais de 2.200 pessoas. Pouco importa.

No mesmo período, através de reportagens na grande mídia, a SEAP divulgou somente duas mortes dentro das unidades da capital. Uma com "causa indeterminada" definida pelo IML em menos de

---

1 Órgão criado em 30 de março pelo Grupo de Permanente de Monitoramento e Fiscalização do Sistema Carcerário do Tribunal de Justiça do Amazonas, conforme a Recomendação nº 62 do Conselho Nacional de Justiça.

24 horas; outra noticiada sem suspeita de causa — com laudo finalizado mais de um mês depois informando "asfixia mista" e, segundo um relato, com o corpo entregue à família já em decomposição. Do ponto de vista da administração e da justiça estatal, duas falhas desimportantes, uma com a saúde e outra com a segurança. Do ponto de vista de familiares, dois exemplos que confirmam que a prisão é a própria causa mortis e que é impossível confiar sequer no registro de óbito.

Através dos corpos vivos de familiares, presos e presas, o que se sente é a intensificação da velha "soberania punitiva" carcerária. Se, no Ceará, um processo muito semelhante deu-se com a nomeação de um policial civil como secretário, no Amazonas, há poucas dúvidas de que um salto foi dado em 2017 com a nova gestão da Polícia Militar. Durante a pandemia, essa administração parece realizar um sonho em que todos os vasos que comunicam o dentro e o fora podem ser controlados em seus menores detalhes. Como disse uma mulher após dois meses sem notícias de seu parente: "a gente já tá no limite, do limite, do limite". Porém, é justamente nesse momento marcado pelo insuportável que, nas margens do campo de batalhas carcerário, nasce e cresce a Frente Estadual pelo Desencarceramento do Amazonas, associada à Agenda Nacional pelo Desencarceramento e formada por coletivos políticos herdeiros da luta contra a escravidão e o genocídio. Um novo movimento popular que impõe uma nova resistência aos herdeiros do poder colonial.

CAUSA MORTIS DETERMINADA: A PRISÃO

Fábio Mallart • Fábio Araújo

Não se deve mais deixar as prisões
em paz, em parte alguma

[**MICHEL FOUCAULT**, EM "DITOS & ESCRITOS IV"]

9 de abril de 2015

UNIDADE PAULO ROBERTO ROCHA
COMPLEXO DE GERICINÓ [RJ]

A Casa de Custódia Paulo Roberto Rocha foi construída para acautelar 750 detentos, porém na data da vistoria a lotação era de 1.389 internos. (...) a Unidade apresenta um aspecto deplorável em suas dependências internas. Sujeira e calor misturam-se ao ambiente, que acumula lixo de todos os tipos, o que acarreta um mau cheiro peculiar e a proliferação de determinados insetos, como baratas, mosquitos, lacraias e percevejos. Não há médicos na unidade, apenas uma enfermeira e duas assistentes que atendem duas vezes por semana. Os presos informaram que a água é aberta 5 vezes ao dia, por cerca de 20 minutos, o que não é suficiente e fica claro quando cada cela possui em média 150 detentos. Um pedido urgente e uníssono dos presos é o da realização de dedetização. Muitos narraram que foi esta situação que originou um surto de sarna no presídio. Pôde-se observar que a maioria dos presidiários estava com feridas de tanto se coçar. Todos os detentos entrevistados reclamaram da falta de material higiênico e de limpeza (...).

9 de junho de 2015

UNIDADE ARY FRANCO

ÁGUA SANTA [RJ]

A área destinada à custódia dos presos é bastante claustrofóbica em razão da inclinação do relevo e falta de planejamento, o que dá a sensação de localizar-se no subterrâneo. A direção da unidade prisional informou que a capacidade total do estabelecimento é de 968 presos, no entanto, havia 2.063 internos na unidade na data da vistoria. O acesso às galerias é feito através de escadas. As paredes, teto e chão, na medida em que se caminha em direção às celas vão ganhando um aspecto cada vez mais imundo com infiltrações, vazamentos, insetos, sujeira e teias de aranha. O estado geral das celas está distante de qualquer determinação da LEP ou de tratados internacionais. O acúmulo de lixo e muitas infiltrações tornam o ambiente além de sujo, muito úmido, o que é agravado pela superlotação. Os presos informaram que não passa água corrente pelo "boi" [banheiro] e que por isso a maior parte está entupida (...). É evidente que isso aumenta a insalubridade, proliferação de insetos, infecção e contágio — que se agravam pela não distribuição de material de limpeza já relatado. O ambiente sujo e úmido das celas colabora muito para a proliferação de doenças, especialmente respiratórias como a tuberculose.

Os fragmentos das páginas anteriores, retirados de relatórios produzidos pela Defensoria Pública do Rio de Janeiro, no âmbito de seu programa de monitoramento do sistema penitenciário, não refletem o que se passa somente nas cadeias supracitadas. Pelo contrário, espelham a dinâmica de funcionamento da realidade prisional brasileira, podendo ser transpostos para grande parte dos cárceres do país. Se de uma perspectiva sincrônica tais excertos ressoam em todos os estados da federação, ao posicioná-los na linha do tempo nota-se que antes e depois de 2015 os traços abomináveis que os caracterizam são contínuos.

Em 2011, o Subcomitê de Prevenção da Tortura das Nações Unidas, ao adentrar nas dependências do Presídio Ary Franco, já sublinhara que as celas eram escuras, sujas e infestadas de baratas e outros insetos. À época, o sistema de esgoto dos pisos superiores vazava pelo teto e pelas paredes, afetando as celas inferiores. Na "cadeia subterrânea", na qual, em 2015, a defensoria observou que o ambiente superlotado, sujo e úmido facilitava a proliferação de doenças respiratórias como a tuberculose, em 2011, tal como constatado pelo subcomitê, os presos sofriam com doenças de pele e do estômago. Recentemente, em março de 2020, em pleno cenário de disseminação da Covid-19, o presídio possuía 17 casos suspeitos de sarampo, doença com elevado potencial de transmissibilidade, ainda mais em espaços de aglomeração e de pouca ventilação como as prisões.

No caso da unidade Paulo Roberto Rocha, em que a acumulação de lixo acarretava o mau cheiro, assim como a multiplicação de baratas, lacraias e percevejos, à época da inspeção dos defensores, os presos já enfrentavam um surto de sarna, materializado nas feridas espalhadas em seus corpos — e isso, em meio à superlotação e ao racionamento de água. Ao passo que as prisões, ano após ano, permanecem inabitáveis, as doenças ganham força, se misturam, cedem espaço para outras enfermidades. Em abril de 2019, os presos da cadeia já não sofriam mais com a coceira insuportável provocada pela sarna, mas com o temor do adoecimento por meningite meningocócica que, inclusive, provocou ao menos um óbito confirmado, além de contágios suspeitos. Uma vez que, em geral, a transmissão se dá por contato de pessoa a pessoa, através de secreções nasofaringe e contato próximo e prolongado, torna-se evidente que a superlotação em espaços com pouca ventilação é propícia à propagação dessa e de outras doenças. Não é à toa que os casos de tuberculose nos cárceres do país aumentaram significativamente nos últimos anos, chegando à marca de 10.765 em 2018, praticamente o dobro do que fora registrado em 2009 (5.656 casos).

São essas condições infames, inerentes à própria existência das prisões, que fazem com que os cárceres sejam espaços de morte, nos quais se desenrola um massacre lento, progressivo e silencioso. Em São Paulo, apenas para se ter uma ideia do volume de mortes por doenças, em 2014, foram contabilizados 482 óbitos — 450 classificados pela Secretaria de Administração Penitenciária (SAP) como "mortes naturais". Em 2017, de 532 mortos, 484 foram categorizados da mesma forma. Já no Rio de Janeiro, um levantamento feito pela Defensoria Pública demonstrou que, se em 1998, as prisões registraram 26 mortes por doenças, em 2017, o número saltou para 266, aumento de 923%. Dentro desse escopo, vale atentar para um recorte feito pela instituição acerca de 83 mortos entre 2014 e 2015. Conforme a análise dos laudos cadavéricos, 53 faleceram de tuberculose, pneumonias ou complicações decorrentes de infecções pulmonares. Ademais, 30 presos tinham caquexia (grau extremo de emagrecimento) e/ou desnutrição, o que aponta para a produção de um estado gradativo de decomposição — efeito de uma "política do definhamento"[1].

Tal cenário, logicamente, ressoa em todo o país. Entre 2014 e 2017, 6.368 homens e mulheres morreram nas prisões, média superior a quatro mortos por dia. Desses óbitos, 3.670 casos, portanto,

---

[1] Mallart, Fábio. "Findas linhas: circulações e confinamentos pelos subterrâneos de São Paulo". 2019. Tese de Doutorado em Sociologia (Universidade de São Paulo, USP).

57,6%, foram classificados pelas respectivas secretarias estaduais de administração penitenciária como "mortes naturais". Além disso, constata-se que 472 óbitos sequer foram esclarecidos, sendo categorizados como "causa indeterminada".

Diante do atual momento, no qual observa-se a disseminação do novo coronavírus pelos quatro cantos do país, e em que as prisões começam a registrar os primeiros óbitos confirmados — o que não significa que casos anteriores não tenham ocorrido, visto que o manejo dos dados prisionais é sempre nebuloso —, tal massacre tende a ganhar velocidade. Da sarna à tuberculose (que atinge a população carcerária 35 vezes mais do que as pessoas em liberdade), passando pelos surtos de sarampo e casos de meningite meningocócica, os cárceres — imundos, superlotados, com racionamento de água, sem assistência médica e falta de produtos de higiene e limpeza — são ambientes ideais para a propagação da Covid-19. Ademais, soma-se ao vírus novas camadas de opacidade no fluxo dos cadáveres.

Em 20 de março, em pleno contexto de pandemia, Ygor Nogueira do Nascimento partiu do Presídio Ary Franco (Água Santa) em direção à unidade Paulo Roberto Rocha, no complexo de Gericinó. Transferido de uma cadeia com sarampo para uma prisão que, cerca de um ano antes, computou casos de meningite meningocócica, o jovem, de 22 anos de idade e que sequer havia sido julgado, veio a óbito no mesmo dia. O périplo da família apenas começava. A notícia da morte, como se não bastasse, trazia consigo uma série de traços de horror, a começar pelo fato de que os seus familiares não sabiam que Ygor fora transferido — informação obtida pelos parentes somente quando do comunicado do óbito: "Pra mim, ele ainda estava em Água Santa"[2].

---

2 Todas as palavras colocadas entre aspas se referem às narrativas de um parente de Ygor do Nascimento, a quem agradecemos por compartilhar conosco fragmentos de uma história tão dolorosa.

Segundo relatos de familiares de um outro preso, transferido junto com o primeiro, antes mesmo de chegar à nova unidade, Ygor já passava mal, sentindo muita falta de ar. Entre ligações, idas ao complexo e informações desencontradas — "um joga pro bombeiro, o outro joga pro IML [Instituto Médico Legal]" — a dor da morte, pouco a pouco, se somou à angústia por não conseguir retirar o cadáver do presídio. "Aí, na segunda-feira [mais de 48 horas após a morte] voltei lá de novo; aí fiz cartaz pra uma reportagem da Record, saiu notícia no Extra, na UOL, saiu notícia em vários lugares... e nada. Eu falei: Jesus, o que é que vou fazer agora, que eu não consigo tirar o Ygor?". Ressalta-se, ainda, que juntamente com a impossibilidade de enterrar o corpo — que continuava preso mesmo depois de morto —, confluiu a desinformação sobre a causa do óbito. "Quando eu liguei pra lá perguntando qual a causa da morte, eles disseram: é indefinida". Apenas em 25 de março, mais de 96 horas depois da morte, Ygor Nogueira do Nascimento foi sepultado. A certidão de óbito, além de reafirmar o processo de obscuridade do falecimento (CAUSA INDETERMINADA), materializa, através da escrita do Estado, o que significa uma vida considerada sem valor (CPF: SEM INFORMAÇÃO; COR: PARDA; ELEITOR: NÃO; OBSERVAÇÕES/ANOTAÇÕES A ACRESCER: NÃO DEIXOU FILHOS, NÃO DEIXOU BENS, NÃO DEIXOU TESTAMENTO).

Ao que tudo indica, a demora para a liberação e o sepultamento de Ygor reverbera as recentes mudanças adotadas no fluxo dos mortos. No dia 26 do mesmo mês, portanto, poucos dias após a morte do jovem, devido à resolução conjunta nº 10 entre Secretaria de Estado de Polícia Civil (SEPOL) e Secretaria de Estado de Administração Penitenciária (SEAP), o Instituto Médico Legal (IML) do Rio de Janeiro suspendeu as autópsias em presos vítimas de "morte natural", realizadas em todos os mortos sob a custódia do Estado antes da pandemia. Salvo em casos de morte por causa externa (por exemplo, homicídio) ou causa suspeita, são os médicos da SEAP que devem atestar mortes por "causas naturais", sendo que os corpos, já com as declarações de óbito, são enviados ao IML somente para a retirada de familiares. No caso em tela, todo o processo nefasto que o caracteriza sugere alguns contornos do novo fluxo, antes mesmo da regulamentação, bem como um impasse entre diferentes instâncias estatais. Não é por acaso que, por meio de nota, a Polícia Civil dissera que "em caráter de excepcionalidade, até a publicação da resolução, o IML atestou a morte de Ygor Nogueira do Nascimento no próprio hospital penitenciário e o corpo foi encaminhado ao Instituto para ser liberado para os familiares". De fato, trata-se de um entremeio: nem o antigo procedimento, nem o novo propriamente dito, mas a emergência da resolução "na ponta" — junto à pandemia, aos mortos e aos impasses administrativos.

Como bem notam os membros do Mecanismo Estadual de Prevenção e Combate à Tortura (MEPCT/RJ), a publicação da nova resolução, que discorre sobre a competência da definição da causa mortis, tende a aprofundar algo que já se passa no sistema prisional fluminense, a saber, as subnotificações e o encobrimento da causa das mortes. Acrescenta-se a isso a portaria firmada, em 30 de março, entre o Conselho Nacional de Justiça (CNJ) e o Ministério da Saúde (MS), que instituiu novos padrões para sepultamento e cremação de corpos. Esse documento, voltado aos mortos com ausência de familiares ou de pessoas conhecidas ou em razão de exigência de saúde pública, autoriza o enterro ou a cremação sem o registro civil de óbito, requerendo só a declaração de óbito, que deve ser arquivada no equipamento de saúde junto com o prontuário e eventuais documentos. No que tange ao sistema carcerário, os integrantes do MEPCT/RJ, visto que as pessoas confinadas atrás das grades são mais vulneráveis a serem desaparecidas, sobretudo quando se observa que as prisões estão em um regime de isolamento ainda mais severo, destacam que a referida portaria poderá tornar ainda mais difícil a identificação dos corpos no sistema.

Diante da emergência sanitária que se instalou em decorrência da pandemia, a principal medida preventiva a ser adotada em relação aos cárceres seria uma política massiva de desencarceramento. Ao invés disso, observa-se o aproveitamento da situação para aprofundar as políticas e medidas punitivistas, que intensificam aquilo que já é uma marca do sistema carcerário brasileiro — a ilegibilidade —, através de um processo sistemático de produção de desinformação e de ampliação das tecnologias de morte. O exemplo mais recente é a recomendação encaminhada ao Conselho Nacional de Política Criminal e Penitenciária solicitando afrouxar as restrições ao uso de contêineres para o alocamento de pessoas presas doentes. A prática do uso de contêineres no país não é nova. Já foi adotada, dentre outros lugares, no Pará e no Espírito Santo, esse último denunciado na Organização das Nações Unidas (ONU), em 2010, em razão dos graves problemas carcerários — presos trancados em estruturas de ferro, altas temperaturas, ocorrência de esquartejamentos e denúncias de tortura. Não bastasse as atuais condições degradantes de confinamento, busca-se flexibilizar a legislação no que concerne à arquitetura penal, de modo a degradar ainda mais a situação já abjeta.

Privação alimentar; racionamento de água ou provimento de água podre; bloqueio da comunicação entre presos e familiares, e entre os presos e as instituições fiscalizadoras dos cárceres; falta de medicamentos ou excesso de substâncias psiquiátricas, mobilizadas como instrumento de tortura; exposição a doenças infectocontagiosas; desaparecimento de presos. Tudo isso é parte de uma racionalidade governamental que opera a partir de uma política da aniquilação e do sofrimento, que distingue aqueles que merecem daqueles que não merecem viver — distribuindo a tortura e a morte de modo diferencial.

Seja do prisma da produção de novas mortes pelo coronavírus — fomentado pelas condições abomináveis do confinamento, — seja em virtude das mudanças nebulosas no fluxo dos mortos, o Estado acelera a fabricação de cadáveres e propulsiona os números de futuros desaparecidos. O registro que emerge nos atestados de óbito como causa mortis indeterminada, tem a sua determinação na prisão e nos agenciamentos que ela produz de forma articulada a outros dispositivos, tais como o sistema de justiça, o aparato policial e o sistema de saúde. A causa mortis, portanto, é determinada. Quem matou Ygor Nogueira do Nascimento foi a prisão.

A PRODUÇÃO DA CALAMIDADE

UM BALANÇO DAS PRISÕES FLUMINENSES EM 2020

Fábio Araújo • Fábio Mallart
Fábio Candotti • Rafael Godoi

A entrevista a seguir foi realizada com integrantes do Mecanismo Estadual de Prevenção e Combate à Tortura do Rio de Janeiro (MEPCT/RJ), órgão ligado ao poder legislativo estadual que monitora espaços de reclusão com o objetivo de prevenir torturas e outros tratamentos cruéis, desumanos e degradantes. Em maio do ano passado, o MEPCT já havia concedido uma primeira entrevista a alguns de nós. No decorrer de 2020, seus seis membros se dedicaram a levantar e divulgar informações sobre a evolução da pandemia da Covid-19 nas prisões fluminenses. Parte dos resultados foi sistematizada no relatório "Aglomeração legal e morte indeterminada". Com o intuito de refletir sobre esse documento, que consiste em um balanço do que foi o ano de 2020 para presos e presas, entrevistamos dois de seus membros, Natália Damázio e João Marcelo Dias.

Esse balanço, que esmiuçamos ao longo da entrevista, oferece um panorama de como as vidas encarceradas estão sendo afetadas não só pela circulação do vírus — que é fomentado pelas próprias condições precárias das prisões —, mas, principalmente, pela maneira como autoridades judiciárias, penitenciárias e sanitárias têm gerido o cotidiano prisional. Uma vez que a pandemia escancarou as iniquidades em saúde, decorrentes de desigualdades sociais e ambientais que afetam diferencialmente certos grupos e territórios, constata-se que a população carcerária está ainda mais exposta aos processos de adoecimento e morte.

Nas linhas que seguem, os peritos do Mecanismo abordam diversos temas: os modos de atuação e as responsabilidades da administração penitenciária e do sistema de justiça criminal na produção da calamidade, principalmente quanto ao acesso à saúde; a nova situação de incomunicabilidade das pessoas presas; a restrição de informações aos familiares e aos órgãos fiscalizatórios; a privação alimentar e a falta de água potável; a suspensão dos tratamentos de enfermidades como HIV/aids e tuberculose; a presença de mortes por "causa indeterminada"; os cadáveres desnutridos e desidratados; o processo nebuloso de produção dos registros de óbitos por Covid-19, entre outros assuntos, os quais evidenciam que a gestão estatal pode ser ainda mais letal do que o próprio vírus.

Ao tratar de cada um desses aspectos, o que ganha forma é a descrição de deslocamentos recentes, concretos e materiais nos modos operatórios do poder de punir, assentados em uma tortura difusa e continuada, bem como em uma política do definhamento, que segue em pleno funcionamento nas prisões do Rio de Janeiro, assim como nos outros estados da federação. Essas políticas de morte — as quais manifestam uma lógica governamental, uma racionalidade política — resultam em um volumoso número de óbitos. Mortes que seriam evitáveis, se a principal medida preconizada para proteger as pessoas privadas de liberdade fosse adotada com rigor: o desencarceramento em massa.

Quando se observa que nas prisões as medidas de isolamento para conter a propagação do vírus se convertem em confinamento no castigo, ou mesmo quando se sabe que presos e presas, por mais que estejam enfermos, evitam se deslocar ao único pronto-socorro do sistema, já que "quem vai raramente volta vivo", o que emerge é a total incompatibilidade entre saúde e prisão. Em espaços que servem à aniquilação da vida, falar em saúde passa, forçosamente, por questionar a própria existência das prisões.

O Mecanismo acaba de publicar o relatório temático "Aglomeração legal, morte indeterminada". Como está estruturado o relatório e quais as principais questões e diagnósticos que ele apresenta sobre a situação da pandemia nas prisões do Rio de Janeiro?

O principal foco do relatório, e por isso o título, é justamente mostrar como a superlotação e o descumprimento da recomendação de desencarceramento para lidar com a pandemia em espaços de privação de liberdade são responsáveis pelo atual estado de contaminação e mortes no sistema. Lidar com a pandemia em prisões, de modo a conter os riscos, dependia — e depende — de uma ação integrada do sistema de justiça, da administração penitenciária e da saúde, a nível estadual, municipal e federal. O relatório aponta que o esvaziamento das prisões não ocorreu de forma satisfatória. A saúde, que já estava em colapso, também não foi levada aos presídios, gerando mortes evitáveis que, por sua vez, também não foram averiguadas de modo adequado. Uma das unidades com maior número de mortos, o [Instituto Penal] Cândido Mendes — que abriga idosos —, foi alvo de *habeas corpus* anteriores às mortes começarem a ocorrer. Esses *habeas corpus* não foram concedidos. Logo no início, nos deparamos com o primeiro caso de óbito por Covid-19 no sistema prisional. Se as recomendações de prisão domiciliar para os grupos de risco e o esvaziamento das prisões — tal como preconiza a Recomendação 62 do Conselho Nacional de Justiça (CNJ) — tivessem sido cumpridas, muitos óbitos poderiam ter sido evitados. No fim das contas, a única medida adotada pelo Estado foi colocar as unidades em regime de incomunicabilidade.

Que tipo de desafio a restrição de acesso às prisões, decorrente das medidas de enfrentamento à pandemia, impôs ao trabalho de fiscalização das violações de direitos de presos e presas?

O Mecanismo tem como a sua função o monitoramento de espaços de privação de liberdade, o que depende de visitas *in loco*. É o nosso principal método de trabalho para a detecção de violações. Com a chegada da Covid-19, passamos a ter que nos adaptar ao cenário: as visitas precisavam passar por ajustes de garantia de biossegurança e, para isso, teriam que ser temporariamente interrompidas. Criamos uma série de metodologias de monitoramento à distância para suprir, mesmo que parcialmente, a lacuna das visitas. Realizamos pedidos de informação à [Secretaria de Administração Penitenciária] SEAP, de modo permanente, buscando informações, dados e documentos. Nos momentos iniciais, que eram cruciais, nos deparamos com uma SEAP que simplesmente não possuía a transparência como norte do serviço público. Somado a isso, as unidades estavam impedidas de receber visitação e sem método alternativo de comunicação entre familiares e presos. Os familiares são para nós as principais fontes, para além de nossas próprias visitas, para conseguir detectar violações, mas durante esse período o regime de incomunicabilidade estava posto, então, o que recebíamos com mais frequência era, justamente, pedidos de informação. Foi somente por instituições parceiras que conseguimos documentações parciais sobre o que estava ocorrendo. Além disso, as denúncias que chegavam precisavam passar por um processo de análise de segurança, pois não havia quem pudesse ir *in loco* para ver as possíveis retaliações que, porventura, sofressem os denunciantes. A falta de transparência e a incomunicabilidade fizeram com que o trabalho nos primeiros meses consistisse em conseguir alcançar essas informações para não atuarmos completamente vendados. Mesmo tendo criado metodologias que nos permitam hoje saber o que ocorre nas unidades prisionais do Rio de Janeiro, sabemos também que a subnotificação de casos é uma realidade concreta.

Que avaliação vocês fazem da atuação da Secretaria de Administração Penitenciária em termos de gestão da pandemia?

É importante enfatizar que não é possível lidar com uma pandemia em um sistema prisional superlotado e com condições absolutamente insalubres. A SEAP, com o objetivo de aliviar o sistema, tomou uma medida fundamental no início, que foi o pedido de prisão domiciliar para presos e presas com benefício extramuros. No mais, o que efetivamente foi construído foi a incomunicabilidade e o fechamento das unidades. A situação da água, que é racionada, e da alimentação, que é de péssima qualidade, seguiu a mesma ou se deteriorou ainda mais durante a pandemia. Então, não havia como cumprir nenhuma das medidas de prevenção que a própria SEAP propôs. A proposta de um hospital de campanha, que virou um hospital de baixíssima complexidade que nunca foi aberto, é o exemplo de como foi projetada a atenção aos presos. No campo da saúde, a desarticulação entre os atores [SEAP, Secretarias estaduais e municipais de saúde e outros órgãos] é perceptível há anos no Rio. Basta ver a dificuldade histórica de implementação da PNAISP [Política Nacional de Atenção Integral à Saúde das Pessoas Privadas de Liberdade no Sistema Prisional]. A SEAP, mesmo sabendo da inexistência efetiva de atenção intramuros, segue resistindo a regular ou a levar os presos para atendimento na rede externa de saúde, fazendo com que esse gargalo sequer possa ser mitigado. Sem testes e sem a rede externa, ela seguia afirmando que estava tudo bem, enquanto nós seguíamos vendo unidades apresentando óbitos completamente evitáveis e uma equipe volante com apenas oito médicos para uma média que oscilou entre 53 mil e 45 mil presos. A incomunicabilidade e a falta de informação aos familiares é outro fator que merece nota. Entendemos a necessidade inicial de interrupção de visitas para impedir um aumento da curva intramuros, mas não poderia ter se tornado o que se tornou: familiares e presos sem nenhuma notícia sobre o que ocorria. Estipulou-se como solução uma grave violação de direitos humanos, que é equiparada a tratamento desumano, degradante e cruel.

E em relação ao sistema de justiça?

O sistema de justiça tomou medidas que refletem a sua parcela de responsabilidade pela situação do sistema de privação de liberdade. Enquanto negava de modo massivo os *habeas corpus* coletivos e não concedia de modo minimamente célere as PAD [Prisão Albergue Domiciliar] de pessoas que perceptivelmente morreriam no sistema se seguissem presas, negava de forma igualmente categórica qualquer acesso à saúde por meio dos pedidos realizados em Ações Civis Públicas, que buscavam uma reestruturação mínima da atenção em saúde, que há anos está em colapso. Como mostramos no relatório, o grande número de mortos do período era de presos de grupo de risco, de pacientes crônicos sem acesso a tratamento, ou com coinfecções diversas. Os *habeas corpus* poderiam ter soltado quase a totalidade dos presos e presas que vieram a óbito este ano. Mas o judiciário autorizou que a saúde seguisse em colapso interno, não permitiu que as pessoas pudessem sair e, assim, não reduziu a superlotação, que inevitavelmente fomenta doenças infectocontagiosas. Ou seja, é dele grande parte da responsabilidade pela aglomeração nos presídios, mesmo sendo o único ator que efetivamente poderia mudar esse cenário.

Que dados e análises o relatório apresenta sobre os casos de Covid-19 e óbitos no sistema prisional fluminense?

O relatório possui dois tipos de dados: uma parte quantitativa e uma outra qualitativa. Na análise quantitativa e qualitativa que fizemos, abarcamos o período até 30 de novembro de 2020. Mas entendemos que é importante publicizar o número mais recente também, mesmo que seja sem análises mais aprofundadas sobre os casos. Estes números absolutos até 20 de dezembro de 2020 estão na introdução. São 352 casos confirmados de Covid-19 desde o início da pandemia, mesmo que somente 1.573 testes tenham sido aplicados; sejam testes rápidos ou PCR, o que demonstra o baixíssimo índice de testagem (3,4% da população prisional atual). O total de óbitos até o fim do relatório, por quaisquer causas, foram 167. Até novembro, período que analisamos qualitativamente os dados, tínhamos 147 mortes durante a pandemia; 26,6% desses mortos possuíam desidratação, emagrecimento ou caquexia. O racismo também é parte desse cenário, no qual 52,3% eram negros, devendo ser reforçado que a subnotificação aqui também é presente, pois o critério foi a heteroidentificação racial pelo médico que realizava a declaração de óbito. Ademais, 38,5% dos presos apresentaram Síndrome Respiratória Aguda Grave (SRAG) como sintoma ou causa da morte; 23 mortos estavam com Covid-19, o que certamente também é subnotificado, pois no início da pandemia os testes não eram realizados nos que faleciam. Em 15,6% dos presos falecidos a causa mortis não foi identificada; 6,4% já chegaram cadáver ao atendimento médico, ou seja, também tiveram o motivo do óbito como indeterminado, totalizando 22%, sendo igualmente a maioria negra (52,4%). Além disso, 81,3% das unidades tiveram mortes por quaisquer causas no estado; 59% tiveram óbitos confirmados por Covid e 38,5% por SRAG.

No início da pandemia havia um prognóstico de que ocorreria uma catástrofe no sistema prisional. Como vocês avaliam o que se passou?

Acho que a gente projetou um pouco errado qual seria a catástrofe. A gente imaginou que seria um volume absurdo de mortes por Covid. Houve um volume, mas, analisando os Boletins de Atendimento Médico (BAMs), o maior volume que encontramos, mesmo tendo muitas mortes por SRAG, são de outros agravos que correm paralelamente no sistema e que não foram tratados durante a pandemia. Por exemplo, você tem muitas pessoas que convivem com HIV/Aids tendo infecções; tem casos de tuberculose e toxoplasmose; tem muita gente com emagrecimento ou caquexia. Então, você na verdade interrompe tudo, com medo da Covid, e acaba que as pessoas começam a morrer em grande volume pelas causas secundárias que já estavam presentes. É um número razoável, sem sombra de dúvidas. E, além disso, a SEAP não faz a contagem como deveria. Pouquíssima gente foi testada, mas apesar da pouca testagem havia um número de casos proporcionalmente alto, porque foram 352 casos positivos. Isso considerando que nós não temos acesso a todas as testagens. A gente consegue acessar as testagens do Pronto-Socorro Geral Hamilton Agostinho (PSGHA), que é a UPA do [Complexo de] Gericinó, mas a gente não consegue, por exemplo, dados sobre as testagens rápidas pela SEAP, só dados parciais. Nós até fizemos uma visita na unidade que funciona como porta de entrada, lá eles aplicam teste rápido, mas não fazem censo. Então, ninguém sabe quantas pessoas foram positivas. Mas em termos oficiais de óbitos por Covid temos 23 casos, todavia, com um índice alto de mortes gerais no sistema prisional. Uma média de um preso morrendo a cada 45 horas, desde o começo da pandemia.

Em 2020 os óbitos aumentaram em relação aos anos anteriores ou mantiveram a proporção?

Depende do ano, porque nós temos uma oscilação. Em 2016 e 2017, o número de mortes foi muito alto, são mais de 500 pessoas nos dois anos. E aí, em 2018, começa uma queda. Em 2019, sobe novamente, mas não é uma subida homogênea, mês a mês. Há meses com significativa baixa. Mas temos percebido também que muitos óbitos estão sendo lançados muito depois. A gente viu um caso, por exemplo, de um óbito que ocorreu em junho e só meses depois entrou no [Sistema de Identificação Penitenciária] Sipen.

Considerando a pandemia, o que é possível perceber em relação às circunstâncias dessas mortes nas prisões?

Teve um *boom* muito grande de mortes em março, abril e maio, depois deu uma arrefecida. Aí, em junho e julho, mas principalmente em outubro e novembro deu um salto de novo. Muitas mortes de pessoas que convivem com HIV. Isso é muito marcado! Um número também que vai quase na casa de 50% de pessoas que apresentaram algum sintoma respiratório, não necessariamente Covid, mas tuberculose e asma, que agravaram. O que mais chamou a nossa atenção foi a quantidade de pessoas desnutridas, emagrecidas ou desidratadas.

Quais os fatores que explicam essa situação?

São vários fatores que podem ter influenciado. Um, com certeza, é a redução da entrada de mantimentos pela suspensão de visitas, especialmente da custódia de familiares que são grupo de risco. Isso deixa as pessoas mais reféns da alimentação da SEAP. Houve também uma piora na alimentação, que já era ruim. A gente conseguiu identificar uma piora tanto a partir das direções das unidades quanto de presos, informando que houve um período que a comida vinha muito ruim. Essa piora, eu não sei se foi uma piora mesmo ou se foi uma piora sentida porque não havia mais a alimentação vinda dos familiares nos dias de visita, só as custódias que também eram feitas menos vezes por semana. Custódia são os itens de alimentação, vestuário e higiene que os familiares podem levar, que não tem conexão com visitar ou não visitar.

Uma ressalva: a queda da qualidade alimentar e da quantidade alimentar, ela não começa na pandemia. No [Instituto Penal Santo Expedito] ISE, em 20 de janeiro de 2020, e no [Instituto Penal] Oscar Stevenson, no final de 2019, nós identificamos em ambas as unidades relatos de fome. Inclusive de agente penitenciária falando: "ó, não tá chegando comida suficiente para todo mundo". Isso do ISE foi muito marcante porque uma agente estava muita alterada, muito impactada pelo que estava acontecendo. Ela falou: "olha só, elas estão nervosas assim porque elas estão com muita fome também. E, por exemplo, feijão, a quantidade de feijão que estão mandando não dá para todo mundo em todas as refeições. Precisa ir ora de trás pra frente num corredor e ora de frente pra trás". Então, também não é um problema que começou com a pandemia. Há alguns anos, houve até uma denúncia em Niterói de preso comendo papel, por fome. Acho que isso foi em 2017 ou 2018. Mas isso retorna com muita força de um ano para cá. Há cerca de seis meses, no começo da pandemia, estava tendo uma questão quantitativa de alimentação mesmo. Não estava chegando o suficiente para todo mundo comer. Mas isso conseguia ser minimamente compensado com a custódia, complementada pelas comidas que os familiares levam em dia de visita. Soma-se a isso uma coisa de 2018, que vale a pena trazer também, que foi a alteração de uma resolução de SEAP que reduziu muito as possibilidades de custódia. Muito! O volume da custódia caiu muito. É um processo que não tem ligação necessariamente só com a pandemia. Agravado pela restrição da custódia, ele vem aí se formulando há um ano, pelo menos, de forma mais aguda.

Há outras duas coisas que também vale a pena destacar: primeiro, quando a tuberculose não é tratada, é o processo natural da doença que você passe a ter caquexia. Já vínhamos recebendo muitas denúncias, mas o que a gente percebeu quando a gente retorna a visitar é a falta de remédios de tuberculose; é problema de transporte, de testagem, ninguém está chegando no Sanatório Penal. O Sanatório Penal reduziu a equipe técnica para conseguir complementar a equipe de tratamento de Covid, equipe técnica que já era muito pequena. Não estava tendo busca ativa nas unidades. Então, o que se tem é uma piora do tratamento de todas essas doenças, interrupção da entrega de remédio pra HIV/Aids. Há um conjunto de fatores. E, além da interrupção da entrega desses remédios tem um segundo processo que é o de travar a ida de grupos de risco para o atendimento médico. Na verdade, um duplo processo. Quando nós fomos na [Penitenciária] Alfredo Tranjan, que é a unidade de pessoas baleadas aqui do Rio, o diretor na época falou abertamente: "ninguém vai para o atendimento porque eu não posso arriscar entrar a Covid, então, ninguém vai atender nada, lamento!". Então, é isso, estava todo mundo sem tratamento. O segundo ponto é a metodologia de isolamento, como eles estão fazendo o isolamento preventivo. Há unidades, por exemplo, na [Cadeia Pública] Jorge Santana, onde o isolamento é no castigo. Então, os presos não falam se estão com algum sintoma. Por que você vai falar que você está doente se depois do atendimento você vai ficar 15 dias em uma cela que é minúscula e insalubre? Sozinho! Você não vai! Eles não estão tratando o isolamento como algo profilático, eles estão tratando isolamento como castigo.

Esses dois elementos são importantes para entendermos o que aconteceu nas mortes do sistema do Rio de Janeiro. Isso já acontecia antes, isso do preso só pedir atendimento quando realmente está muito mal, porque eles sabem que a UPA, o [Pronto-Socorro Geral Hamilton Agostinho] PSG-HA, é um equipamento insatisfatório, que na maioria das vezes não resolve nada e a ida para lá ainda inclui o transporte no carro do [Serviço de Operações Especiais] SOE. Então, tinha muita gente que já evitava por conta disso; aí você coloca em cima disso o isolamento. O cara se sente castigado! E aí, isso também influencia muito na questão a pessoa só chegar no PSG-HA quando está terminal! Porque a maioria das mortes ocorreram lá.

Então, é uma situação que já existia e se agrava com a pandemia.

Não é um problema de agora. A questão é que a maioria dos problemas pode se agravar agora, mas são problemas históricos. Houve uma visita que nós fizemos há 2 anos atrás na [Penitenciária] Talavera Bruce que a gente perguntou para uma presa: "Pô, mas você tá ruim, por que você não vai para a UPA?". E ela respondeu: "Eu não vou pra UPA porque lá todo preso que entra, sai de lá morto! Eu não quero morrer". Então, é isso, há uma percepção de que a UPA é um lugar em que se vai para morrer. Eu estava há pouco tempo revendo o relatório sobre a [Cadeia Pública ISAP] Tiago Teles de 2019, em que a gente fez a mesma pergunta: "Por que você não está procurando atendimento?". E o preso falou: "Porque todo mundo que vai lá pra frente morre!". Então, há essa percepção também de que no processo de qualquer acesso à saúde você vai vir a óbito.

A entrada da pandemia nesse caos que é a saúde da SEAP potencializa algo que a maioria dos órgãos fiscalizatórios já vinha apontando. O mecanismo, inclusive, tem um relatório temático de 2018 sobre saúde em que isso aparecia, que é: o cobertor da saúde é muito curto. Quando você se prepara para a chegada da pandemia e foca esse cobertor curto em conter a Covid, o resto, que já estava por um fio, vai indo... por isso tanta gente com tuberculose morrendo, tanto soropositivo morrendo. Era esse fio que segurava elas vivas, esse fio foi cortado porque agora só ficou focado em não acontecer uma tragédia por Covid, mas ao mesmo tempo acontece uma tragédia por não-Covid. Porque você não tem um equipamento de saúde minimamente adequado. Você mal tem atenção primária à saúde dentro do sistema. É isso, a rede [de saúde] não existe. Os ambulatórios das unidades nem sequer enfermeiros têm; são técnicos e auxiliares que tocam o serviço no geral. Durante a pandemia, as poucas unidades que tinham médicos os perderam para que eles ficassem na equipe volante. Então, assim, você começa a não ter mais o profissional que ia conseguir identificar os casos dentro da unidade. E a pessoa dentro da unidade não vai falar. Há uma confluência de fatores que leva a essa tragédia que aconteceu e seguirá acontecendo se não houver uma mudança considerável na gestão política de encarceramento e de saúde para os que permanecem no sistema.

Por fim, vale uma ressalva em relação à questão da equipe volante. No caso, a equipe é composta por 8 pessoas e todo o sistema prisional no começo da pandemia tinha 53 mil presos. Hoje, está com 45, quase 46 mil, o que ainda é bastante, mas inicialmente havia 53 mil e 8 médicos. E no meio do caminho, inclusive, 3 desses médicos foram afastados porque pegaram Covid. Durante um tempo, houve 5 médicos para todo o Rio de Janeiro na SEAP, sem colocar nesta conta os que estão no PSGHA.

Nos casos de óbitos, tem ocorrido testagem para todos eles? Como está o fluxo em relação aos óbitos ocorridos?

Vai depender de onde eles morrem. Por exemplo: a gente tem muita dificuldade de saber o que acontece na rede externa de saúde porque há um problema no fluxo de comunicação da SEAP com essa rede. Então, eu vou te dar um exemplo de como é feita a notificação de uma pessoa que morre na rede externa. Você vai para o agente do SOE [que está na escolta] lá aguardando. O Hospital não necessariamente manda mensagem para a SEAP. Ele vai fazer o Boletim de Ocorrência e vai mandar. Então, como é que essa informação chega? O agente do SOE vai no Pronto-Socorro, avisa a assistente social, que manda um e-mail para o hospital; o Hospital manda a declaração de óbito, aí o pronto socorro avisa a unidade e a unidade ou manda telegrama ou chama a família. A maioria dos casos que a gente tem acompanhado de notificação familiar está demorando muito; o mais recente que a gente viu, demorou 4 dias para chegar à informação para a família. A presa, era uma mulher, estava morta. Tiveram vários casos de pessoas que ficaram um bom tempo ali na UPA antes de irem para o IML. Mas a rede externa é perda de controle total! Raramente conseguimos acesso ao BAM; a gente só consegue os BAMs dos casos individuais que a gente acompanha. Há um problema sério de notificação do óbito porque muitos deles demoram dois meses, quatro meses, para voltar a informação. Alguns deles estavam na rede externa.

Lendo os boletins da SEAP, a gente vê que eles só reconhecem que duas pessoas morreram na rede de saúde externa ao sistema prisional, no Hospital Pedro II e em Campos.

Um desses casos morreu no Pedro II. Ele morreu 14 dias depois de dar entrada no hospital. Nós analisamos o BAM dele. Não tem como a SEAP dizer se pegou ou não Covid dentro da cadeia. Você não tem essa precisão no exame. Ele foi diagnosticado na rede pública como positivo para Covid alguns dias depois de dar entrada. Era um paciente soropositivo. Ele foi enviado justamente porque tinha um agravamento da situação de saúde... suspeita de tuberculose, de Covid. O fluxo que observamos para rede externa é que o paciente primeiro vai para o PSGHA. Em alguns casos é colocado na área de tuberculose. Aí tem Covid, sai correndo e joga na área de Covid, mas até aí já fez um estrago na área de tuberculose. Retornando ao caso do paciente que morreu no Pedro II, ele entra e morre 14 dias depois. Então, a SEAP joga isso na conta externa meio que sem base nenhuma. O caso de Campos é ainda pior porque depois da morte dele, foi feita uma testagem em massa na unidade e de 183 pessoas, 101 resultaram positivas. Então, o indicativo é que saiu da unidade e não que saiu da rede pública de saúde. Ele só morreu na rede pública.

Com relação à testagem desses óbitos, nós temos um indício muito forte de deficiência de testes disponíveis no início da pandemia e naqueles que já chegam cadáver no PSGHA. Isso fica muito claro porque nós temos acesso às datas das testagens; a data que foi realizada a testagem e a data que chegou o resultado. Dos que morreram, a imensa maioria foi testada na véspera ou dois dias antes de morrer. Isso mostra que as pessoas que não conseguem atingir o PSGHA para tratamento, só estão tendo testes aplicando quando já sabe que o sujeito vai morrer. Isso é um indício forte de pouco teste. Se não você testava todo mundo. Você testar só quem está morrendo não é sequer eficiente para fazer um mapeamento epidemiológico do vírus.

E como estão sendo manejados e geridos os corpos dos mortos? Como é o fluxo de liberação dos corpos e como é feita a comunicação dos óbitos às famílias?

Então, há um morgue no Pronto-Socorro Geral. A gente demorou muito tempo para entender. Nas nossas inspeções, nunca tínhamos visto essa geladeira e estávamos com muito receio de corpos estarem apodrecendo no local. Mas não! Estavam em geladeira. E aí oscila, como tudo no sistema. Cada caso é um caso, cada um com uma forma distinta de mostrar a falta de estruturação de um fluxo organizado. Houve uma resolução, que é a Resolução 10, da Polícia Civil com a SEAP, que proibiu o IML de fazer a declaração de óbito e a necrópsia. Então, no começo tem uma completa falta de fluxo. Houve um dos casos, que era de um jovem que ficou cinco dias no PSG-HA para conseguir descobrir quem era que ia dar a declaração de óbito dele. E nisso, a família desesperada porque quer enterrar. Depois disso, por um tempo, eles regularizaram o fluxo. Mas continua a variar. Há casos que ficam alguns dias dentro do PSG-HA, outros estavam saindo rápido para fazer o exame necropapiloscópico, no IML. E existem corpos que a gente não consegue identificar o padrão, não consegue saber, porque não tem uma lógica, não tem dado entrada no IML. Alguns, no começo, nós achamos que eram da rede externa, mas depois vimos que não eram rede externa somente. Depois a gente achou que era indocumentado, também não era. Então, a gente não consegue estabelecer qual o padrão, porque não estão passando pelo IML. A última vez que a gente checou foi em julho, agora chegou uma nova lista desses dados do IML. Eram pelo menos 6 pessoas que não tinham passado pelo IML e ninguém consegue explicar por que não passaram.

Há casos de pessoas sendo enterradas sem a família ser comunicada?

Que a gente tenha tido notícia, não. Mas também a nossa camada de acesso é bem restrita. Então, não tem como saber. Porque pelo protocolo do IML, considerando a Covid, são poucos dias para guardar o corpo. A gente nunca acompanhou um caso desses, mas eu não teria a menor segurança de afirmar que nenhuma família passou por isso. Porque acho que, com a demora que está tendo, é muito possível, muito provável que algum familiar tenha passado por isso. A família é avisada pela direção da unidade em uma dessas formas: ou telegrama, ou contato da unidade. Ou a família já está desesperada ali na porta para saber. Teve um caso, no começo da pandemia, que foi assim. Era meu plantão e me ligaram, falaram assim: "Eu queria saber informação de fulano". Eu fui abrir, não sei por que, a lista de pessoas com Covid, e constava que a pessoa tinha vindo a óbito. Aí, eu virei e falei com a pessoa, que era uma outra familiar: "Olha, eu vou ligar agora para a unidade para que te deem a informação". Porque não tem condição de nós darmos essa notícia por telefone. Aí, tive que insistir com a direção até ela descer e dar a notícia ao familiar. O corpo já estava no IML. Mas o que é mais grotesco é o fluxo de aviso ao familiar. Há todo risco do mundo de no meio do caminho dar problema e aí ser enterrado com o nome errado, ser enterrado sem identificação.

O atual momento da pandemia tem sido marcado pelo debate em torno das vacinas. Como tem sido tratada a questão da vacinação da população carcerária?

Esse debate se deu em etapas: na primeira, os presos e presas eram grupo prioritário, depois foram retirados, depois foram recolocados, mas com uma série de lacunas no planejamento sobre o que efetivamente será feito. Há no primeiro grupo uma vacinação para idosos institucionalizados, o que dá abertura para compreender que a leitura é ampla e abarca os presos, mas existem notícias veiculadas que dão conta de tratar-se de idosos apenas em Instituições de Longa Permanência. Há na segunda etapa a previsão para todos os idosos e na terceira para uma série de comorbidades, das quais HIV e Tuberculose não estão previstas, mesmo sabendo da alta letalidade dessas pessoas quando em contato com a Covid-19 no sistema prisional. Os presos estão em grupos prioritários no texto do plano, mas não se diz abertamente se se tratará de uma quarta etapa e qual a prioridade frente aos demais grupos que também estão previstos, mas não citados nas três primeiras etapas. A luta agora é dupla: para que os presos sejam incluídos nos grupos prioritários pelo seu perfil (idosos ou com comorbidades) no primeiro, segundo e terceiro grupos, e uma segunda luta para que seja dada a vacina logo na etapa prioritária para toda a população prisional. É importante que sejam compreendidos alguns fatores: os presos têm a saúde mais frágil pela baixa qualidade de vida imposta pelo cárcere, possuem comorbidades em grande escala por conta da presença massiva de doenças infectocontagiosas. O contágio pela Covid em uma unidade prisional se alastra em maior velocidade do que no extramuros. Precisamos entender também que a manutenção da pandemia intramuros, como posto pela OMS, representa a manutenção da contaminação extramuros. Só superaremos a pandemia se entendermos esse elo, pois a vacinação dos presos é fundamental.

Em que estado encontra-se a implementação da Política Nacional de Atenção Integral à Saúde da Pessoas Privadas de Liberdade no Sistema Prisional [PNAISP]? A situação de crise sanitária provocada pela pandemia tem favorecido a sua implementação?

A PNAISP é uma das lutas mais centrais no campo do acesso à saúde da população prisional, e basicamente diz sobre dar acesso ao SUS, o que é um direito básico previsto tanto no princípio de universalização que gere o próprio SUS, como em normas internacionais que asseguram que o preso deve ter o mesmo acesso que os demais membros da comunidade. O Rio de Janeiro se comprometeu com a política em 2014, mas até o presente momento a implementação oscilou entre nula e insatisfatória. Somente em 2019 o primeiro município começou a implementação, que foi São Gonçalo. Os demais estavam completamente paralisados, havendo especial resistência no município do Rio, que inclusive foi alvo de ACP [Ação Civil Pública]. Com a pandemia, houve avanços na implementação, e o município do Rio aderiu formalmente à política, montando as suas primeiras três equipes pouco antes da mudança de gestão. Nossa principal preocupação no momento é que a nova gestão municipal mantenha o que foi construído até aqui e amplie a sua implementação. Não estamos falando de uma proposta exorbitante quando falamos do PNAISP: estamos falando de equipes de atenção básica em unidades, que hoje somente tem de um a três técnicos de enfermagem para atender unidades que ultrapassam em muitas vezes mil presos; estamos falando de acesso à rede pública via regulação para aqueles que possuem um atendimento que demanda uma especialidade ou complexidade maiores do que a atenção básica, como todos nós temos direito a tentar acesso aqui fora. A PNAISP deve ser uma prioridade dos governos estaduais e municipais.

NA "LINHA DE FRENTE"

ATUAÇÃO POLÍTICA E SOLIDARIEDADE ENTRE "FAMILIARES DE PRESOS" EM MEIO À COVID-19

Natália Lago

Desde o início da pandemia de Covid-19, uma série de contribuições de pesquisadoras e pesquisadores vem explorando aspectos da situação das prisões brasileiras e dos desafios e violações que se impõem nesse período. Em meio à escalada de infecções e de mortes, surgem iniciativas que buscam produzir e compilar dados e as (parcas) informações a respeito dos efeitos da Covid-19 em prisões, considerando pessoas presas e profissionais que transitam pelas unidades penitenciárias[1]. A seção especial de "Dilemas" que

[1] Refiro-me sobretudo a duas iniciativas. Uma delas é o Infovírus, levada à frente por um grupo de pesquisadoras e pesquisadores ligados a diversas universidades — entre elas a Universidade de Brasília (UnB), a Universidade Federal de Pernambuco (UFPE), a Universidade Católica de Pernambuco (Unicap), a Universidade Estadual de Feira de Santana (UEFS)/ Universidade do Estado da Bahia (Uneb), a Universidade Federal de Santa Catarina (UFSC)/ Universidade Federal de Santa Maria (UFSM). A segunda iniciativa é a pesquisa com agentes penitenciários paulistas e seu trabalho em meio à pandemia, realizado pela Fundação Getúlio Vargas (FGV). Informações do Infovírus podem ser acessadas (*on-line*) em: https://www.covidnasprisoes.com/infovirus (acesso em 08/09/2020). A pesquisa da FGV com agentes tem dois materiais que podem ser acessados (*on-line*) em: https://neburocracia.files.wordpress.com/2020/06/rel02-prisionais-covid-19-depoimentos.pdf e https://neburocracia.files.wordpress.com/2020/08/rel07-prisionais-covid-19-fase2-v3.pdf. Acesso em 08 set. 2020.

recebe este texto também publicou contribuições que abordam aspectos da indeterminação e da política de mortes na gestão das populações privadas de liberdade (Godoi; Campello; Mallart, 2020; Massaro, 2020; Prando; Godoi, 2020; Silva, 2020).

Neste trabalho, contribuo com mais uma perspectiva em relação aos contextos prisionais em tempos de pandemia. Escrevo desde uma aproximação com "familiares" de pessoas presas, sobretudo "mães" e "mulheres de preso" articuladas na Associação de Familiares e Amigos de Presos/as (Amparar)[2]. A associação, sobretudo a partir das atuações de Railda Silva e de Miriam Duarte, não parou suas atividades em momento algum deste longo 2020[3]. Ao contrário, as questões trazidas à associação se multiplicaram e se complexificaram.

Tanto Miriam quanto Railda estão numa espécie de "linha de frente" da pandemia. Elas se envolvem em demandas e ações que misturam novos e velhos dilemas de quem lida com prisões e suas violações. Mais do que isso: as "mães" da Amparar enfrentam velhas questões que, por sua vez, se aprofundam com a pandemia, com o distanciamento físico e a indeterminação que parece uma marca perene no trato com a instituição prisional. Seguindo suas atuações, que tenho acompanhado remotamente, procuro desvelar algumas das questões

---

2 A Amparar é sediada no bairro José Bonifácio, também conhecido como Cohab II, na Zona Leste de São Paulo. Escrevo detalhadamente sobre a associação em minha tese de doutorado (Lago, 2019). Ali, segui as narrativas de Railda Silva, uma das fundadoras e coordenadoras à frente das ações da Amparar, e acompanhei as perspectivas de familiares de presos, sobretudo das mães, no ativismo e na luta por direitos de presas e presos.

3 Railda e Miriam fundaram a Amparar em 2006, mas se envolveram na luta antes disso, já no final da década de 1990, quando os filhos de ambas foram aprisionados e encaminhados à Febem, instituição então responsável pela aplicação de medidas socioeducativas de privação de liberdade no estado de São Paulo em São Paulo, hoje Fundação CASA. Uso o nome de ambas com seus consentimentos, por entender que apagá-los é desrespeitoso com seus esforços de décadas na construção de uma trajetória de militância no campo dos Direitos Humanos e na luta relativa às prisões.

enfrentadas por "familiares" de pessoas presas durante a pandemia e as respostas possíveis a essas demandas por parte da Amparar e de Miriam e Railda, que atuam direta e cotidianamente com familiares.

Meu trabalho como pesquisadora, além de apoiar as ações, tem sido o de sistematizar, documentar e arquivar as demandas que chegam e as movimentações da Amparar. Mobilizo essas informações para fazer um sobrevoo sobre o que vem sendo empreendido no âmbito da associação. Minha tentativa é delinear um pouco a dimensão viva e frenética dos acontecimentos, ao mesmo tempo que sugiro continuidades, processos que se repetem na lida "com" e na luta "contra" prisões. São novos e velhos dilemas que marcam a movimentação de "familiares" em meio à Covid-19.

Tempos de [mais] indeterminação: a ausência de informações e a suspensão das visitas

Em junho de 2020 um homem morreu numa das penitenciárias do "fundão". O nome dado por "familiares de presos" à região do estado de São Paulo que concentra um considerável número de prisões indica as longas distâncias de suas cidades em relação à capital. A notícia sobre a morte foi antecedida por comunicações truncadas entre a família do homem que estava preso e o serviço social da unidade penitenciária, e chegou aos familiares de forma repentina. A esposa não recebia informações precisas sobre seu estado de saúde e a gravidade do caso parece ter escalado rapidamente. O preso estava vivo, e de repente não estava mais.

Ao noticiar a morte, decorrente da Covid-19, a assistente social da instituição afirmou que o enterro ocorreria na cidade-sede da prisão. Distância e coronavírus conformaram as justificativas e a recusa da unidade penitenciária em responsabilizar-se pelo transporte do corpo até a capital. Diante da situação, a Amparar mobilizou uma espécie de "força-tarefa" para que o corpo do homem morto na prisão fosse transportado até a capital e enterrado em São Paulo, próximo à sua família. Ao fim de uma peregrinação por assessorias parlamentares que se solidarizaram e contribuíram financeiramente para o custeio do transporte do corpo, a família finalmente conseguiu enterrá-lo em São Paulo.

A dificuldade de acesso a informações sobre pessoas presas não é inovação que passou a afetar familiares de presos durante a pandemia. A morte repentina do homem cujo corpo quase foi enterrado na cidade-sede da prisão, e não na cidade dos familiares que o perderam, não seria incomum em outros contextos. A falta de comunicação com familiares e a indeterminação a respeito dos procedimentos não é efeito exclusivo da Covid, nem responsabilidade da pandemia.

De fato, essa questão é enfrentada no âmbito da Amparar há mais tempo e é o primeiro aspecto que me parece importante destacar. Eram muitas as pessoas, mulheres na maioria absoluta das vezes, que chegavam à sede da Associação buscando ajuda para caminhar pela miríade de conhecimentos e procedimentos que atravessavam a prisão de um familiar. Acionar advogados e defensores públicos; organizar documentos e cadastrar-se na Secretaria da Administração Penitenciária (SAP-SP), que vai expedir uma carteirinha obrigatória para a realização de uma visita; entender as regras cambiantes das unidades penitenciárias que regem dias de visita e objetos permitidos no "jumbo", a sacola com mantimentos que presos podem receber de seus familiares; acompanhar o andamento de processos em fóruns e audiências. Esses procedimentos, aqui expostos rapidamente, compõem um conjunto de regras e caminhos burocráticos que se transformam em torturas ordinárias no cotidiano das visitas. Estas infiltram as experiências de "familiares de presos" e conformam suas relações com as pessoas presas, com a Justiça, com a instituição prisional.

As dificuldades habituais de familiares no trato com a prisão se intensificaram com a Covid-19, particularmente a partir da suspensão das visitas nas unidades penitenciárias paulistas, decisão que vigora desde 20 de março e foi uma das primeiras gestões nas prisões. As torturas ordinárias, expressas no eterno aprender a caminhar pelas regras e procedimentos institucionais, se alteraram. Aprofundou-se a falta de informações a respeito das pessoas presas e as dificuldades de comunicação através dos muros, agora restritas às cartas que demoram a chegar dentro das prisões e nas casas das famílias.

Com as visitas suspensas, os "jumbos" também se restringiram. Abastecer a prisão e as pessoas presas com mantimentos agora é possível apenas via Sedex, ou seja, o envio de compras por correio com produtos de alimentação, limpeza e higiene. Algumas pesquisas já descreveram a centralidade dos mantimentos enviados por familiares no abastecimento das prisões com os itens mais básicos (Godoi, 2017; De Paula e Silva, 2019; Lago, 2019). As regras para o envio e o recebimento dos Sedex fazem com que essa modalidade seja mais cara do que o "jumbo" regular, que conta com o trabalho de mães e de mulheres de preso para comprar os itens, embalá-los de acordo com as regras de cada unidade penitenciária e carregá-los consigo para que sejam revistados e entrem nos dias de visita. O esforço de mulheres para que seus presos tenham comida dentro das prisões é, no contexto da pandemia, amplificado.

A falta de informações a respeito dos familiares presos e a maior dificuldade para abastecer a prisão com o "jumbo" foram dois dos pontos mais mencionados por mulheres que chegaram à sede da Amparar nos primeiros tempos desde a suspensão das visitas. Num dos dias em que falava com Railda pelo telefone, uma mulher cujo marido estava preso acompanhou nossa conversa. Ambas estavam na sede da associação organizando doações de alimentos que seriam repassadas. A mulher então nos contou que uma estratégia para conseguir notícias sobre seu marido preso era se juntar com outras mulheres e fazer uma espécie de "rateio" para o pagamento de um advogado que podia, por videoconferência, "solicitar" os presos, ou seja, conversar com eles e então saber sobre suas condições.

As dificuldades para acompanhar a cadeia de maridos e filhos ficou expressa em uma pesquisa realizada pela Fundação Getúlio

Vargas (FGV) em parceria com a Amparar[4]. Dentre os 1283 questionários respondidos, 69,6% das respondentes estavam sem contato com seus familiares presos. A pesquisa foi publicada no início de julho. No final do mesmo mês, o governador João Dória anunciou que familiares poderiam realizar "visitas virtuais": conversas de até cinco minutos com a pessoa presa, uma vez ao mês. A duração e a periodicidade das visitas virtuais já demonstram que essa não é uma solução adequada para garantir o direito à convivência de pessoas presas e de seus familiares. Soma-se a isso o fato de que nem todas as famílias conseguem se cadastrar e se encontrar com seus presos nos cinco minutos oferecidos[5].

A agilidade em suspender as visitas e tratar dessa suspensão como a única medida adequada para interromper o avanço do coronavírus nas unidades penitenciárias produziu mais uma camada de criminalização sobre os familiares. As prisões se fecham aos fluxos de entrada e saída de mulheres que visitam filhos e maridos, mas mantêm outros em aberto: o trânsito de funcionários através dos muros prisionais e de pessoas presas, transferidas de um lugar a outro do estado, continuaram a ocorrer ao longo de todo o período da pandemia.

A suspensão das visitas e a demora em encontrar uma solução alternativa revelam que subsiste uma perspectiva de que pessoas presas e seus familiares não têm direito às suas relações. A indeterminação a respeito da saúde e das infecções por Covid-19 nas prisões tem como efeito situações como a apresentada no início deste texto: uma família se desdobrando em arranjos e pedidos de ajuda para transportar um corpo que só foi indicado como adoecido pela unidade prisional uma vez que estava morto.

---

4 A pesquisa foi realizada pelo Núcleo de Estudos da Burocracia (NEB) da FGV e contou com o apoio da Amparar. Os dados estão no relatório disponível (*on-line*) em: https://neburocracia.files.wordpress.com/2020/07/rel04-familiares-presos-covid-19-depoimentos-v3.pdf

5 Uma reportagem da "Ponte Jornalismo" acompanhou o primeiro fim de semana de implementação das visitas (Salvadori, 2020).

Das denúncias e decisões: a prisão domiciliar e as violações

"Se eu preciso lembrar de alguma coisa eu te ligo, porque eu sei que você guarda". Foi assim que Railda começou uma das conversas em fins de junho. Ela tinha acabado de voltar para casa e queria ajuda para guardar algumas informações. Railda estava há dias às voltas com o caso de uma mulher que estava presa e recebera o direito à prisão domiciliar. Ela foi uma das poucas pessoas soltas em razão de uma série de *habeas corpus* impetrados nos últimos meses pela Defensoria Pública paulista.

A decisão que definiu o cumprimento da sua pena em prisão domiciliar saiu em uma segunda-feira. Railda e a família da mulher aguardaram o alvará de soltura na terça, depois na quarta. O documento só foi expedido na quinta-feira, mas depois das 16 horas — muito tarde para que a mulher voltasse para casa no mesmo dia. Ela foi então libertada na sexta-feira pela manhã, momento em que encontrou Railda, Miriam e seus familiares na porta da prisão.

Sua liberação e a volta para casa foram documentadas por uma jornalista no contexto de uma reportagem sobre o baixo número de pessoas presas que obtiveram a prisão domiciliar no período da pandemia, a despeito dos pedidos de soltura formulados por advogados e defensores públicos. Segundo a reportagem, que utilizou dados da Defensoria Pública do Estado de São Paulo, foram concedidos apenas 7% dos pedidos de soltura no contexto da Covid-19[6].

O caso narrado expõe novidades e continuidades em relação às prisões neste 2020: a novidade é a própria pandemia e a mobilização da Covid-19 em tentativas de obtenção do cumprimento da

---

[6] Houve 277 ordens de soltura num universo de 3868 pedidos. A reportagem indica que os números foram obtidos considerando os pedidos realizados pela Defensoria ao Tribunal de Justiça de São Paulo entre 18 de março e 14 de julho de 2020, período que já abarca a situação de pandemia do coronavírus. A reportagem está disponível (*on-line*) em: https://globoplay.globo.com/v/8753280/

pena em regime domiciliar. As continuidades se revelam na morosidade do cumprimento da decisão e no seu caráter excepcional, uma vez que a soltura foi uma das poucas obtidas entre inúmeras tentativas. A Justiça não segue as próprias determinações, ou seja, não solta as pessoas presas que em razão da pandemia teriam condições de cumprir pena em suas casas: aquelas consideradas grupo de risco em decorrência da idade ou de problemas de saúde anteriores; mulheres gestantes, lactantes ou com filhos pequenos.

O processo como um todo ainda revela uma das dimensões da "linha de frente" ocupada por Railda e por Miriam durante a pandemia. Elas foram até a porta da prisão acompanhar a soltura da mulher. A soltura em si foi resultado de peregrinações que antes eram exclusivamente físicas e que agora tornaram-se também virtuais. Conseguir a liberdade de alguém preso requer percorrer caminhos entre repartições e funcionários da administração prisional, salas e profissionais do sistema de justiça, diálogos com familiares da pessoa presa, esperas e insistências na porta da unidade prisional, que demora a liberar a pessoa a despeito do alvará de soltura. Essas peregrinações fazem parte da rotina de Railda e de Miriam desde antes da existência da Amparar. Elas agora se dividem entre ligações telefônicas, aparições em vídeo via aplicativos e a presença física protegida por uma máscara facial.

As aparições em vídeo e conversas mediadas por aplicativos agora compõem com mais força a articulação política de familiares. Ao longo dos últimos meses, a Amparar participou de dois momentos de discussão, organizados com o apoio de uma deputada estadual, Érica Malunguinho (PSOL-SP), com a perspectiva de denunciar as violações de direitos de pessoas presas[7]. A primeira audiência foi fechada, ou seja, a assessoria parlamentar teve o cuidado de dividir o *link* da reunião entre pessoas indicadas pela Amparar e pelas outras

---

[7] A mandata de Malunguinho abriu espaço para discutir os efeitos da pandemia nas prisões, sobretudo a partir das informações divididas por familiares de presos.

articulações que ajudaram a construir o encontro *on-line*[8]. O propósito da primeira conversa foi coletar informações para construir uma denúncia, que foi protocolada pelo gabinete da deputada na Ouvidoria e Corregedoria da Secretaria da Administração Penitenciária (SAP-SP), no Tribunal de Justiça e no Ministério Público paulistas.

A segunda conversa, ocorrida no dia em que o documento foi protocolado pela deputada, foi um evento "aberto", ou seja, foi transmitido como uma *live* com a participação de representantes da mandata da deputada, das associações de familiares de presos (entre elas a Amparar), de representantes da Pastoral Carcerária e da Defensoria Pública — organizações parceiras na sistematização das denúncias protocoladas nos órgãos dos poderes Executivo e Judiciário. Na audiência aberta, a deputada abriu os trabalhos mencionando o "rompimento dos pactos civilizatórios e dos princípios de direitos humanos" pelas prisões no país. Malunguinho também ressaltou o desacordo entre as práticas das penitenciárias paulistas e a legislação nacional. Enquanto as falas ocorriam, familiares contavam na caixa de comentários do *YouTube* situações que explicitavam as dimensões de violação apresentadas.

Para além de falar sobre os caminhos institucionais percorridos pelas denúncias, a deputada afirmou que o mesmo material foi entregue à Comissão Interamericana de Direitos Humanos (CIDH). Há, nesse sentido, uma tentativa de produzir "casos" inteligíveis na forma de denúncias (Lacerda, 2012; Azevedo, 2016) que podem ser protocoladas em instâncias institucionais como as da SAP-SP e em organismos internacionais de direitos humanos como a CIDH. Trata-se de um esforço para sistematizar denúncias das violações enfrentadas por familiares e por seus presos e traduzi-las em uma "linguagem dos direitos" (Vianna, 2013) e dos documentos protocoláveis.

---

8 Para além da Amparar, a Rede de Proteção e Resistência ao Genocídio e a Associação de Familiares e Amigos de Presos e Egressos Prisionais (Afape) contribuíram para a mobilização de participantes da audiência.

De alimentos e *lives*: distribuição de cestas básicas e articulação política

O trabalho da Amparar não se transformou com a pandemia apenas pela proliferação de canais virtuais para conversa, articulação e produção de denúncias. Uma série de demandas explodiu com o início da quarentena: pedidos de ajuda de familiares e de sobreviventes do sistema[9] para evitar um despejo, pagar aluguel e contas, comprar um botijão de gás, conseguir comida. A pandemia teve como primeiro efeito a ampliação das dificuldades financeiras de mulheres que antes dependiam de trabalhos precários e intermitentes para custear suas despesas e as de seus presos. Uma sobrevivente foi demitida quando o patrão soube que ela era ex-presidiária. Familiares que trabalhavam como faxineiras perderam suas diárias e, consequentemente, seus ganhos.

Os pedidos de ajuda que cresceram rapidamente durante a pandemia eram tão básicos quanto urgentes. Na sede da Amparar, os pedidos chegavam via pessoas que eram familiares de presos e via moradoras da região, vizinhas da associação que percebiam as movimentações e chegavam elas mesmas com suas urgências. Ao longo dos últimos meses houve, então, um esforço para que fosse possível apoiar quem chegava pedindo ajuda. A Amparar se articulou com outras organizações para a obtenção e distribuição de cestas básicas nos arredores da sua sede e para pessoas de outras regiões de São Paulo. Railda e Miriam passaram a mediar processos de recebimento e distribuição de donativos, movimento que se espalhou por outros bairros e territórios das periferias das grandes cidades e que tem sido cada vez mais apoiados por mulheres *sobreviventes* do cárcere que ajudam na distribuição das doações obtidas.

---

9 Os sobreviventes são as pessoas que já foram presas. Há uma intencionalidade na substituição do termo egresso: demarca-se com ela a sobrevivência da pessoa ao horror da prisão.

Os últimos meses, portanto, exigiram um arranjo entre demandas de prisões, processos, comida e dinheiro, esses dois últimos impulsionados pela pandemia.

A Amparar ainda mobilizou uma campanha de arrecadação de fundos para ajudar no custeio de mais cestas e no pagamento de aluguéis e de contas. A campanha em si foi organizada com o trabalho e a divulgação de uma rede de apoiadoras da associação. Em sua articulação, elas pediram doações e organizaram uma série de *lives* como parte da campanha. As *lives* contaram com conversas que tiveram a participação de pesquisadores, militantes e pessoas que atuam no campo prisional numa perspectiva de defesa do fim das prisões[10].

Duas dessas *lives* aproveitaram a campanha por arrecadação de fundos para colocar em conversa familiares e sobreviventes de diferentes países em uma perspectiva comparada dos efeitos da Covid-19 em prisões. Uma delas contou com a presença e participação de duas familiares da Argentina e do México, que dividiram um pouco de seus contextos e dos desafios em relação à pandemia. Tanto a participante mexicana quanto a argentina se assombraram com a informação de que presas e presos brasileiros não tinham acesso a um telefone público nas prisões. A despeito desse assombro, as questões relacionadas às incertezas e à falta de informação de familiares com a suspensão das visitas foram indicadas pelas militantes argentina e mexicana como algo em comum nos três contextos.

Outra *live* contou com a presença de uma sobrevivente do cárcere, dos EUA, que hoje se dedica à luta pelo fim das prisões. Na conversa, a ativista falou sobre as questões trazidas pela pandemia e que atravessam os cárceres, e comentou os protestos e mobilizações em seu país relacionados à morte de pessoas negras pela polícia. A troca de

---

[10] Duas conversas estão disponíveis (*on-line*) no perfil da Amparar no *Instagram* (@amparar.assoc). Outras três conversas estão disponíveis (*on-line*) na página da Amparar no *YouTube*: https://www.youtube.com/channel/UCDlSRETpYP4RMps8WjJRZBg

informações sobre contextos e estratégias de luta foi pautada por uma perspectiva de que aprendemos muito umas com as outras e de que é necessário entender a luta pelo fim das prisões como uma questão global. Durante as *lives* e sua divulgação, a campanha de solidariedade para a arrecadação de fundos era divulgada ao mesmo tempo que se realizava o trabalho de articulação política da associação.

As demandas dos últimos meses na sede da Amparar mobilizaram, nesse sentido, a necessidade de produzir um fluxo de dinheiro para as ajudas financeiras e alimentares que só foi possível mediante os apoios que ocorreram de diversas formas: a campanha de arrecadação da associação, a articulação com outras organizações, a concentração de doações de alimentos a serem redistribuídos na medida das demandas e necessidades que surgiram na sede e nos celulares de Railda e de Miriam. As urgências e a necessidade de responder rapidamente a elas adicionaram trabalho em suas rotinas.

Para além do encaminhamento de situações ocorridas nas prisões que chegam à associação e da articulação com outras instituições de modo a produzir casos e protocolar denúncias, parte dos esforços da Amparar passou a girar em torno de cestas básicas e distribuição de alimentos. A despeito de atuarem em relação às prisões, uma questão que se coloca como global, as demandas são também locais e urgentes.

Considerações finais: movimentações possíveis

Neste artigo, o trabalho da Amparar funcionou como uma espécie de dobradiça que nos permite acompanhar e entender algumas das dificuldades enfrentadas por familiares de pessoas presas durante a emergência da Covid-19 e as respostas que os próprios familiares organizados articulam diante da situação. No decorrer do texto, destaco alguns pontos que marcam o atual contexto: 1) a ausência de informações e de visitas, centrais às dinâmicas da relação entre familiares e presos; 2) o trabalho de denúncia realizado pela Amparar e os esforços por fazer cumprir as penas de prisão domiciliar como forma de proteção à exposição ao coronavírus; 3) o acolhimento às famílias pela distribuição de alimentos, articulado a uma campanha de solidariedade que é em si também articulação política, via *lives* que fortalecem uma rede mais ampla de familiares que se envolvem com o ativismo.

O tratamento um tanto panorâmico das questões que chegaram à Amparar e as ações possíveis no contexto da pandemia buscam delinear um ponto: a perspectiva de que familiares de presos se movimentam em meio a dificuldades das mais diversas ordens. Não se trata apenas de lidar com a instituição prisional e a indeterminação que atravessa informações (e a falta delas), o abastecimento das prisões e a convivência, ainda que virtual, com a pessoa privada de liberdade. As questões relativas às prisões e à impossibilidade de visitar os presos se acumulam às necessidades básicas e urgentes de familiares, de sobreviventes do sistema e de vizinhos da associação, que também demandam ajuda.

Os movimentos de familiares caminham por essas diversas frentes, tentando onde e como dá, buscando vias de diálogo e de denúncia com instituições identificadas como Estado. A Amparar segue na lida com as múltiplas camadas de desafios e de violações que se impõem na relação com a prisão e que são agudizadas e aprofundadas com a pandemia. As narrativas de familiares, que acompanham a situação do que ocorre nas prisões do lado de fora, com poucas notícias ou nenhuma, conformam uma perspectiva singular sobre como a Covid-19 afeta pessoas presas e suas relações. Em meio aos diversos feixes de atividades e de produção de denúncias das prisões, há um esforço das organizações ativistas por documentar e guardar informações do que chega à associação e do que é feito das urgências da pandemia: familiares documentam ao seu modo a pandemia e as saídas que encontram, enquanto sobrevivem. Este artigo constitui, de certo modo, parte desse esforço.

REFERÊNCIAS

AZEVEDO, Desirée. *A única luta que se perde é aquela que se abandona:* Etnografia entre familiares de mortos e desaparecidos políticos no Brasil. Tese (doutorado), PPGAS, Unicamp, 2016.

DE PAULA E SILVA, Thamires. *Turismo penitenciário:* Economia e prisão na consolidação de uma prática de mercado. Dissertação (mestrado), PPGSP, UFSC, 2019.

GODOI, Rafael. *Fluxos em cadeia:* as prisões em São Paulo na virada dos tempos. São Paulo: Boitempo, 2017.

GODOI, Rafael; CAMPELLO, Ricardo; MALLART, Fábio. O colapso é o ponto de partida: Entrevista com o Mecanismo Estadual de Prevenção e Combate à Tortura do Rio de Janeiro sobre prisões e a Covid-19. *Dilemas:* Revista de Estudos de Conflito e Controle Social, Reflexões na Pandemia (seção excepcional), 2020. Disponível (*on-line*) em: https://www.reflexpandemia.org/texto-21

LACERDA, Paula. *O caso dos meninos emasculados de Altamira:* Polícia, justiça e movimento social. Tese (doutorado), PPGAS, UFRJ, 2012.

LAGO, Natália B. *Jornadas de visita e de luta:* tensões, relações e movimentos de familiares nos arredores da prisão. Tese (doutorado), PPGAS, USP, 2019.

MASSARO, Camila. Estado penal, necropolítica, sistema prisional e direitos humanos: Considerações em tempos de pandemia. *Dilemas:* Revista de Estudos de Conflito e Controle Social, Reflexões na Pandemia (seção excepcional), 2020. Disponível (*on-line*) em: https://www.reflexpandemia.org/texto-49

PRANDO, Camila; GODOI, Rafael. A gestão dos dados sobre a pandemia nas prisões: Uma comparação entre as práticas de ocultamento das secretarias de administração prisional do RJ e DF. *Dilemas:* Revista de Estudos de Conflito e Controle Social, Reflexões na Pandemia (seção excepcional), 2020. Disponível (*on-line*) em: https://www.reflexpandemia.org/texto-60

SALVADORI, Fausto. Famílias voltam a visitar presos, agora pela internet, mas muitas ficam de fora: No primeiro final de semana de visita *on-line* nos presídios paulistas, familiares relatam falhas, mas também alegria em rever os parentes presos. *Ponte Jornalismo*, 26 de julho de 2020. Disponível (*on-line*) em: https://ponte.org/familias-voltam-a-visitar-presos-agora-pela-internet-mas-muitas-ficam-de-fora/#/

SILVA, Martinho. Devemos ocultar nossas fragilidades durante a pandemia? Direito à saúde nas prisões em tempos de isolamento domiciliar. *Dilemas:* Revista de Estudos de Conflito e Controle Social, Reflexões na Pandemia (seção excepcional), 2020. Disponível (*on-line*) em: https://www.reflexpandemia.org/texto-20

VIANNA, Adriana. Introdução: Fazendo e desfazendo inquietudes no mundo dos direitos. *In*: ____ (Orgs.). *O fazer e o desfazer dos direitos:* experiências etnográficas sobre política, administração e moralidades. Rio de Janeiro: E-papers, 2013. pp. 15-35.

PRISÃO

NARRATIVAS SOBRE O "INFERNO" EM TEMPOS PANDÊMICOS

Janrryer Mota Santos

Abrindo as portas do inferno

> A gente viemos do Inferno (...) Duns lugares inferiores, tão monstro-medonhos, que Cristo mesmo lá só conseguiu aprofundar por um relance a graça de sua sustância alumiável em trevas de véspera para o Terceiro dia (...) lá o prazer crucial de cada um é judiar com os outros, bom atormentar; calor e frio mais perseguem; (...) para digerir o que se come, é preciso esforçar no meio, com fortes dores; até respirar custa dor (...) nenhum sossego não se tem (Rosa, 2001, p. 64-65).

O inferno é uma categoria teológica da tradição cristã, um lugar de sofrimento e punição, de expiação dos pecados, mas não de extinção da culpa. É nele que a ânima(alma) do corpo é punida, e corpo, nesse sentido, corresponde a um desenho oco, desprendido de alteridade, de figuração, de identidade e ausente de qualquer resquício/lembrança de vida. Portanto, os seres do inferno não têm humanidade. Os condenados ao inferno não merecem a luz do sol, o brilho da lua, a liberdade de rasgar caminhos, de estabelecer afetos entre si. Afinal, o afeto é elemento exaurido do ser que habita os labirintos infernais.

Neste trabalho, abrimos as portas do inferno para apresentar narrativas sobre a prisão em tempos de pandemia por meio da voz de um jovem que por seis meses teve sua liberdade cerceada. O termo "inferno" não surge de uma interpretação pessoal sobre a prisão, tampouco é acionado pelas impressões antropológicas sobre a ambiência e vivência de um sujeito que já pagou tempo (Matthews, 2003) numa cadeia. Ao encontrar o interlocutor deste trabalho e conversar sobre esses tempos sombrios (Arendt, 2008), o jovem inicia a conversa com a seguinte premissa: "Sair daquele inferno foi libertador!". E a partir da constante alusão ao inferno ao se referir à prisão, tomo de empréstimo essa categoria nativa para narrar a experiência do jovem interlocutor e seu processo de cárcere em tempos pandêmicos.

Narrar é como o ofício de um contador de histórias, é abrir contornos para que os desenhos criem formas e cores. Nesse fazer-escrita, transformar o que se escuta em texto é também um trabalho de uma sonoplastia do silêncio ou da equalização da voz baixa, cansada, ouvida por um só. Não tivemos testemunhas nesse encontro, nem registro em áudio para documentar os arquivos sonoros; foi pela força do enunciado, pela potência da descrição das cenas e pela ênfase da experiência na prisão que remendamos este texto.

Apesar de o ato de remendar sugerir conserto, não proponho formulações ou críticas à instituição prisional, nem pretendo dar conta do tensionamento de uma sociologia/antropologia do encarceramento ou dos seus aspectos jurídicos e institucionais. Os remendos que faço são para apresentar a contranarrativa de uma voz que não está atada a uma "assinatura" e é sufocada pela "amnésia oficial" (Das, 2020) à luz de uma moral juridicamente excludente e socialmente alimentada.

Afinal, se o pré-requisito para habitar o inferno é ser acusado e condenado pelo tribunal celeste, que tem como função instaurativa prescrever a economia punitiva da alma por comungar do delito do pecado e da concupiscência, e não somente atingir o corpo-matéria, mas rasgá-lo, abri-lo, ultrajar a ânima para que a justiça restaurativa dos céus penetre o cativeiro do mal, ele também transforma esses sujeitos em corpos inanes e esquecidos. O tribunal jurídico ocidental consegue performar em sua ritualística o tribunal celeste, julgando e condenando corpos humanos, transformando-os em corpos infernais.

Não sabemos se o inferno é um lugar simbólico, uma morada ou um "estado de vida", como me disse um grande amigo, Padre. Embora exista esse constructo conceitual nos lexemas teológicos, o que persigo são os efeitos da prisão e as conexões que ela estabelece com a noção de inferno apresentada pelo interlocutor. Na linguagem do jovem, o inferno se apresenta e é apresentado como algo plural, podendo ser entendido como labirinto, caminho, poço, breu, silêncio, grito, lugar físico. E sendo lugar físico de referência substantiva-adjetivada, tem nome, localização geográfica, tamanho, cor, forma; ainda sendo lugar, produz imagens, sentimentos, lembranças, fragmentos, memórias, histórias.

Esse inferno tem nome, sua sacada e portão de entrada são da cor cinza. Não sei se a cor faz parte de um repertório ritual de transformar literalmente a prisão em zona cinzenta (Levi, 2016), mas a estética visual já indica um cotidiano em tons pasteis, sem luminosidade, sem um toque de aquarela que imprima vida em cor. Mateus Aleluia (2009), em seu álbum "Cinco sentidos", canta a seguinte estrofe na música "Amor cinza": "eu vejo cinza como um início em cor". A poética amorosa do cantor e compositor desvela a coloração do amor a partir do cinza, o cinza como lugar de construção. Contudo, na prisão o cinza revelou ao jovem interlocutor a cor do fim, a estrada derradeira, a janela fechada para o horizonte.

E, ainda sendo lugar e marcado por uma geografia circular, lugar de passagem, de trânsito, o aprisionamento é fragmentado, é dado por etapas. Começa na abordagem policial, passa pelos indicativos criminais, se desloca para a averiguação na delegacia, atravessa a cidade, onde o sujeito aprisionado — mesmo sem chegar na prisão

— já compõe a estampa da viatura como uma escultura de carnaval num carro alegórico.

Feitas tais considerações, descreverei esses processos do aprisionamento vivenciados pelo interlocutor, contextualizando especificidades sem generalizações. Percorrerei a ordem dos acontecimentos sem condensá-los a modelos imóveis, regras estáticas ou fórmulas sintéticas, pois trata-se de um aprisionamento num contexto da pandemia de Covid-19 em que não existia argumento sanitário ou evidências clínicas de tratamento da doença, muito menos uma triagem segura acerca da potência letal do vírus e seus possíveis desdobramentos e mutações.

De um lado, o discurso oficial da Organização Mundial de Saúde (OMS) recomenda o isolamento e distanciamento físico como táticas de diminuição da proliferação do vírus; do outro, as instituições de segurança e aprisionamento não repensam alternativas além de contêineres para aprisionar sujeitos no contexto pandêmico, forjando espaços de confinamento ainda mais insalubres que as celas convencionais das cadeias brasileiras.

Os caminhos para o inferno são tortuosos e complexos e as conjunturas condenatórias mudam conforme quem está sendo condenado. Chamarei de João o interlocutor deste texto. Na enciclopédia dos nomes, João pode ser muitos, mas também pode não ser ninguém, "irreferenciável". Se para João o caminho para a prisão é o mesmo para o inferno, sendo o cárcere uma junção inferno-prisão, com ele partilharemos fragmentos da prisão como inferno e do inferno como estilhaços da prisão.

O encontro

Se notícia ruim corre rápido, em cidade do interior qualquer "causo" tem caráter de ligeireza, até as boas novas. Era uma sexta-feira à noite quando soube que João havia sido "liberado" do cárcere. "Lili cantou!", me disse um agente das ligeirezas informacionais, conhecido pelo profundo gosto da vida alheia, sempre antenado a tudo que acontece na cidade. O canto da liberdade foi à noite, por volta das 20h30min, um horário estranho e duvidoso para ser liberado do cárcere de um complexo penitenciário, distante da geografia habitável da cidade que não provê acesso a transporte durante o dia, que dirá à noite.

Eu havia conhecido João há um tempo, pois, como me alertou um amigo quando me mudei para a cidade a trabalho, "cuidado com [o] que tu faz; por aqui, professor é mais conhecido que político". Apesar da complexidade dessa comparação, principalmente com a composição do carreirismo político atual, me concentrei no elemento "popularidade". Afinal, quem não é conhecido numa cidade pequena?

E foi assim que conheci João. Eu o professor, João o cara que sempre via na frente de um bar em um bairro que dá acesso à escola onde trabalhei. Por ser meu ponto de passagem quase que diária, foi impossível não conhecer o percurso e todos os seus elementos constitutivos: casas, lojas, postos de gasolina, motéis, bares e pessoas. Os sujeitos compõem a cena estética e imagética de uma cidade, assim como as ruas e seus monumentos.

Me afastei das atividades docentes por algumas semanas, enquanto buscávamos estratégias para retomar as atividades burocráticas-institucionais na pandemia, e, ao voltar, passando em frente ao bar, não vi João. E isso se repetiu durante toda a semana. Em certa vez perguntei por João aos outros jovens que estavam sentados no passeio debaixo de uma cobertura de zinco que só aumentava a quentura do lugar. Um deles me disse: "Rapaz, o pivete foi preso tem uns dez dias".

Não quis saber das causas, pois atentei-me somente às possíveis implicações de estar preso enquanto a Covid-19 corria solta (no passado e presente) pelas ruas e fora delas, fazendo estragos, soprando terror, medo, produzindo adoecimento e mortes. João foi "solto" em outubro; cumpria pena desde abril. Foram seis meses de aprisionamento durante a pandemia.

Ao passar em frente ao bar, lá estava João, no mesmo lugar, performando a mesma pose: sentado numa cadeira vermelha com uma perna rente ao chão e a outra alteada, apoiada no assento da cadeira plástica com um emblema de uma marca de cerveja; dessa vez, outro elemento na composição indumentária: uma máscara do flamengo no rosto. "Rapaz, tu sumiu! Com é que tá?", perguntei, em tom descontraído, para tentar criar uma atmosfera menos tensa que a conjuntura atual. "Mas homem... eu tava preso. Tava naquele inferno, mas já tô aqui, suave!". Fiquei entre dois campos de tensão, o receio de me aproximar por conta dos riscos de contaminação da Covid-19 e a curiosidade de um antropólogo novato em querer saber dos interstícios desses tempos, aprisionado, no auge da pandemia com todas suas incertezas.

A curiosidade não se deu por um mero interesse de fazer do infortúnio do outro um antropológico espetáculo do exótico, mas pela vontade de ter acesso à narrativa de quem vivenciou a prisão no contexto pandêmico. Enquanto no "mundo externo" à prisão as instituições de saúde indicavam a necessidade de isolamento na perspectiva voluntária, João foi jogado ao cárcere, que manteve suas portas abertas, aprisionando sujeitos que circulavam livremente nas ruas da cidade tanto quanto a Covid-19.

As estatísticas oficiais pouco diziam (pouco dizem) sobre a contaminação da Covid-19 nas unidades prisionais brasileiras. Não se sabe ao certo (ou ao duvidoso), o número de aprisionados que foram contaminados pelo vírus, nem dos desdobramentos e consequências das possíveis infecções. Se nos grandes complexos penitenciários, localizados em estados e regiões com protagonismo socioeconômico no país, aparelhados de órgãos e instituições que fiscalizam e tutelam a vida dos encarcerados, não se obteve dados satisfatórios sobre a disseminação da Covid-19, pode-se conjecturar sobre os limites que atravessam as prisões nordestinas, em cidades do interior, caminho do cangaço e morada dos coronéis, na boca do sertão.

Venna Das (2020), ao partilhar uma palestra do Charles Hale no fórum da "Current Anthopology" (1997) sobre a responsabilidade discursiva da escrita do antropólogo, nos diz:

> Devemos encontrar nosso caminho em relatos altamente carregados dos acontecimentos produzindo versões nossas inevitavelmente parciais e situadas. Por outro lado, ao optar por não mergulhar nessa história recente, corremos o risco de cumplicidade com interesses poderosos que são bem servidos pela amnésia oficial. Hale vai ao ponto ao dizer que expor as mentiras oficiais é tanto um ato de dizer quanto um ato de fazer (Das, 2020, p. 289).

Seguindo os apontamentos de Das, percorremos essas trilhas para apresentar relatos sem assinaturas oficiais, mas que são atravessados pela oficialidade da vivência interna no sistema prisional. E sobre aquele dilema compartilhado acima, entre seguir e ficar, me sentei e começamos a conversa... Divido essa partilha em quatro cenas: 1) a abordagem policial, 2) o translado até a delegacia e a espera para ser escutado, 3) a prisão e 4) a "liberdade".

Quando "os homi" chegaram

"Os homi" foi a categoria usada por João para nominar a polícia. Era a segunda vez que ele passava esse destempero e já tinha noção tanto das técnicas da abordagem policial, quanto dos possíveis desdobramentos do ato. Na primeira, tinha sido acusado de tráfico de drogas, mas, segundo conta, não estava "portando" drogas para comercializar, e sim para uso próprio.

"Você de novo, hein, João? Tava com saudade da gente?", disse um dos policiais militares durante a abordagem seguida de flagrante. João estava com alguns pinos de cocaína e buchas de maconha; segundo conta, serviam para aliviar a mente nos dias de agonia.

O estigma de ser ex-presidiário, além de ser apontado pela Polícia Militar (PM) de pertencer a um grupo faccional que movimenta o tráfico de drogas na cidade, pesou mais uma vez para o processo de incriminação, além dos atravessamentos interseccionais que compõe João como sujeito. Ele é um homem de 25 anos, preto e morador de periferia, o típico perfil da predileção racista das violentas abordagens policiais e da seletividade penal brasileira.

João me disse que ao ser enquadrado estava mascando um chiclete, que por sinal "ainda estava doce". O policial interpretou o movimento da mastigação como um ultraje, desrespeito, "soltando um tapão na banda da cara" de João para punir o "grave" sinal de desacato à autoridade ali presente, fardada, corporificada em honra e glória. "Esse elemento, além de perigoso, é ousado", disse o policial logo após imprimir na face de João "os cinco dedos da mão".

Nas palavras de Butler (2019, p. 101): "[c]onsiderar uma pessoa como um perigo é um julgamento infundado que, nesses casos, trabalha para antecipar as sentenças para as quais as evidências são necessárias". Os dois pinos de cocaína e as três buchas de maconha, bem como o antecedente criminal, foram mobilizados para alocar João na condição de perigoso, inimigo público, e legitimar a postura truculenta do Estado ao abordar sujeitos vistos como um perigo eminente aos "cidadãos de bem" — assim como, em 2013, um litro de desinfetante bastou para incriminar Rafael Braga num dos atos contra o aumento da passagem no Rio de Janeiro, aprisioná-lo sem provas e mantê-lo em cárcere. João e Rafael Braga são homens pretos.

João disse não pertencer a nenhum grupo faccional, mas "conhecia vários pivetes que corriam no crime", no movimento (Marques, 2014). Velhos amigos que na infância dividiam o pacote de biscoito e saíam pelos quintais dos vizinhos para "roubar" manga. No caso, ter relações de afetividade e aproximação/conhecimento com um sujeito que pertence a algum grupo faccional aciona automaticamente a categoria "envolvido"; portanto, João é apontado não só como envolvido, mas como membro de uma facção. O que provavelmente não aconteceria se João fosse um homem branco e sua família tivesse conexão e amizade com milicianos acusados de inúmeros crimes, inclusive o assassinato da vereadora Marielle Franco e seu motorista Anderson Gomes em 2018; se porventura João não fosse João, talvez conseguisse escapar das peças da interpretação acusatória da polícia e do sistema judiciário brasileiro. Ele certamente não seria apontado como um sujeito que oferece perigo à sociedade. No entanto, isso é privilégio da branquitude, mas João não é branco, é somente um "elemento".

Após iniciar a performance da abordagem policial — armas apontadas, açoites com o cassetete, empurrões e punhos algemados —, João relatou que a todo momento um dos policiais fazia questão de gritar em alto e bom som que ele era "bandido de alta periculosidade, traficante maldito". A dupla evocação do perigo e do mal aplaina pedagogicamente a aceitabilidade da ação pelos expectares do ato, pois a abordagem do interlocutor aconteceu em vias públicas. Reverberar que aquele sujeito representa perigo efetivo à comunidade é um ato de coerção coletiva para cunhar a economia da violência como instrumento gestor das promessas de paz e segurança.

Expor acusações da possível eminência de perigo que João representa, além de gestar sentimento de aprovação social, condensa o sujeito algemado à condição imóvel e indelével de "elemento" perigoso. Essa estampa costurada no jovem é o que lança estratégias no tabuleiro do xadrez e suas peças necessárias para o xeque-mate que encaminhará João à prisão. As buchas e os pinos encontrados não jogam essa partida; é a imagem prescrita sobre João que será devorada por cavaleiros, torres, rainhas e reis. Assim, o poder soberano cumpre sua função primária no "afinamento das práticas punitivas", nas modulações para que a "economia do poder de punir" apenas passe em silêncio. João em nenhum momento abriu a boca, pois na lógica do sentir do interlocutor, "diante da justiça do soberano, todas as vozes devem se calar" (Foucault, 2014, p. 39) — "poderia ser bem pior!", me disse.

João não estava ali meramente pelo flagrante. As acusações saem do campo da individualidade acional e suscita discursos que agrega ao seu delito a responsabilidade do coletivo criminal que o acusaram de pertencer. Nas palavras de Pratt:

> um afastamento de julgamentos sobre casos individuais para um novo modelo em que o tipo de grupo a que alguém é considerado pertencer se torna o determinante da penalidade a ser imposta. O risco, mais do que o crime, passa a desempenhar papel crucial nesse julgamento: não é tanto a gravidade da ofensa particular que determinará a penalidade a ser imposta, mas o risco supostamente apresentado por alguém para segurança da comunidade (Pratt, 2012, p. 147).

O interlocutor passa a ser sujeito-plural, carrega nas costas o delito de muitos. Portanto, o tratamento dado a João durante a abordagem performa também a extensão do poder de punir, para que, punindo-o, outros também sejam punidos. Depois de todo o ritual público de violência, o jovem foi algemado à carroceria da viatura e levado até a delegacia, exposto, para que todos pudessem ver o sucesso da instituição de segurança pública retirando das ruas mais um jovem, retrato da personificação da violência e do mal.

O desfile

O trajeto de João desde a prisão até o Complexo Policial, apesar da curta distância, passa por pontos centrais da cidade. Em dias normais, estaria com grande circulação de pessoas, pois é nesse trecho que ficam os principais empreendimentos de lazer. Mas, em tempos de pandemia, as ruas estavam esvaziadas. João foi exposto publicamente ao silêncio, ao ermo. No início da pandemia, com o sentimento de medo e horror que pairava sobre o país, as pessoas conseguiram diminuir por um tempo a circulação em locais públicos.

Caso o evento da prisão de João antecedesse a pandemia, com certeza muitos espectadores testemunhariam o seu translado.

Ele disse que "bateu uma psico", um desespero, pois não sabia se o seu destino seria de fato a delegacia. As ruas vazias corroboravam para o cenário de tensão, pois qualquer rota obscura que pudesse ser tomada não seria testemunhada. "Era só eu e o medo, ali em cima do carro da morte", me disse o jovem. O medo ganha agência e se materializa, como se fosse um sujeito algemado junto a João na viatura. Deixa de ser sentimento ou efeito de uma causa, produto de uma tensão, e transforma-se em companhia no trajeto. O jovem sabia que estava só; mesmo com a presença dos quatro policiais dentro da viatura ele sentia a solidão diante de todos os marcadores que os separavam. A placa de metal que divide o interior da viatura da sua carroceria não somente compõe a estética da engenharia automobilística, mas é a separação de dois polos, de realidades distintas: o "condenado" e aqueles que auxiliam na condenação.

> Um medo danado e eu só pensava em coisa ruim, véi. Lembrava de coisas que aconteceram com uns pivetes que já passaram por isso, do tipo, os cara [policiais] parar em lugar deserto e espancar, judiar mesmo e depois chegar na delegacia e dizer que o pivete resistiu à prisão. Isso é até pouco, ficava imaginando mesmo era eles meter bala, plantar uma arma na minha mão e dizer que foi troca de tiro.

João já sabia dos possíveis desdobramentos, pois alguns amigos haviam passado por essas desventuras. O receio de alterações no contexto do flagrante ou a criação de novas cenas atenuava o medo e transubstancializava-o em presença, companhia. Não é por acaso que a viatura foi chamada de "carro da morte" e que o "plantar" faz parte das técnicas de alteração de cena por policiais. Se o jardineiro semeia, planta e arranca, tendo em suas mãos a autoridade de fazer brotar a vida ou interrompê-la, João se viu refém da dupla metáfora e do labor da "jardinagem policial".

Rumo ao desconhecido, algemado desconfortavelmente, entre os contorcionismos da posição e impactos do carro passando pelos quebra-molas, João reclamava da dor que sentia e pedia que algum policial o ajeitasse. Os pedidos foram ignorados, a dor foi ignorada. Não há espaço para o reconhecimento da dor infligida no corpo de um sujeito que arbitrariamente é alojado a essência da periculosidade. Asad (2011, p. 176) afirma que: "[a] dor não é sempre encarada como intolerável nas modernas sociedades Euro-americanas". Quando a aplicação dessa dor faz parte do repertório punitivo, aplicado em corpos esvaziados de afeto e significância, não só é encarada como tolerável, como passa pelo crivo da legitimidade moral e da farmacologia social punitiva para tratar os indesejáveis que arruaçam os espaços da cidade.

O "coió"

Chegando na delegacia, João foi encaminhado para o "coió", uma espécie de sala de espera onde as pessoas que são encaminhadas para averiguação de alguma situação aguardam para serem ouvidas pela delegada ou delegado responsável pelo plantão. "Você aqui de novo? Dessa vez vai ficar mais tempo!", disse um dos agentes responsáveis pela burocracia institucional e registros documentais na delegacia. "Mano, quando cheguei no coió e os cara já começaram a jogar o terror, sabia que iam me mandar para o inferno de novo, fiquei foi triste!".

João já havia apanhado quando foi interceptado pela PM, torturado fisicamente com direito a espetáculo público, jogado na viatura de qualquer maneira e amarrado feito animal pronto para o abate. E na delegacia não foi diferente. As técnicas de tortura se atualizam e as maneiras de administrá-la seguem o fluxo de onde, quando e como se pode torturar alguém. A tortura psicológica, as promessas de uma prisão "indefinida", as pechas da reincidência como agravante, os xingamentos, tudo isso ritma a orquestra suplicial do ritual que antecede a prisão. Ainda sobre a tortura, Asad, argumenta:

> A categoria de tortura não está mais limitada à aplicação de dores físicas: ela inclui, agora, a coerção psicológica em que são empregados o isolamento, a desorientação e a lavagem cerebral. A "tortura" funciona nos dias de hoje não apenas para caracterizar os comportamentos atualmente proibidos por lei como também aqueles sobre os quais recai o desejo de proibição de acordo com as modificações do conceito de tratamento "desumano" (Asad, 2011, p. 178).

A destituição da condição humana do sujeito aprisionado é catalisadora. São inúmeros os investimentos para desprender desse sujeito sentimentos, afetos, traços de vida que rascunham a vivência do cotidiano. O sujeito-crime usurpa a existência do sujeito-homem, ele não mais pertencente ao lugar político do cidadão. Portanto, a negação dos direitos se funde à extinção do direito. Acompanhando blogs e sites que veiculam matérias sobre a dinâmica da cidade, quando as pautas remetem a questões "policiais", seja em contexto de aprisionamento ou de morte, é comum vermos comentários festivos sobre os casos, como: "CPF cancelado", "mais um pra sentar no colo do capeta", "o inferno tá em festa", "menos um nas ruas".

Um sujeito sem nome, referência, identidade ou identificação. Apenas um número, um adjetivo dos essencialismos do mal, da maldade. Sujeira. Numa faxina, quando se decide não puxar os móveis para varrer debaixo, o movimento da vassoura empurra para baixo dos objetos da casa a poeira que escapa dos fios da piaçava. Tem-se a impressão de casa limpa por completa, mas a sujeira escondida teima em existir, mesmo que longe dos campos de visibilidade. Assim acontece com os indesejados, os que não dançam conforme a música da moral do "cidadão de bem", os que comentem algum delito e são desacreditados, desumanizados. Butler, sobre esse processo de desumanização, ressalta:

> Parece importante reconhecer que uma maneira de "administrar" uma população é constituí-la como algo menos do que o humano, privado de direitos, uma humanidade irreconhecível. Isso é diferente de produzir um sujeito que está em conformidade com a lei; e é diferente da produção de um sujeito que utiliza a norma da humanidade como seu princípio constitutivo. O sujeito que não é sujeito não é vivo nem morto, nem completamente constituído como sujeito nem plenamente desconstituído na morte. "Gerenciar" uma população é, portanto, não apenas um processo pelo qual o poder regulador produz um conjunto de sujeitos. E o processo de dessubjetivação, com enormes consequências política e jurídicas (Butler, 2020, p. 124).

Apesar da ínfima quantidade de drogas que estava portando, João mais uma vez foi autuado por tráfico de drogas e em seu boletim consta também a acusação de ser faccionado. A certeza do sentimento de que voltaria ao inferno foi confirmada verbalmente, legitimada em papel timbrado. Nessa "farra de aprisionamento, (...) as prisões tornam-se uma maneira de dar sumiço nas pessoas com a falsa esperança de dar sumiço nos problemas sociais latentes que elas representam" (Davis, 2018, p. 39). E João foi preso, em plena pandemia.

A prisão

> Mano, quando eu cheguei naquele lugar, chega me arrupiei. O inferno é pesado, é sujo. Fede! Parece um lixão com um bocado de rato morto. Eu não tava botando fé que tava ali de novo, e por nada, homem. Não tava vendendo, não tava passando, era tudo meu, pra fazer a minha brisa. Mas é isso... feio, preto, pobre e já sujo no papel, os cara não tem dó mesmo. Manda pra lá na maldade.

Nesse retalho textual, a fala de João traduz significados e significâncias sobre a prisão e suas tecituras. A prisão como objeto de estudo aciona diversos olhares e pesquisas que delineiam seus trajetos, modos estruturais e travessias, sejam elas jurídicas, institucionais ou políticas. Olhar a prisão, os mecanismos e as economias que a sustenta compõe um vasto repertório conceitual, teórico e reflexivo. Apesar de agregar em sua lógica existencial a privação de liberdade como práxis pedagógica, mesmo desenhada numa arquitetura de espaços fechados e projetada a partir da didática claustrofóbica da punição, seus campos — de estudo — são abertos como linhas em continuidade. A prisão é cosmogonia do inesgotável. Nas palavras de Angela Davis:

> É, portanto, importante compreender que a prisão como a conhecemos não surgiu no palco histórico como a forma suprema e definitiva de punição. Foi simplesmente — embora não devamos subestimar a complexidade desse processo — o que fazia mais sentido em determinado momento da história. Deveríamos, portanto, nos perguntar se um sistema que estava intimamente relacionado com um conjunto específico de circunstâncias que predominaram durante os séculos XVII e XIX pode continuar reinando absoluto no século XXI (Davis, 2019, p. 46).

Em João, a prisão acionou o inferno a abriu suas portas. As experiências vividas por ele confirmam os diversos apontamentos acerca da assimetria de poder que se operacionaliza no cárcere. Recém-chegado, mesmo que pela segunda vez, ele não encontrou o mesmo lugar em que estivera em 2015. A gestão das portas trancadas tinha sido modificada, bem como as dinâmicas de funcionamento e as relações institucionais, nos mais variados seguimentos constitutivos das "erosões do sistema prisional" (Godoi, 2020).

As fendas abertas das mais diversas práticas de punição que acontecem no interior da prisão e fora dela fizeram escapar pelas gretas o pedaço do inferno que João vivenciou:

> Quando aquele portão abriu e fechou, fodeu tudo! Não sabia como tava as coisas lá dentro, nem se podia contar com alguém pra não passar tanto perrengue. Eu até tinha uns conhecidos que tavam lá, mas não sabia mais da cabeça dos cara. Cabeça muda, né? A única certeza que eu tinha é que eu tava no inferno!

João tinha acabado de cruzar os portões, mas as lembranças do tempo em que estava preso em 2015 reacenderam. O reluzir das memórias mostrou o abismo que ele já conhecia — desconhecendo —, apenas um passo à frente. A métrica do abismo é incógnita, pois expende misto de névoa e escuridão onde não se vê o fim, o chão, o plano final. João tinha chegado, mas não sabia quando sairia.

> Quando cheguei na cela, vi logo um parceiro das antigas que me botou num cantinho e me deu até "bem-vindo". Eu ri, porque véi, bem-vindo naquele lugar é até engraçado, mas o pivete viu que eu tava tenso, assustado e foi bom pra mim. Me senti até mais seguro, né?

João narrou que passou a noite em claro, pois havia mais cinco pessoas na cela que ele desconhecia. Mas o fato de ter encontrado um velho conhecido garantiu a sensação de segurança. A importância das "alianças e da amizade" (Barbosa, 1998), no contexto de cárcere impõe autonomia e de certo modo tensiona a noção de pertencimento e familiaridade e a "micropolítica do afeto" (Deleuze; Guattari, 2012), de ver no outro uma possibilidade de garantia parcimoniosa no "convívio" (Marques, 2014) da prisão, com seus contornos e "linhas sobrecodificadoras, que efetivamente não se traçam sem assegurar a prevalência de um segmento como tal sobre o outro. Nesse sentido, a centralização é sempre hierárquica, mas a hierarquia é sempre segmentária" (Deleuze; Guattari, 2012, p. 115). Tomando de empréstimo a reflexão de Magalhães e Hirata:

> A prisão é um operador tático, produtor e difusor de instrumentos de subordinação, mas também um efeito. Nela, constelaram racionalizações e técnicas heterogêneas e de proveniências diversas. Essas ordenações cingiram a prisão a partir de fora no mesmo ato em que lhe formaram a consistência interna. Por seu lado, a prisão integrou essas técnicas de maneira sistêmica, deu-lhes coordenação e coerência, ajustou-as ao imperativo da produção do comportamento dócil, da canalização instrumental das energias e da subordinação das vontades (Magalhães; Hirata 2017, p. 69).

O sol nasceu e, pelas frestas, raios de luz acordaram João do leve cochilo. A rotina na prisão efetivamente se instaurava, pois quando chegou na noite anterior muitos detentos da ala já estavam em descanso. Como me disse, aquela "foi a hora em que viu o inferno de dia". A claridade do dia pelas centelhas que escapam do concreto e ferro oportunizou o interlocutor a ver com mais nitidez a ala em que estava recluso e as pessoas que compartilhavam o espaço com ele. Identificar rostos, conhecer novas fisionomias e responder uma série de questionamentos sobre as causas e motivações da sua prisão foi a programação do primeiro dia no inferno.

João disse que percebia que alguns dos presos o olhava com "cara de ódio", parecendo que "via bicho", e ele não entendia, pois, além de não pertencer a nenhuma facção, ele era conhecido de uma "figura que tinha moral" no espaço. Até que em dado momento um detento que ele chama de "Papai Noel", um dos mais velhos da prisão, olha pra ele e diz: "Sai de perto de nós, esse negócio de 'covírus' matando e tu tava lá fora, sabe lá se tu não tem esse diabo". A reprovação pela presença de João se dava muito mais pelos rumores da fumaça de adoecimento e morte que a Covid-19 espalhava pelo mundo do que pela desconfiança da sua caminhada.

Os detentos estavam preocupados, pois consideravam as "medidas de proteção" adotadas pelo complexo prisional contraditórias e ineficientes. Enquanto as portas estavam fechadas para as visitas familiares, a Pastoral Carcerária e instituições que desenvolvem trabalhos voluntários dentro do presídio, sob a alegação da necessidade do isolamento, o portão abria-se sempre para encarcerar mais um sujeito despido de humanidade.

Com a Covid-19, vários problemas de ordem estrutural intensificaram-se. "As famílias davam um salve. Levava uma comida, um biscoito recheado, um refrigerante, cigarro, desodorante e tal, mas com esse negócio de vírus não entrou mais nada e a gente ficou lá mais preso ainda". João partilha de um sentimento de duplo confinamento, preso no inferno e sem receber visita da família. A força do cárcere pesa nos dias, e estar encarcerado sem ao menos receber "um abraço da coroa e o feijão com calabresa" pesa na dimensão do afeto e da fome.

A ausência de agentes externos, organizados institucionalmente ou não, que de alguma maneira cumprem o papel de "fiscalizar" a realidade dentro das cadeias resguardou — ainda mais — o Estado e suas táticas próprias de punição, seja ela judicial ou extrajudicial. A falta de artigos básicos para a garantia mínima do funcionamento da instituição e dos direitos dos detentos escancarava as portas do inferno. Certa vez, ao abrir a torneira, João notou que a água estava marrom "cor de bosta", e não era somente a cor, o odor também — "era uma catinga miserável". Sem água potável, preso, numa cidade conhecida pelas altas temperaturas, de calor insuportável, as linhas do cárcere desenhavam na frente de João as figurações desse inferno em vida.

O problema se resolveu em dias, pois um "cara das antigas que tem muita responsa lá dentro foi pedir, reclamar por nós". Os agenciamentos políticos costurados na cadeia perpassam a estrutura institucional. O fato do "cara das antigas ter moral", diálogo, sugere bifurcações: a primeira delas constata que o aparelho burocrático do Estado não consegue gerenciar o interior de suas instituições punitivas sob a égide da assinatura oficial, estabelece conexões internas, num movimento de captura, forjando transparência e caráter dialógico entre a instituição e seus "tutelados"; a segunda bifurcação é que numa estratégia política, o "cara das antigas" performa uma docilidade para que a reivindicação chegue na direção e sua voz incorpore força de escuta.

Sendo elo entre instituição e detentos, o "cara das antigas" em movimento de resistência, para garantir minimamente a sobrevivência no inferno, estabelece diálogo com a instituição, mas sabendo que nesse poder disjuntivo não existe horizontalidade, pois no jogo de pesos e medidas ele está na parte inferior e é esmagado de cima para baixo. Não se sabe quais peças foram postas em jogo, ou quais argumentos foram utilizados, mas ao voltar do encontro com a direção da instituição, o "cara das antigas" resmungou: "Esses pau no cu tão pensando que vai ferrar mais com a gente, eles que sabem, eles têm visão". Nas palavras de Foucault (2014): "o corpo humano entra numa maquinaria de poder que o esquadrinha, o desarticula, e o recompõe" (p. 118).

A água marrom e fétida foi apenas um dos desenhos da anatomia do inferno. Pouco mais de um mês preso, João partilhou dos rumores que circulavam nos corredores de que na outra ala havia chegado dois novos detentos que apresentaram sintomas semelhantes aos da Covid-19. Apesar de a ala em que João estava não ter contato de proximidade com os aprisionados da ala oposta — por questões políticas, no que diz respeito aos arranjos das dinâmicas faccionais na prisão —, o medo de contaminação e a incerteza dos seus efeitos instauraram-se em todo o presídio. Trancafiados, sem ter notícias concretas do outro lado dos muros e sem repasse institucional/oficial por parte da direção, as figurações do inferno assombravam ainda mais pela ameaça da doença e da morte.

A gestão prisional, em comunhão com a corporação policial e as instâncias jurídicas — a tríade responsável pelo encarceramento de João e tantos outros —, parece não ter se preocupado em regular os fluxos de aprisionamento durante a pandemia ou pensado em outras estratégias no lugar do encarceramento de sujeitos que estavam "livres" e soltos, tal qual a Covid-19 — caminhando juntos, lado a lado, ou numa relação simbiótica, tipo hóspede e hospedeiro. Afinal, ao que se sabe, não foram disponibilizadas testagens para Covid-19 aos novos detentos; João também não foi testado. Se, para uma família de cinco membros, com sua rotina de trabalho instaurada, sem o privilégio de classe do *home office*, a manutenção do isolamento e distanciamento físico foi praticamente impossível, imagine para um grupo social que vive no cárcere, em celas superlotadas, sem condições básicas de higiene.

Para João e os outros sujeitos aprisionados, a Covid-19 surge como mais um elemento — no caso, temporal — que ritma o dia a dia da cadeia; mais um instrumento de violência e tortura, uma arma biológica que não foi forjada pelo Estado, mas que, na ausência de uma gestão minimamente responsável, pode ser alimentada por ele. Os medos e as inseguranças de João, assim como, em suas palavras, o "mínimo de juízo que restava", foram tensionados e esfarelados com a Covid-19 e a possibilidade de "dar uma grande merda", ou em outras palavras, engrenar mais uma crise sanitária no sistema prisional — haja vista os inúmeros relatos de casos de tuberculose, endemias dermatológicas etc. nas cadeias brasileiras. Contudo, no caso da Covid-19, a excepcionalidade do vírus lança uma penumbra de incertezas e inconstâncias.

"A gente ainda ouvia dos homi: 'Pivete, na hora de tá aprontando na rua vocês não têm medo, agora [por causa] de uma gripezinha fica aí com frescura". A importação do discurso presidencial ao comparar e simplificar os sintomas da Covid-19 a uma "gripezinha", mesmo com as milhares de vítimas fatais do vírus no país, chegou ao presídio onde João cumpriu pena e incrementou a narrativa desse policial penal. Os desdobramentos da necropolítica (Mbembe, 2018) na prisão não se ajustam à concepção de morte em termos finais, a morte do corpo físico, o suspiro último. Essas pequenas táticas de tortura, medo, falta, se estilhaçam na prisão como vidro quebrado ao chão, que penetra os pés de quem o pisa. A morte é fragmentada: é a água suja, o calor infernal, o medo da Covid-19, a fome.

Quando João comentou sobre a saudade que sentia do feijão com calabresa feito pela mãe, foi pra iniciar um episódio que envolve comida e fome. Em determinada ocasião, a refeição do dia era feijão, arroz e frango. Ao manusear o tacho de feijão, um dos detentos encontrou uma barata, o que causou forte comoção e enojamento. "Ninguém mais comeu!". Com base nos relatos de João, entendi que a dieta alimentar no presídio atende minimamente as três refeições diárias, básicas, sem peso nutricional nem qualidade. A barata no feijão retirou a refeição de um turno e, para se alimentarem novamente, teriam que aguardar a janta, passando a tarde inteira de barriga vazia, com fome.

João disse que se sentiu fraco o dia inteiro, pois ele sempre comeu bem e a comida do presídio descia rasgando. "E não é frescura não, pivete. Eu como de tudo! Mas a comida é ruim demais. Tinha dia que preferia ficar com fome do que comer, ficava fracão mesmo, dava até suadeira, ficava tonto". Carolina Maria de Jesus (2012), no livro "Quarto de despejo", diz que a: "tontura da fome é pior do que a do álcool. A tontura do álcool nos impele a cantar. Mas a da fome nos faz tremer. Percebi que é horrível ter só ar dentro do estômago" (p. 38). João e vários parceiros que dividiam ala vivenciaram a mesma fome que Carolina Maria de Jesus. E sobre a racialização da fome, João e Carolina Maria de Jesus são pretos. A fome traz ao corpo inúmeros agenciamentos neuroquímicos, sensações, percepções, dor. A fome é também uma prática de tortura e compõe a economia da punição.

Quando perguntei a João se alguém fez alguma reclamação, ele me respondeu: "O povo acha que a gente comer é luxo, por eles nós morria tudo de fome". As prisões do Brasil têm cor. Na cidade onde João ficou aprisionado, ela é cinza, mas os corpos que ocupam as celas são pretos. Majoritariamente, são jovens negros trancafiados em novas modulações escravistas, alimentadas por "sistema de casta" (Alexander, 2017), mesmo que não oficialmente reconhecidos. Davis (2018) afirma que a "escravidão continua a existir em instituições contemporâneas — como nos casos da pena de morte e da prisão, por exemplo". Dos sujeitos aprisionados são retirados direitos básicos, como o de comer. As múltiplas violências reproduzidas pelas instituições de encarceramento ecoam a "tônica do silêncio" (Godoi, 2020), mesmo em meio aos gritos de "tô com fome", "a água tá podre", "vamos morrer de Covid".

As prisões, em termos "pedagógicos" — se é que existe pedagogia no aprisionamento —, foge dos aparatos ideológicos de instituição educativa, sociorestaurativa e tantas outras nomenclaturas bonitas para exaurir da sua etimologia o fazer primeiro: punir. Não me surpreende João trazer à tona a metáfora do inferno ao se referir à prisão. Sendo no imaginário social-moral o inferno o lugar do dessabor, da punição na íntegra, corpo e alma em chamas para expiar o pecado, o delito, a maleita, a prisão cumpre divinamente esse papel. A prisão e o inferno operam capturas múltiplas na extinção da humanidade, genocidam subjetividades, afetos, direitos, histórias.

João saiu do inferno e aguarda julgamento. Enquanto isso, lida com as marcas que ficaram impressas no seu corpo, nos dos outros, nas lembranças e na incerteza do que está por vir.

"Lili cantou?" ou poucas considerações

"Os homi falaram que se me ver na rua vão me pegar. Tô solto e não tô. Vou ter que ficar atento pra não voltar pro inferno!". A liberdade de João é restritiva, ele foi orientado a não sair da cidade enquanto estiver aguardando julgamento e foi "aconselhado" pela polícia a não sair de casa, sob ameaças de capturá-lo de novo apenas pela culpa de andar pelas ruas. Butler (2019), sobre o poder soberano e seus fluxos, afirma que: "agovernamentalidade é amplamente entendida como um modo de poder que se ocupa da manutenção e do controle de corpos e pessoas, da produção e da regulação de pessoas e populações" (p. 75).

Mesmo fora do inferno, João está rodeado de signos infernais. O estatuto de ex-presidiário, a acusação de ser faccionado, a alegação de ser traficante, "ser pretinho e pobre" — em suas palavras —, já o designa a condição de alma "irresgatável". Dos seres do inferno, não é retirada a culpa, e quem passou pelo cárcere carrega as marcas das retaliações morais, mesmo posteriormente ao cumprimento da pena. A pena não extingue a culpa. João continua sendo o bandido perigoso, uma ameaça à sociedade e aos cidadãos de bem. Não é o filho de dona Nagé, não tem sobrenome. "Se pá, nem existo", me disse.

A invisibilidade da existência de jovens como João conclui um projeto institucional falido, que há séculos, a muros altos e portas fechadas, em concreto e metal, exerce seu poder punitivo e seletivo de decidir os caminhos de liberdade e aprisionamento, de vida e morte, de salvação e condenação. O inferno é a última instância condenatória do tribunal celeste e as almas que nadam em fogo são irrecuperáveis. A prisão também é a última instância condenatória do tribunal ocidental, civilizado e, mesmo assim, os sujeitos que passam pelo cárcere dificilmente conseguem reestabelecer sua vida pública, sua moral social. Portanto, a prisão é tão falha e desnecessária quanto o inferno. Melhor seria assumir a face prioritária de punir corpos, almas e mortificar as vidas matáveis, impassíveis de luto.

João está solto, mas a liberdade, a "Lili não cantou...".

REFERÊNCIAS

AGAMBEN, Giorgio. *Homo sacer:* o poder soberano e a vida nua I. Belo Horizonte: UFMG/Humanitas, 2004.

ALEXANDER, Michelle. *A nova segregação:* racismo e encarceramento em massa. São Paulo: Boitempo, 2018.

ARENDT, Hannah. *Homens em tempos sombrios.* São Paulo: Companhia das Letras, 2008.

ASAD, Talal. Reflexões sobre crueldade e tortura. *Pensata*, vol. 1, n. 1, 2011. pp. 160-187.

BARBOSA, Antônio Carlos Rafael. *Um abraço para todos os amigos:* algumas considerações sobre o tráfico de drogas no Rio de Janeiro. Niterói: Eduff, 1998.

BUTLER, Judith. *Vida precária:* os poderes do luto e da violência. Belo Horizonte: Autêntica, 2019.

_____. *Quadros de guerra:* quando a vida é passível de luto? Rio de Janeiro: Civilização Brasileira, 2019.

DAS, Veena. *Vida e palavras:* a violência e sua descida ao ordinário. São Paulo: Editora Unifesp, 2020.

DAVIS, Angela. *Estarão as prisões obsoletas?* Rio de Janeiro: Difel, 2018.

_____. *A democracia da abolição:* para além do império, das prisões e da tortura. Rio de Janeiro: Bertrand Brasil, 2019.

DE MAGALHÃES JR., José César; HIRATA, Daniel Veloso. Governar pela crítica: O reformismo carcerário em Vigiar e Punir. *Dilemas, Rev. Estud. Conflito Controle Soc.*, Rio de Janeiro, Edição especial n. 2, 2017. pp. 67-83.

DELEUZE, Gilles. *Mil platôs:* capitalismo e esquizofrenia, vol. 3. Rio de Janeiro: 34, 2012.

FOUCAULT, Michel. *Vigiar e punir.* Petrópolis: Vozes, 2014.

_____. *Segurança, penalidade e prisão.* Rio de Janeiro: Forense Universitária, 2012.

GODOI, Rafael. A prisão fora e acima da lei. *Tempo Social,* vol. 31, n. 3, 2019. pp. 141-160.

VARGAS, Joana Domingues. Em busca da "verdade real": tortura e confissão no Brasil ontem e hoje. *Sociologia & Antropologia,* vol. 2, n. 3, 2012. pp. 237-265.

JESUS, Carolina Maria de. *Quarto de despejo:* Diário de uma favelada. 9. ed. São Paulo: Ática, 2007.

LEVI, Primo. *Os afogados e os sobreviventes.* São Paulo: Paz e Terra, 2016.

MATTHEWS, Roger. *Pagando tiempo:* una introducción a la sociología del encarcelamiento. Barcelona: Bellaterra, 2003.

MARQUES, Adalton. *Crime e proceder:* um experimento antropológico. São Paulo: Alameda, 2014.

MBEMBE, Achille. *Necropolítica.* São Paulo: n-1 edições, 2018.

PADOVANI, Natália Corazza. "Luana Barbosa dos Reis, Presente!": entrelaçamentos entre dispositivos de gênero e feminismos ocidentais humanitários diante das violências de Estado". *In:* MALLART, Fabio; GODOI, Rafael (Orgs.). *BR111:* a rota das prisões brasileiras. São Paulo: Veneta, 2017. pp. 99-115.

PRATT, John. O retorno dos "homens carrinhos de mão" ou a chegada da punição pós-moderna. *In:* CANÊDO, Carlos; FONSECA, David S. (Orgs.). *Ambivalência, contradição e volatilidade no sistema penal.* Editora UFMG, 2012. pp. 185-210.

ROSA, João Guimarães. *Grande sertão:* veredas. Rio de Janeiro: Nova Fronteira, 2001.

TELLES, Vera da Silva. Resistências, sublevações, o "rumor das batalhas". *Dilemas:* Rev. Estud. Conflito Controle Soc., Rio de Janeiro, Edição especial n. 2, 2017. pp. 11-28.

NÓS POR NÓS

TEIAS DE SOLIDARIEDADE, POLÍTICAS DE DESENCARCERAMENTO E ABOLICIONISMO PENAL NO MUNDÃO EM PANDEMIA[1]

Natália Corazza Padovani

A todas as mulheres sobreviventes do cárcere.

O que segue não ambiciona ser nada mais do que reflexões na pandemia. Ao final do correr de olhos e do virar das páginas, caberá às leitoras decidir se estas são linhas que nunca deveriam ter saído do fundo de uma gaveta.

---

[1] Este texto foi escrito em meio a aulas, reuniões de grupo de pesquisa e *workshops* realizados por meio de plataformas *on-line*. Foi escrito por meio dos enlaces cotidianos de mensagens de *WhatsApp*, ligações telefônicas, recebimentos de cartas que pouco a pouco deixaram de chegar. Afinal, os trabalhadores dos Correios estão em greve! As linhas que seguem foram desdobradas nesses muitos nós. Os nós acadêmicos dos participantes da disciplina Fundamentos de Estudos de Gênero; das reuniões do grupo de orientação e pesquisa coordenado por mim conjuntamente com Adriana Piscitelli; das autoras e autores, bem como debatedores dos *workshops* Pandemia na Roda, organizado com Larissa Nadai e Juliana Valente. Agradeço pelas faíscas de inquietação que cada uma das pessoas que integram esses nós lançaram, às vezes mesmo sem saber, sobre minhas reflexões na pandemia. Agradeço ao incentivo carinhoso de Fabio Mallart para que estas reflexões fossem escritas. A Mãe Batia de Oxum e Mary, agradeço por me faltar palavras para defini-las. Por compartilhar do nosso mundão possível, por construírem incansavelmente Por Nós. Agradeço, principalmente, as que aqui não posso nomear, chamadas de Audre, Nadine, Agnes, Nina e Elza. A responsabilidade de tudo o que se expressa nestas páginas é inteiramente minha.

"Para vocês, a cadeia é o inferno. Para nós, um inferno maior ainda é a liberdade condicional". Com essa frase, uma mulher estrangeira[2] sobrevivente do cárcere começou sua fala na reunião de 24 de novembro de 2019, no barracão da Casa de Axé de Mãe Batia de Oxum, localizado no subdistrito de Sapopemba, Zona Leste de São Paulo. A reunião dava início à formação do coletivo Por Nós[3], formado com o objetivo de reunir mulheres, entre elas mulheres trans, que estiveram presas. Mulheres brasileiras, filipinas, sul-africanas, novinhas, do corre, mães, irmãs, filhas, amigas, amantes, evangélicas, candomblecistas. A roda daquele encontro conformava um elo entre as diferenças: a prisão.

Cansadas de serem subjugadas em suas narrativas e de verem suas demandas serem transformadas em projetos sociais protagonizados por mulheres e homens que nunca foram presos, por meio do coletivo Por Nós todas firmavam naquela roda o compromisso de escuta e acolhida umas das outras.

"Foi quando ergui minha voz que deixei de ter medo de contar a minha história. Aí, eu me fortaleci", disse Mãe Batia de Oxum. "Eu hoje tenho orgulho de ir à porta da cadeia como pesquisadora e não tenho mais medo de expor o meu nome", disse Mary Jello,

---

2 Ciente do fato de estar o nome "estrangeira/s" repousado sobre o léxico jurídico vinculado ao controle das fronteiras nacionais e da criminalização histórica dos sujeitos categorizados como "não-nacionais", opto por seguir usando a categoria "estrangeira", pois considero que ela não deixa de definir as relações que minhas interlocutoras estabelecem com instituições e agentes estatais.

3 Tudo o que conto nas páginas em tela passou pelo acompanhamento afetivo e acolhedor do "Por Nós". Tenho a imensa honra de atuar como "colaboradora" desse coletivo, uma "irmã de caminhada" nas fronteiras das nossas diferenças. Tenho total responsabilidade pelo que está aqui expresso e pelos argumentos expostos ao longo destas reflexões.

referindo-se ao projeto "Filas em Prisões", do qual participa[4]. As irmãs Batia e Mary, ambas sobreviventes do cárcere e mães e esposas de pessoas que também cumpriram pena em penitenciárias — nos estados de São Paulo e Pernambuco —, tornaram-se lideranças do coletivo Por Nós.

Naquele final de 2019, as irmãs incentivavam a produção de trocas relacionais entre conhecimento e teias de solidariedade por meio das experiências de aprisionamento daquelas mulheres. Trocas essas que as fizeram tecer o entendimento resumido pela frase da sul-africana Nadine, participante da rede: "Cada cadeia é uma cadeia".

Cada narrativa de dor e sofrimento ali exposta era diferente. Em um breve momento daquele encontro, quando algumas das brasileiras e estrangeiras começaram a disputar escalas de opressão a que haviam sido ou estavam sendo submetidas, Mary se posicionou contundentemente: "Nenhuma cadeia é maior que a outra".

Compreender a prisão e as políticas penitenciárias que cada uma delas conhecia por dentro requeria levar a sério as escutas sobre as cadeias de cada um de seus processos de encarceramento. Foi assim que o Por Nós: Coletivo de mulheres sobreviventes do cárcere ganhou vida. O momento de seu nascimento coadunava com a urgência da necessidade pela organização de uma teia de solidariedade.

A ascensão de governos autoritários em âmbito federal e estadual, nas figuras de Jair Bolsonaro (sem partido) e João Dória (PSDB), recrudesceram as já draconianas políticas de segurança pública que vinham sendo levadas a cabo há anos por meio da "guerra às drogas" e do "combate ao crime organizado" (Rodrigues, 2012;

---

4 "Filas em Prisões" é um projeto de extensão desenvolvido pela Universidade Federal de Minas Gerais (UFMG), sob coordenação de Carolyne Reis Barros, que acompanha filas de visitas e os impactos do encarceramento nos familiares das pessoas em situação de prisão. Cursando faculdade de assistência social após ter cumprido 14 anos de pena privativa de liberdade, Mary foi convidada para integrar as atividades do projeto no estado de São Paulo.

Padovani, 2020). As políticas executadas pelos projetos neoliberais desses governos foram capilarizadas, discursiva e materialmente, nos territórios "das margens" da cidade (Feltran, 2011) por meio do desmonte dos serviços públicos (sistematicamente precários) de saúde, cultura, educação e assistência social, bem como pelo aumento da violência policial (De Mario; Barbarini, 2020; Santos, Souza; Carvalho, 2020).

Mirando o contexto americano, Wendy Brown (2019) chamou atenção para o fato de a ascensão de governos neoliberais e de caráter totalitário a partir de meados da década de 2010 ser efeito do empreendimento mobilizado pelas elites políticas e econômicas que passaram a defender o "desmoronamento da sociedade". Segundo a autora, toda teia de proteção social, tradicionalmente voltada para sujeitos e populações até então categorizados como "vulneráveis" (Sabsay, 2016), na lógica neoliberal deve ser respaldada pela trama dos cuidados privados. A arena do que é reconhecido como público e social (Arendt, 2005), para o sucesso desse projeto, precisa ser desmantelada[5].

A própria categoria de "vulnerabilidade", assim, se antes era voltada para políticas tutelares de proteção a populações e sujeitos por meio dos marcos dos humanitarismos (Lima, 1995; Fassin, 2014), passa a ser compreendida, nos arranjos neoliberais, como uma fraqueza a ser extirpada. Os argumentos de Brown (2019) esmiúçam o resgate contemporâneo do léxico moral religioso darwinista de Friedrich Hayek, por meio do qual abre-se precedente para compreender pessoas com deficiências, idosos, pobres, doentes, mulheres, homossexuais, negros, indígenas, em situação de prisão e em situação de rua não mais como "sujeitos vulneráveis" a serem tutelados por

[5] Os argumentos de Wendy Brown (2019) ficam estupidamente expressos nas falas do presidente Jair Bolsonaro, que recomenda, por exemplo, que cada família cuide de seus idosos, dizendo que ele como presidente não tem essa atribuição. Ver Fernandes (2020).

uma horda caridosa e imperial de aparatos respaldados na ideia de "direitos humanos" (Hunt, 2009), mas como os elos fracos e descartáveis da cadeia de retroalimentação do "mercado".

Não que esse movimento seja novo ou exclusivo de uma contemporaneidade ultra recente. Fanon (1968[1961]), Taussig (1993[1987]) e McClintock (2010[1995]) são alguns dos autores que chamaram a atenção, no curso da história, para a cumplicidade entre tecnologias políticas de fazer viver e deixar/fazer morrer — os mecanismos de bio e necropolítica de Foucault (1979) e Mbembe (2011) exaustivamente explorados pelas escritas das ciências humanas e sociais. Brown (2019), por sua vez, coloca tal discussão no quente das horas práticas há muito conhecidas desde esses nossos "suls": diante do desmantelamento do social, as relações de proteção familiares, de vizinhança e os coletivos organizados passam a refazer as teias de solidariedade. Refazenda essa que se dá não só pela via da demanda por políticas públicas de Estado, mas pelas relações privadas (Fonseca, 2000; Fernandes, 2017). As análises trazidas por Brown, ademais, relacionam o processo de desmantelamento do social com o recrudescimento de governos e aparatos jurídicos ditatoriais.

No emergente "mundão em pandemia", o coletivo Por Nós se compunha da percepção de que, como mulheres sobreviventes do cárcere, elas eram por excelência objeto das políticas públicas de segurança e tutela — práticas cotidianas colocadas a cabo pelas malhas da governamentalidade (Foucault, 2008) que simultaneamente as categorizam como criminosas e vulneráveis. Mulheres sobreviventes do e no cárcere são sujeitos conformados pelas tramas institucionais estatais (Gregori, 2000); afinal, nunca se está tão dentro do Estado como na prisão (Barbosa, 2005). Ao mesmo tempo, a formação de coletivos como o Por Nós decorre da materialidade vívida de que as suas sobrevivências são apenas asseguradas pelos seus muitos nós afetivos, e não pelos seus "direitos" como "sujeitos vulneráveis". Mais uma vez, isso não é novidade nem uma decorrência do contexto pandêmico. Antes, é a partir desse contexto que se multiplica a visibilização de coletivos organizados que passam a se sustentar por meio de suas redes: seus nós.

Em meio ao mundão em pandemia, o coletivo Por Nós tem servido como nó de uma rede que coloca as inúmeras e mais diversificadas demandas das mulheres sobreviventes do cárcere em comunicação. Por meio dessa teia, contas de água, luz e aluguel foram pagas coletivamente, alimentos e produtos de higiene foram entregues para pessoas em situação de prisão e para suas famílias e o luto pela perda de parentes por Covid-19 foi acolhido.

Cabe dizer, ainda, que o Por Nós não se constitui como um único nó dessa rede de solidariedade e manutenção da vida de sobreviventes do/no cárcere. Conjuntamente com associações como a Associação de Familiares e Amigos de Presos/as (Amparar)[6] e iniciativas levadas a cabo por pessoas como Bárbara Quirino[7], o coletivo reforçou os elos que tornavam possível a cada vez mais escassa comunicação entre prisão e mundão a partir do novo coronavírus, que coadunou com o desmoronamento do social potencializado pelo quadro político do Brasil em 2020.

Para além de fazer chegar e circular o mínimo para a manutenção da vida de pessoas em situação de prisão e seus familiares, a teia de solidariedade integrada pelo coletivo, conjuntamente com associações e organizações atuantes na Agenda Nacional pelo

---

6 Sobre a Amparar, ver Lago (2020), nas Reflexões na Pandemia de Dilemas.

7 Bárbara Querino é uma bailarina e modelo negra que foi presa mesmo tendo comprovado que na data da ocasião do crime de que era acusada estava viajando a trabalho, fora da cidade de São Paulo, onde se deu a "ocorrência". Durante a pandemia, Bárbara se disponibilizou a levar kits de "jumbos" — pacotes enviados pelas famílias de pessoas presas (ver nota 13) — para o correio em nome de familiares e amigas de pessoas em situação de prisão. Os Sedex eram feitos a partir de vaquinha de colaboradoras, todas familiares e amigas de pessoas em situação de prisão. Para conhecer mais sobre Bárbara, ver Salvadori (2018).

Desencarceramento[8], foi bastante presente na resistência da indicação absurda do Departamento Penitenciário Nacional (Depen), que propunha a implementação de contêineres para onde pessoas em situação de prisão contaminadas pela Covid-19 seriam encaminhadas e ficariam depositadas.

Como o artigo de Ricardo Campello e Rafael Godoi (2020) demonstra, a "nota de sugestão" do Depen de 20 de abril de 2020 para uso de contêineres em prisões ignorava solenemente os argumentos expostos no relatório do Conselho Nacional de Justiça (CNJ). Esse expunha como recomendação para a redução de danos à população em situação de prisão — mediante o novo coronavírus e as indicações da Organização Mundial de Saúde (OMS) de "distanciamento social" — a implementação de cumprimento de pena em regime domiciliar para pessoas consideradas do "grupo de risco"[9].

Em 15 de maio de 2020, sob intensa mobilização articulada pela Agenda Nacional pelo Desencarceramento, da qual o Por Nós fez parte, o Conselho Nacional de Política Criminal e Penitenciária (CNPCP) derrubou a proposta do Depen, inviabilizando o uso dos contêineres como artefato de depósito para pessoas contaminadas por Covid-19 no sistema prisional. O veto do Conselho, todavia,

---

[8] A Agenda Nacional pelo Desencarceramento é um programa popular composto por movimentos, associações e organizações sociais que propõe dez pontos com vistas a impulsionar práticas de desencarceramento, indo na contramão das políticas de encarceramento em massa. A Agenda se subdivide em Frentes Estaduais pelo Desencarceramento. Mais informações estão disponível (*on-line*) em: https://desencarceramento.org.br

[9] Segundo a OMS, podem ser categorizados como "grupo de risco" pessoas idosas, com idade igual ou maior que 65 anos, e pessoas portadoras de doenças cardiovasculares, diabetes, hipertensão, doenças respiratórias, câncer, doenças cerebrovasculares, portadoras de doença renal crônica, obesidade, asma e fumantes. Diante desse quadro, somado à impossibilidade de manter o "distanciamento social", recomendado pela mesma organização, nas instituições prisionais, é absolutamente factível afirmar que todas as pessoas em situação de prisão se enquadram na categorização de "grupo de risco".

manteve em seu texto a dúbia possibilidade do uso de "estruturas temporárias" voltadas para isolamento de pessoas em situação de prisão adoecidas pelo novo coronavírus.

Não objetivo, aqui, analisar as políticas de encarceramento colocadas a cabo durante a pandemia — reflexões e artigos têm sido amplamente produzidos nesse sentido[10]. Aciono a disputa deflagrada pela enfadonha proposta dos contêineres com vistas a chamar atenção para a intensa e imprescindível reação e mobilização de coletivos, associações de sobreviventes do/no cárcere, bem como das Frentes pelo Desencarceramento. No cenário da pandemia, em consonância com as recomendações do CNJ, elas têm demandado a implementação de políticas de "cumprimento de pena em regime domiciliar". O coletivo Por Nós certamente partilha da demanda pela ampliação e efetivação de políticas que visem ao desencarceramento — entre elas, o cumprimento de pena em regime domiciliar.

Nas linhas que seguem, por meio de breves apontamentos etnográficos em meio à pandemia e inspirada pela fala que abre o presente texto, proponho indagar sobre os sentidos de "prisão domiciliar" para parte da população em cumprimento de pena prisional. Antes de questionar demandas por políticas de "desencarceramento", proponho uma reflexão sobre os seus desdobramentos mediante, inclusive, as limitações dos elos de solidariedade produzidos por coletivos como o Por Nós.

O que está implícito na ideia de "prisão domiciliar" como prática de política de desencarceramento? Como provocam as reflexões de Silva e Maciel (2020), o que significa "ficar em casa" para pessoas que não têm casa? Nada que esteja exposto na presente provocação reflexiva pode ser considerado, exatamente, novedoso. A pandemia não implica um "novo" marco interpretativo. As reflexões na pandemia,

---

10 Para citar apenas os textos disponíveis na seção Reflexões na Pandemia de Dilemas: Silva (2020), Brandão (2020), Massaro (2020), Prando e Godoi (2020) e Silvestre, Jesus e Bandeira (2020).

contudo, permitem esticar os fios dos nós que nos atam, nos cingem. Inspirada na frase que abre este texto, proponho refletir sobre as cicatrizes do encarceramento no desencarceramento, retomando a proposição radical do abolicionismo penal. Afinal, se "cada cadeia é uma cadeia", para uma mulher estrangeira sobrevivente do cárcere um inferno maior ainda pode ser a liberdade condicional.

Entre a prisão e o "mundão em pandemia"

O telefone celular tocou registrando em tela o número da sala da assistência social da Penitenciária Feminina da Capital (PFC)[11]. Desde o início de abril eu falava por aquele número de telefone com a senhora Agnes, assistente social da unidade prisional. Era por meio daquelas conversas telefônicas que eu ficava sabendo das condições de vida dentro da prisão.

Em 24 de abril de 2020, a Secretaria de Administração Penitenciária do Estado de São Paulo (SAP-SP), por meio da portaria nº 60, suspendeu visitas de familiares a pessoas em situação de prisão e restringiu o

---

11 A PFC é a mais antiga unidade prisional do estado de São Paulo. No site da SAP consta que a unidade tem capacidade para aprisionar 606 mulheres, e que encarcera 497 pessoas. Minha relação de pesquisa, voluntariado e visita com essa unidade teve início em 2006, quando iniciei meu mestrado sobre sua história (Padovani, 2010). Desde então, a penitenciária se estabeleceu como meu principal campo de pesquisa, onde também atuei como voluntária da Pastoral Carcerária. Como não poderia ser diferente, ao longo dos anos teci relações de amizade que me levaram a acessar os portões da PFC pela via do rol de visitas familiares. Ela tem sido a unidade feminina para a qual pessoas estrangeiras acusadas de cometimento de crimes em território brasileiro são encaminhadas. Atualmente é conhecida como "a prisão das estrangeiras". Estas páginas foram elaboradas a partir da minha experiência de campo e de minhas relações estabelecidas com pessoas que cumpriram pena na PFC. Minha trajetória de pesquisa pode ser consultada em Padovani (2018).

envio dos "jumbos"[12], que não poderiam mais ser entregues pessoalmente, apenas pelos Correios. A pandemia do novo coronavírus se materializava como uma realidade indubitável no Brasil, e o estado de São Paulo se tornava um dos epicentros mundiais nos números de contaminação e falecimentos em decorrência da Covid-19. As cartas que me traziam notícias da prisão eram cada vez mais escassas. Servidoras públicas do estado de São Paulo, funcionárias da SEAP lotadas na PFC, trabalhavam em regime especial de plantão, de modo que atividades como coleta e recebimento de cartas foram parcialmente comprometidas.

O telefone da sala da assistência social do pavilhão administrativo passava a ser o meio mais eficaz para comunicação, ainda que não direta, com as filhas, mães, irmãs, amigas, amantes em cumprimento de pena na unidade. E a senhora Agnes, reconhecida como "a melhor assistente social da PFC" por todas as minhas amigas em situação de prisão ou que haviam cumprido suas sentenças naquela unidade, não se furtava em atender as inúmeras chamadas angustiadas em busca de notícias. "Estão todas bem? Alguém apresentou sintomas em algum pavilhão? Como posso enviar alimento e produtos de higiene? Vocês têm máscaras, álcool em gel, como está o suprimento de equipamento de proteção individual para funcionárias e para as pessoas presas?". Cada pergunta era respondida pela senhora Agnes com mais ou menos paciência, a depender do dia.

"A senhora está bem?", perguntei. Ao que ela desabafou respondendo que não exatamente. Com mais de 65 anos, continuava indo trabalhar mesmo sendo considerada parte do "grupo de risco" e já tendo acumulado tempo de trabalho suficiente para se aposentar.

---

12 "Jumbo" é o nome dos pacotes enviados pelas famílias de pessoas presas. Esses são entregues via Sedex (serviço de entrega dos Correios) ou pessoalmente, nos portões da unidade. Se feito pessoalmente, são permitidas entregas de uma maior variedade de produtos. Os "jumbos" carregam comidas, materiais de higiene pessoal e roupas; documentos e fotos são enviados por cartas comuns.

Mas me respondia, do outro lado da linha telefônica, que não havia recebido nenhum tipo de dispensa, que sequer máscara de proteção para nariz e boca havia recebido do governo do estado de São Paulo, seu empregador. A senhora Agnes costurava, ela mesma, com tecido, linha e elástico pagos com seu salário, as máscaras que vestiam seu rosto. Comprava, ela mesma, luvas de vinil transparentes e álcool em gel que a protegiam no percurso de sua casa para a penitenciária, no ônibus municipal da cidade.

Ela estava preocupada com as meninas da prisão, com seus filhos, netos, com ela mesma. A assistente social, que sempre havia atuado como um "vaso comunicante" (Godoi, 2017) entre a prisão e o mundão, era agora um dos únicos elos de comunicação entre dentro e fora dos muros da PFC — muros esses que pareciam ter ganhado muitas outras camadas de concreto que os endureciam, no contexto da pandemia. Ao mesmo tempo, era dona Agnes a incorporação dos vasos por onde a contaminação poderia chegar aos pavilhões e celas da PFC. Afinal, se a porosidade da instituição penitenciária era enrijecida por meio de portarias que dificultavam o envio de suprimentos, cartas e visitas, o fluxo entre mundão e prisão seguia seu frenesi pelo corpo em risco (Kowarik, 2009) de trabalhadoras como dona Agnes.

Mas naquele 6 de maio o telefone tocava numa frequência diferente.

Atendi a chamada preparada para escutar a voz cansada de Agnes. O que ouvi foi uma fala que guardava o sorriso no canto da boca. A assistente social, cúmplice, me dizia: "Audre está te esperando. Você não vem buscá-la?". O sorriso na voz de Agnes cantava a liberdade de Audre.

Audre ia deixar a prisão naquele 6 de maio de 2020. Sair para o mundão em meio a pandemia. Atônita, desliguei o telefone. Imediatamente enviei uma mensagem de *WhatsApp* para o grupo do coletivo Por Nós. Audre, após tantos anos, deixava a prisão, e precisávamos encontrar um lugar seguro para abrigá-la. Foi sem titubear que Nadine enviou a mensagem que li pela tela: "Traz ela aqui para minha casa. Tenho um quarto preparado só para ela".

***

Tendo chegado ao Brasil em 2007, Audre, sul-africana negra, deixava a prisão naquele 6 de maio pela terceira vez. Se havia chegado ao país pelas vias do mercado internacional de drogas, ao longo de mais de 13 anos vivendo aqui o percurso de Audre era circular e sistemático: uma cartografia entre as ruas do centro da cidade de São Paulo, região conhecida como cracolândia, e a prisão (Mallart, 2019). Sem domicílio ou residência, sua liberdade condicional tinha significado, até então, "morar" nas ruas do centro da cidade.

Conheci Audre em 2009, quando eu atuava como voluntária da Pastoral Carcerária de São Paulo. Desde então mantínhamos contato durante as suas prisões. Na terceira delas, de 2017 a 2020, Audre me inscreveu em seu rol de visitas familiares. Até o momento da suspensão das visitas familiares pela portaria da SEAP, em detrimento da pandemia, eu a encontrava ao menos uma vez por mês no pavilhão da PFC. Durante a terceira prisão de Audre conheci suas amigas, companheiras de cela e cadeia, Nina e Elza, ambas também sul-africanas negras. Diferente de Audre, Nina e Elza cumpriam pena no Brasil pela primeira vez; assim como Audre, suas penas em regime fechado, segundo nosso frequente acompanhamento do processo de cada uma delas no *site* da Vara de Execuções Penais (VEP), terminariam apenas em meados de 2021. Elza, Nina e Audre compartilhavam, ademais, do desejo de voltarem para casa, para a África do Sul, no instante em que deixassem a prisão.

No contexto da pandemia, com a ampla mobilização de coletivos e associações demandando que pessoas fossem desencarceradas com vistas a viabilizar cuidado sanitário e prevenção de contágio pelo novo coronavírus dentro e fora das prisões, defensoras e defensores públicos do estado passaram a atuar seguindo as recomendações do CNJ. Essas tinham como prerrogativa a prisão domiciliar e o desencarceramento de pessoas do "grupo de risco" ou que, por alguma razão concernente ao andamento do processo, poderiam cumprir suas sentenças em liberdade condicional ou regime aberto. Era o caso de Audre, Nina e Elza. Os processos das três amigas estavam no limiar temporal que permitia aos defensores públicos demandar que o cumprimento de suas penas progredisse para regime aberto ou liberdade condicional. Assim foi feito, e era pelo sucesso do pedido de andamento de processo movido pela defensoria pública do estado de São Paulo que a assistente social Agnes me telefonava solicitando que eu fosse buscar Audre em frente à portaria da prisão.

O dia em que cantou a liberdade de Audre, em meio ao mundão em pandemia, foi um dia de alegria. Sem que pudéssemos nos abraçar, Audre e eu dançávamos a dança dos cotovelos e dos pés na calçada, em frente ao portão da unidade prisional. Calçada essa que eu estava acostumada a ver, nos finais de semana de visitas familiares, ocupadas por cadeiras de plástico, barraquinhas de venda de refrigerante gelado, pudim de leite e sorvetes — alimentos que dificilmente resistem ao percurso dos visitantes até a prisão. Calçada essa que também era habitualmente tomada pela barraca em que deixávamos nossas bolsas e pertences proibidos de levar para a prisão, sob o custo de cinco reais pagos às organizadoras da fila da visita, que também distribuíam senhas segundo a ordem de chegada e prioridade — mulheres com crianças pequenas e idosas. Eu havia me habituado a ser recebida na portaria daquela prisão pelo frenesi cansado, solidário e resiliente das minhas companheiras e companheiros, os amigos da fila da visita à PFC.

Chegar aos portões da unidade e encontrar a calçada vazia, sem as barraquinhas, melancolicamente me fez indagar, por um segundo, sobre como estariam se sustentando aqueles comerciantes. Mas a melancolia se desfez nos risos largos que transbordavam nossas máscaras. Nem eu e nem Audre podíamos acreditar que estávamos dançando na calçada. Após o breve festejo por sua liberdade, entramos no carro e seguimos em direção à casa de Nadine, onde um quarto e um pequeno banheiro privativo esperavam por ela.

Elza e Nina, por sua vez, haviam deixado a prisão há pouco menos de um mês. As duas amigas foram abrigadas pelo namorado que Nina conheceu pela troca das cartas entre a PFC e a penitenciária masculina de Itaí, ambas reconhecidas como unidades prisionais voltadas para pessoas estrangeiras em cumprimento de pena em São Paulo.

Por mais que as três amigas dissessem, quando cumpriam suas sentenças de prisão nos pavilhões da PFC, que queriam deixar a penitenciária e ir diretamente para o aeroporto e pegar um voo para a África do Sul, a liberdade não deixava de ser festejada. Um direito reconhecido e cumprido como prerrogativa não só recomendada pelo CNJ no contexto do novo coronavírus, mas também pela própria Lei de Execução Penal.

Pessoas em cumprimento de pena estão sob a tutela do Estado. As normativas legais do próprio Estado reconhecem, portanto, que a saúde e a manutenção da vida das pessoas em situação de prisão são de responsabilidade do Estado. Se não há condições de manutenção da vida das pessoas na prisão, o encarceramento se dá de modo ilegal e criminoso, e não apenas no contexto do risco de contaminação pela Covid-19. As ações movidas por defensoras e defensores públicos como agentes de Estado, portanto, repousam na legalidade normativa dos direitos previstos pelos dispositivos estatais. O desencarceramento possível cuidadosamente planteado por agentes do Estado, desde dentro de suas tramas.

Eram, contudo, muitos os desafios no mundão em pandemia que Audre, Nina e Elza iriam encontrar.

***

Mary Jello sempre lembra que: "não é fácil sair da prisão. Muda o ritmo, muda tudo". Foi da prisão que Audre entrou no ritmo da casa de Nadine. Uma cadência marcada pelo uso de máscaras, álcool em gel e a preservação asséptica do ambiente doméstico. Com seu marido trabalhando na rua, Nadine mantinha responsavelmente o ambiente da casa seguro. Foi por ter um quarto e um pequeno banheiro privativo em sua casa, aliás, que considerou possível acolher Audre, quem, por sua vez, se deleitava com a ideia de que após tantos anos entre a cela da prisão e o papelão no chão das ruas da cracolândia teria um quarto, uma cama, um banheiro que apenas ela usaria. Conforto e privacidade vinham com o ascetismo do corpo e a necessidade de Audre "ficar em casa" sem que aquela fosse, certamente, sua casa. Longe da filha de 15 anos, que deixou sob os cuidados de sua mãe na África do Sul, ela e sua família ansiavam pelo momento em que estivessem, enfim, novamente juntas.

A esperança de reunião familiar, entretanto, foi inviabilizada pelo falecimento da mãe de Audre, 20 dias depois de ela ter deixado a prisão. Sua filha foi adotada por uma prima e Audre, pouco a pouco, entrou em um profundo estado de depressão, permanecendo catatônica no quarto privado da casa de Nadine, distante um oceano Atlântico de sua casa.

A morte também marcou a liberdade de Elza. A tia que a criou e a quem Elza confiou seus dois filhos, atualmente com nove e 12 anos, foi uma das contaminadas pela Covid-19 no pico da doença em meados de junho na África do Sul. Idosa, não suportou as consequências do adoecimento. Nina, por sua vez, ao deixar a prisão e ir morar com o namorado, que até então era um correspondente da prisão, se deparou com um homem bem menos acolhedor do que aparentava ser pelas cartas que ela recebia. Nina passou a ser abusada e a sofrer brutais violências físicas por parte do namorado que, por fim, a bateu tanto a ponto de ela perder um dente e ficar com o rosto desfigurado[13].

---

[13] Para uma preciosa análise sobre aumento da incidência de violência doméstica, isolamento social e Covid-19, ver Andrade (2020).

Morando com a amiga, Elza a acolheu e, ambas, naquele mesmo mês de junho, fugiram da casa em que estavam vivendo desde que deixaram a prisão. Sem ter para onde ir, as amigas se separaram. Elza repetiu o ciclo conhecido por Audre. "Usuária"[14], foi viver nas ruas do centro da cidade de São Paulo. A última notícia que a rede do coletivo Por Nós teve de Elza foi em 23 de junho, quando ela apenas comunicou por uma mensagem de *WhatsApp*, enviada ao grupo que buscava uma casa para onde Nina e Elza pudessem ir, que não precisava mais de endereço. Desde então o coletivo tem se dividido para buscar Elza pelas ruas, em contato com as tramas legais e ilegais da gestão de assistência social e do comércio de drogas da cracolândia.

Se Elza foi para as ruas do centro, Nina, por outro lado, em franco desespero, se dirigiu ao Departamento da Polícia Federal do Aeroporto de Guarulhos, onde chorando suplicou que a deixassem voltar para casa. "Ou então, que me levem de volta para a prisão!". Aos clamores de Nina, uma agente da polícia de fronteiras apenas respondeu que nada poderia fazer. Nem a deixar ir, nem a levar presa. Nina teria de ficar em liberdade, presa nas fronteiras nacionais brasileiras, no mundão em pandemia.

Desencarceramento e abolicionismo penal: infindas reflexões na pandemia

Ao deixarem a prisão em meio à pandemia, Audre, Nina e Elza traziam em mãos o alvará de liberdade no qual constava impresso, textualmente, que elas estavam dispensadas de ir ao Fórum Criminal da Barra Funda para regularizar seus documentos de "liberdade condicional". A dispensa pode até parecer um alívio mediante a

[14] Em sua dissertação de mestrado, Luana Malheiros (2018) elabora uma densa e delicada análise do termo "usuária", concernente à categorização das mulheres que configuram sua interlocução de pesquisa sobre uso de crack em Salvador.

desobrigação do comparecimento ao aparato de justiça estatal. Para mulheres estrangeiras sobreviventes do cárcere, todavia, a dispensa de regulação documental significa ficar indocumentada. Em cumprimento de pena, seus passaportes ficam retidos pela Polícia Federal e o Consulado de seus países, como no caso da África do Sul, recorrentemente nega a emissão de um novo documento sem a permissão das autoridades brasileiras.

Sem documentos oficiais com fotos, Audre e Elza tiveram dificuldades para sacar o dinheiro que juntaram trabalhando dentro da prisão[15], bem como para comprar remédios (um coquetel de ansiolíticos, antidepressivos e antialérgicos) por meio dos quais eram fortemente medicalizadas dentro do sistema prisional. Enquanto o acesso aos medicamentos de Audre foi facilitado pelas malhas das redes de solidariedade em que ela se inseriu, Elza simplesmente sofreu, para além do luto e da indocumentação, as dores da abstinência. Deitar-se no chão de papelão, nas ruas do centro da cidade de São Paulo, assim, talvez tenha sido o meio que Elza encontrou para sanar suas muitas dores[16]. A pandemia fez-se para Elza, Nina e Audre como um tom a mais do mundão tocando em um ritmo profundamente desafinado. "Não é fácil sair da prisão" e "cada cadeia é uma cadeia".

---

15 Há, nas penitenciárias, a instalação de oficinas de trabalho por parte de empresas que estabelecem contrato com as secretarias de Administração Penitenciária ou de Segurança Pública dos estados. Na PFC, a Embramed, indústria de produtos hospitalares e cirúrgicos, como soros e máscaras, é a principal empregadora das pessoas ali aprisionadas. As trabalhadoras em situação de prisão não recebem direitos trabalhistas como FGTS e INSS; ademais, são pagas com valores menores que o salário mínimo. Mais detalhes ver Padovani (2018).

16 Mais uma referência à dissertação de Luana Malheiros (2016) deve ser feita aqui. Em seu trabalho, a autora elabora uma fina análise sobre as significações de usar crack e viver nas ruas de Salvador a partir da pesquisa com "mulheres usuárias". Malheiros elabora uma dissertação a partir da escuta e da interlocução etnográfica, implodindo estereótipos que tão recorrentemente recaem sobre suas interlocutoras.

Mas se nenhuma prisão é maior que a outra e se cada processo de encarceramento é um, a imensa teia dos aparatos policiais e judiciários que sistematicamente criminalizam e vulnerabilizam tecem entomologias populacionais que massificam. Enredadas pelas tramas punitivas e tutelares, as mobilizações sociais por direitos, bem como os agentes de Estado trabalhando para que esses mesmos direitos sejam assegurados, são atados pela gramática da massificação que cria o efeito da população carcerária.

Unificadas pela hifenização, Audre, Nina, Elza, Mary, Batia e Nadine são todas mulheres pobres-negras-periféricas. Ainda assim, elas reconhecem cada uma em suas diferenças.

"Levou algum tempo para percebermos que nosso lugar era a própria casa da diferença e não a segurança de alguma diferença em particular", diz Audre Lord (1993), conclamando uma trama de solidariedade feminista tecida através das fronteiras. De alguma maneira, naquele 24 de novembro de 2019, a roda da qual surgiu o coletivo de mulheres sobreviventes do cárcere, Por Nós, decorria do esforço delicado de romper com as hifenizações que massificam, criminalizam e vulnerabilizam. Nesse sentido (e em muitos outros), o coletivo recriou, ali, um espaço de "quilombo": uma possibilidade de vida nos dias da destruição (Nascimento, 2018[1985]).

Mas como conclamar diferenças que desfazem as cadeias das entomologias das populações quando são essas as ferramentas possíveis para demandar direitos em um estado de emergência? (Dagnino, 1994).

Como agentes do Estado, defensoras e defensores públicos preocupadas/os com a precária seguridade do direito à vida das pessoas em situação de prisão não podem trabalhar na dimensão do detalhe que singulariza a cadeia de cada uma das mais de 773 mil pessoas presas no país. A demanda — levada a cabo por atores de mobilização social integrados à Agenda Nacional pelo Desencarceramento — por práticas e políticas que desencarcerem e que se fazem ainda mais urgentes mediante a pandemia do novo coronavírus, também não pode repousar senão na contundente e massiva exposição de dados que elucidam a característica genocida dos sistemas policial e carcerário[17] — sistemas que torturam e assassinam pessoas categorizadas pelas hifenizações de gênero, raça e classe.

O olhar voltado para o genocídio, incrementado pela pandemia, repousa com razão nas estatísticas que demonstram como mortes e adoecimentos recaem majoritariamente sobre as populações negras e pobres. O sistema carcerário compõe indubitavelmente o aparato tecnológico que faz/deixa morrer homens e mulheres pobres, negros/as ou racializadas pela territorialidade dos bairros, regiões, países que os/as localizam socialmente. A breve descrição das trajetórias de Audre, Nina e Elza, bem como da formação de teias de solidariedade integradas pelo coletivo Por Nós, contudo, demonstra que o desencarceramento em si não necessariamente rompe com a engrenagem das cadeias de tortura e morte continuadas (Godoi, 2017) a que essas populações estão submetidas. Tal percepção não se dá pela exposição massiva de números e estatísticas que reiteram o efeito da população carcerária dessas bio e necropolíticas, mas antes pela descrição miúda e cotidiana de trajetórias de pessoas: no caso de mulheres sobreviventes do cárcere, em suas diferenças.

As tentativas hipócritas de "humanização" dos números, dos ao menos 151 mil mortos pelo novo coronavírus no Brasil, promovidas pelos canais da mídia burguesa liberal, como "Globo" e "Estadão", higienizam trajetórias. Os nomes e as histórias das pessoas mortas a aparecerem nesses canais atendem a padrões familiares e de trabalho concernentes à "cidadania" das "classes médias" (Mcclintock, 2010).

---

17 Durante a 31ª Reunião Brasileira de Antropologia (RBA), Desirée Lemos, em comunicação pessoal, categorizou os trabalhos de agentes de Estado, como as defensoras públicas e a assistente social Agnes, sobre as quais este texto se volta, como "banalidade do bem". Enquanto escrevia o presente parágrafo, a fala de Desirée pululava. Em uma breve pesquisa, encontrei o artigo do psicanalista Contardo Caligaris, "'A vida dos outros': O mistério é a banalidade do bem: por que alguns encontram a vontade de resistir ao horror?", publicado na Folha de S. Paulo em 6 de dezembro de 2007 (Caligaris, 2007).

O mesmo pode se dizer das aparições domesticadas de pessoas em situação de prisão, quando tomadas como "sujeitos vulneráveis", nas páginas de revistas como "Veja São Paulo" (Zamboni, 2019).

Tal "humanização" dos números pela "nomeação das histórias" tampouco pretende romper, portanto, com os aparatos genocidas e carcerários recrudescidos pelas agendas neoliberais. Nesse registro, a breve descrição da formação do coletivo Por Nós, de suas teias de solidariedade e das trajetórias de "liberdade condicional" de Audre, Nina e Elza, mais do que descrever a "vulnerabilidade" das mulheres sobreviventes do cárcere, objetiva explicitar, para além das cacofônicas produções entomológicas das populações, os nós que enlaçam trajetórias de desencarceramento.

Levando a sério a proposição de Angela Davis (2018[2003]), que demonstra a continuidade das estruturas escravocratas coloniais presentes nos complexos industriais jurídico-prisionais contemporâneos, as "liberdades" de Audre, Nina e Elza carregam ainda mais atributos desse enlace sócio e espaço-temporal. Vindas da África do Sul pelas redes do comércio de drogas, tornado ilegal para criminalizar pessoas que fazem as substâncias circular, seu próprio atravessamento transatlântico (Gilroy, 2001) resgata a relação dos mercados criminosos de pessoas africanas escravizadas.

O desencarceramento das três amigas, ademais, carrega as "ambivalências da liberdade" para que chamou atenção Saidiya Hartman (1997). Ao analisar os processos de "libertação" das pessoas negras escravizadas nos EUA, que quando "libertas" não tiveram acesso a nenhuma forma de reconhecimento de direitos e restituição pelas violações sofridas ao longo de gerações, Hartman argumenta que a "liberdade" das pessoas escravizadas incorreu na perda de seus territórios de moradia. Um paralelo sobre moradia, urbanização e escravidão no contexto brasileiro pode ser encontrado no lindo trabalho de Ynaê Lopes dos Santos (2006).

As provocações sobre as "ambivalências da liberdade" no contexto colonial estadunidense sobre o qual Hartman se debruça ecoam as ambivalências do desencarceramento a que Audre, Nina e Elza foram submetidas. Libertas condicionalmente no mundão em pandemia, as três amigas sofriam de uma carência muito elementar, principalmente se mirada desde a recomendação de "ficar em casa" para evitar a contaminação pela Covid-19: moradia.

O amparo de Nadine a Audre, que abria sua casa a despeito do risco de contaminação a que ela própria se expunha, desenhava a força dos nós estabelecidos entre a rede de afeto tecida através do mundão e da prisão. Nós que tramam as teias das mulheres sobreviventes do cárcere, mas que não são suficientes para quebrar as teias que encadeiam prisão e mundão.

As políticas e práticas de desencarceramento, assim, se urgentes e necessárias, se ferramentas de enfrentamento possível perante as tecnologias de criminalização e aprisionamento, não conseguem romper com as "circulações dos confinamentos pelos subterrâneos da cidade de São Paulo" (Mallart, 2019). A quebra demanda que se faça a partir da materialidade ainda mais urgente da utopia do abolicionismo penal, que vá além das práticas de desencarceramento.

Essas infindas reflexões na pandemia, se nunca deveriam ter saído do fundo de uma gaveta, procuram ao menos insurgir contra a palavra tirania, nem que seja com o tambor e o ganzá da utopia dos nossos muitos nós.

Epílogo infundado

As páginas que seguiram foram escritas nas muitas temporalidades da pandemia. Um começo, um meio e um não final que se reflete na exposição das trajetórias de minhas amigas, mulheres sobreviventes do cárcere. Enquanto digito as palavras em tela, desde minha quarentena, sinto cheiro da carne queimando no bar repleto de homens, ouço o som das mulheres cantando louvores na igreja e das crianças brincando descalças com os pés no asfalto quente da rua.

Voam as pipas e correm os cãezinhos vira-latas atrás dos meninos que colocam papagaios e peixinhos para voar. Parece ser apenas eu a seguir a assepsia do "distanciamento social". O ritmo da casa em que escrevo diverge radicalmente do ritmo da rua. A pandemia tem muitas temporalidades, muitos espaços-temporais.

Nada afinal é novo, a não ser o vírus em sua forma orgânica. Nunca me fez tanto sentido ler Dostoiévski. Logo eu, que achava enfadonha essa literatura das brancas e tediosas noites russas. Mas a pandemia se faz nas horas dos dias em que as matas ardem em chamas. De que mais fala a saga dos irmãos Karamazóv, senão de um mundo em ruínas que mantém perene as velhas estruturas?

REFERÊNCIAS

ANDRADE, Fabiana. Quando o inimigo mora em casa: notas sobre violência doméstica, isolamento social e Covid-19. *Boletim extraordinário CAAF/Unifesp de enfrentamento da Covid-19*, nº 7: Mortes e mortos da Covid-19, saberes, instituições e regulações, 2020. pp. 8-11. Disponível (*on-line*) em: https://www.unifesp.br/reitoria/caaf/images/novo_site/boletim%20caaf/boletim%20caaf%20ed_7.pdf

ARENDT, Hannah. *A condição humana*. Rio de Janeiro: Forense Universitária, 2005

BARBOSA, Antônio Rafael. *Prender e dar fuga:* biopolítica, sistema penitenciário e tráfico de drogas no Rio de Janeiro. Tese (doutorado), PPGAS, UFRJ, 2005.

BRANDÃO, Natália Barroso. As audiências de custódia na pandemia e a inquisitorialidade do processo penal. *Dilemas:* Revista de Estudos de Conflito e Controle Social, Reflexões na Pandemia (seção excepcional), 2020. Disponível (*on-line*) em: https://www.reflexpandemia.org/texto-45

BROWN, Wendy. *Nas ruínas do neoliberalismo:* a ascensão da política antidemocrática no Ocidente. São Paulo: Editora Filosófica Politeia, 2019.

CAMPELLO, Ricardo; GODOI, Rafael. Tranca, contêiner e bomba: a gestão penitenciária da pandemia no Brasil. *Le Monde Diplomatique Brasil*, Acervo Online, 3 de julho de 2020. Disponível (*on-line*) em: https://diplomatique.org.br/tranca-conteiner-e-bomba-a-gestao-penitenciaria-da-pandemiano-brasil/

DAGNINO, Evelina. Os movimentos sociais e a emergência de uma nova noção de cidadania. _____(Org.). *Anos 90* :Política e sociedade no Brasil. São Paulo: Brasiliense, 1994. pp. 103-115.

DAVIS, Angela. *Estarão as prisões obsoletas?* Rio de Janeiro: Difel, 2018.

DOSTOIÉVKI, Fiódor. *Os irmãos Karamázov*. Nova Cultural; Círculo do Livro, 1995.

FANON, Frantz. *Os condenados da terra*. Rio de Janeiro: Civilização Brasileira, 1968.

FASSIN, Didier. Compaixão e repressão: A economia moral das políticas de imigração na França. *Ponto Urbe*: Revista do Núcleo de Antropologia Urbana da USP, nº 15, 2014.DOI:10.4000/pontourbe.2467

FELTRAN, Gabriel. *Fronteiras de tensão:* política e violência nas periferias de São Paulo. São Paulo: Unesp/CEM/Cebrap, 2011.

FERNANDES, Camila. *Figuras da causação:* sexualidade feminina, reprodução e acusações no discurso popular e nas políticas de Estado. Tese (doutorado), PPGAS, UFRJ, 2017.

FONSECA, Claudia. *Família, fofoca e honra.* Porto Alegre: Editora da UFRGS, 2000.

FOUCAULT, Michel. *A história da sexualidade:* a vontade de saber. Rio de Janeiro: Graal, 1979.

GILROY, Paul. *O Atlântico negro:* modernidade e dupla consciência. São Paulo/Rio de Janeiro: 34/Ucam — Centro de Estudos Afro-Asiáticos, 2001.

_____. *Segurança, território e população.* São Paulo: Martins Fontes, 2008.

GODOI, Rafael. *Fluxos em cadeia:* as prisões em São Paulo na virada dos tempos. São Paulo: Boitempo, 2017.

_____. Tortura difusa e continuada. *In:* MALLART, Fabio; GODOI, Rafael (Orgs.). *BR 111:* a rotas das prisões brasileiras. São Paulo: Veneta, 2017, pp. 117-126.

GREGORI, Maria Filomena. *Viração:* experiência de meninos nas ruas. São Paulo: Companhia das Letras, 2000.

HARTMAN, Saidyia V. *Scenes of Subjection:* terror, Slavery, and Self-Making in Nineteenth-Century America.Nova York/ Oxford: Oxford University Press, 1997.

HUNT, Lynn. *A invenção dos direitos humanos:* uma história. São Paulo: Companhia das Letras, 2009.

KOWARIK, Lúcio. *Viver em risco:* sobre a vulnerabilidade socioeconômica e civil — Fotografias de AntonioSaggese. São Paulo: 34, 2009.

LAGO, Natália. Na "linha de frente": atuação política e solidariedade entre familiares de presos em meio à Covid-19. *Dilemas:* Revista de Estudos de Conflito e Controle Social, Reflexões na Pandemia (seção excepcional), 2020. Disponível (*on-line*) em: https://www.reflexpandemia.org

LIMA, Antonio Carlos Souza. *Um grande cerco de paz:* poder tutelar, indianidade e formação do Estado no Brasil. Petrópolis: Vozes, 1995

LORD, Audre. *Zami Sister Outsider Undersong.* Nova York: Quality Paperback Book Club, 1993.

MALHEIROS, Luana Silva Bastos. *Tornar-se mulher usuária de crack:* trajetórias de vida, cultura de uso e política sobre drogas no centro de Salvados, Bahia. Dissertação (mestrado), PPGA, UFBA, 2018.

MALLART, Fábio. *Findas linhas:* circulações e confinamentos pelos subterrâneos de São Paulo. Tese (doutorado), PPGS, USP, 2019.

MASSARO, Camilla Marcondes. Estado penal, necropolítica, sistema prisional e direitos humanos: Considerações em tempos de pandemia. *Dilemas:* Revista de Estudos de Conflito e Controle Social, Reflexões na Pandemia (seção excepcional), 2020. Disponível (*on-line*) https://www.reflexpandemia.org/texto-49

MBEMBE, Achile. *Necropolítica.* Santa Cruz de Tenerife: Melusina, 2011.

MCCLINTOCK, Anne. *Couro imperial:* raça, gênero e sexualidade no embate colonial. Campinas: Editora da Unicamp, 2010.

NASCIMENTO, Beatriz. Historiografia do quilombo. *In*: *Beatriz Nascimento, quilombola e intelectual:* possibilidades nos dias da destruição. Maria Beatriz Nascimento. Diáspora Africana: Filhos da África, 2018. pp. 125-149.

PADOVANI, Natália Corazza. ¿Todas las mujeres acusadas de tráfico internacional de drogas son víctimas de trata de personas? Género, clase, raza y nacionalidad en los discursos sobre crimen organizado en Brasil". *In*: DAICH, Deborah; VARELA, Cecilia (Coord.). *Los feminismos en la encrucijada del punitivismo.* Buenos Aires: Biblo, 2020. pp. 367-436.

_____. *Sobre casos e casamentos:* afetos e amores através de penitenciárias femininas em São Paulo e Barcelona. São Carlos: EdUFSCar, 2018.

_____. *Perpétuas espirais:* falas do poder e do prazer sexual em trinta anos (1977-2009) na história da Penitenciária Feminina da Capital. Dissertação (mestrado), PPGS, Unicamp, 2010.

PRANDO, Camila; GODOI, Rafael. A gestão dos dados sobre a pandemia nas prisões: Uma comparação entre as práticas de ocultamento das secretarias de administração prisional do RJ e DF. *Dilemas: Revista de Estudos de Conflito e Controle Social*, Reflexões na Pandemia (seção excepcional), 2020. Disponível (*on-line*) https://www.reflexpandemia.org/texto-60

RODRIGUES, Thiago. Narcotráfico e militarização nas Américas: vício de Guerra. *ContextoInternacional*, vol. 34, nº 1, 2012. pp. 9-41.

SABSAY, Leticia. Permeable Bodies: Vulnerability, Affetive Powers, Hegemony. *In*: BUTLER, Judith; GAMBETTI, Zeynep; SABSAY, Leticia. *Vulnerability in Resistance.* Durham and London: Duke University Press, 2016. pp. 278-302.

SANTOS, Ynaê Lopes dos. *Além da Senzala:* arranjos escravos de moradia no Rio de Janeiro (1808-1850). Dissertação (mestrado), PPGH, USP, 2006.

SILVA, Jonathan. *Samba da Utopia.* Single, 2018

SILVA, Martinho. Devemos ocultar nossas fragilidades durante a pandemia? Direito à saúde nas prisões em tempos de isolamento domiciliar. *Dilemas: Revista de Estudos de Conflito e Controle Social,* Reflexões na Pandemia (seção excepcional), 2020. Disponível (*on-line*) https://www.reflexpandemia.org/texto-20

SILVA, Marília Goulart; MACIEL, Lidiane Maria. Quem não tem casa não se isola: População em situação de rua diante da pandemia. *Dilemas: Revista de Estudos de Conflito e Controle Social,* Reflexões na Pandemia (seção excepcional), 2020. Disponível (*on-line*): https://www.reflexpandemia.org/texto-58

SILVESTRE, Giane; JESUS, Maria Gorete Marques de; BANDEIRA, Ana Luiza Villela de Viana. Pandemia, prisão e violência: os efeitos da suspensão das audiências de custódia na cidade de São Paulo. *Dilemas:* Revista de Estudos de Conflito e Controle Social, Reflexões na Pandemia (seção excepcional), 2020. Disponível (*on-line*) https://www.reflexpandemia.org/texto-64

TAUSSIG, Michael. *Xamanismo, colonialismo e o homem selvagem:* um estudo sobre o terror e a cura. São Paulo: Paz e Terra, 1993.

ZAMBONI, Márcio Bressiani. *A população LGBT privada de liberdade:* sujeitos, direitos e políticas em disputa. Tese (doutorado), PPGAS, USP, 2019.

FONTES DA IMPRENSA

CALLIGARIS, Contardo. "A vida dos outros": o mistério é a banalidade do bem: por que alguns encontram a vontade de resistir ao horror?. *Folha de S. Paulo,* Ilustrada, 6 de dezembro de 2007. Disponivel (*on-line*) em: https://www1.folha.uol.com.br/fsp/ilustrad/fq0612200720.htm

FERNANDES, Augusto. "Famílias que cuidem de seus idosos", diz Bolsonaro sobre abrir comércios: Segundo o presidente da República, apenas idosos devem se resguardar em meio à pandemia. "Cada família tem que botar o vovô e a vovó lá no canto e é isso", afirmou. *Estado de Minas*, Coronavírus no Brasil, 8 de abril de 2020. Disponível (*on-line*) em: https://www.em.com.br/app/noticia/nacional/2020/04/08/interna_nacional,1137022/familias-que-cuidem-de-seus-idosos-diz-bolsonaro.shtml

SALVADORI, Fausto. Barbara Querino, a Babiy: como a Justiça condenou uma jovem negra sem provas: Depois que fotos de Bárbara tiradas ilegalmente pela polícia vazaram nas redes sociais, vítimas brancas de dois assaltos disseram ter reconhecido a modelo; condenada por um crime, ela aguarda julgamento por outro. Ponte Jornalismo, 19 de setembro de 2018. Disponível (*on-line*) em: https://ponte.org/barbara-querino-a-babiy-como-a-justica-condenou-uma-jovem-negra-sem-provas/

SOBRE OS AUTORES

Ana Luiza Villela de Viana Bandeira é mestre pelo Programa de Pós-Graduação em Antropologia Social (PPGAS) da Universidade de São Paulo (USP) e tem graduação em direito pela Escola de Direito de São Paulo da Fundação Getúlio Vargas (FGV, São Paulo, Brasil) e coordena o Innocence Project Brasil.

Camila Prando é professora da faculdade de direito da Universidade de Brasília (UnB) e coordenadora do centro de estudos em Desigualdade e Discriminação.

Eugênia Motta é antropóloga, mestre e doutora pelo Museu Nacional, Universidade Federal do Rio de Janeiro. É professora do Programa de Pós-graduação em Sociologia do Instituto de Estudos Sociais e Políticos (Iesp) da Universidade do Estado do Rio de Janeiro (UERJ). É pesquisadora do Núcleo de Pesquisas em Cultura e Economia (NuCEC, www.nucec.net) e coordena o Grupo CASA (www.grupocasa.iesp.uerj.br).

Fábio Mallart é mestre em antropologia e doutor em sociologia pela Universidade de São Paulo (USP). Atualmente, é pesquisador de pós-doutorado pelo Instituto de Medicina Social da Universidade do Estado do Rio de Janeiro (IMS/UERJ/bolsista PNPD-CAPES) e professor visitante no curso de Pós-graduação em Sociologia da Fundação Escola de Sociologia e Política de São Paulo (FESPSP).

Fábio Araújo é professor e pesquisador da Fiocruz.

Fabio Candotti é professor do Departamento de Ciências Sociais da Universidade Federal do Amazonas, coordenador do grupo de pesquisa ILHARGAS e membro da Frente Estadual pelo Desencarceramento do Amazonas.

Felipe Freitas é doutor em direito pela Universidade de Brasília (UnB) e membro do Grupo de Pesquisa em Criminologia da Universidade Estadual de Feira de Santana (UEFS).

Giane Silvestre é pesquisadora de pós-doutorado do Núcleo de Estudos da Violência (NEV), da Universidade de São Paulo (USP, Brasil), e pesquisadora do Grupo de Estudos em Violência e Administração de Conflitos (Gevac), da Universidade Federal de São Carlos (UFSCar, Brasil), e do Instituto de Estudos Comprados em Administração de Conflitos (INCT-InEAC). É doutora e mestre pelo Programa de Pós-Graduação em Sociologia (PPGS) da UFSCar e tem graduação em ciências sociais pela Universidade Estadual Paulista Júlio de Mesquita Filho (Unesp, Marília, Brasil).

Grupo Clandestino de Estudos em Controle, Cidades e Prisões é composto por pesquisadoras e pesquisadores do campo sociojurídico, formados na Faculdade de Direito da UFBA, que hoje são alunas/os em diferentes programas de pós-graduação em Direito e Ciências Sociais.

Heloisa de Souza Dantas é doutoranda em saúde coletiva na FCMSCSP. É mestra em psicologia comunitária pela Michigan StateUniversity (MSU, East Lansing, EUA) e em ciências pelo Departamento de Psiquiatria da Faculdade de Medicina da Universidade de São Paulo (USP, Brasil).

Isabella Mesquita Martins é mestranda do Programa de Pós-Graduação em Justiça e Segurança (PPGJS) da Universidade Federal Fluminense (UFF, Niterói, Brasil) e tem graduação em segurança pública e social pela mesma universidade. É pesquisadora do Núcleo de Estudos em Conflito e Sociedade (NECSo) e do Laboratório de Estudos sobre Conflito, Cidadania e Segurança Pública (Laesp), ambos da UFF, e do Grupo de Pesquisa Sociabilidades Urbanas, Espaço Público e Mediação de Conflitos — Estado e Sociedade (GPSEM), da Universidade Federal do Rio de Janeiro (UFRJ, Brasil).

Janrryer Mota Santos é doutorando do Programa de Pós-Graduação em Antropologia (PPGA) da Universidade Federal Fluminense (UFF, Niterói, Brasil). É mestre pelo mesmo programa e graduado em Ciências Sociais pela Universidade Estadual de Santa Cruz (Uesc, Brasil).

Maíra Cardoso Zapater é professora de direito da Escola Paulista de Política, Economia e Negócios (Eppen), da Universidade Federal de São Paulo (Unifesp, Osasco, Brasil). É doutora em direitos humanos pela Faculdade de Direito da Universidade de São Paulo (USP, Brasil), com pesquisa de pós-doutorado desenvolvida no Núcleo de Estudos sobre o Crime e a Pena (NECP) da Fundação Getúlio Vargas (FGV, São Paulo, Brasil), e especialista em direito penal e processual penal pela Escola Paulista do Ministério Público de São Paulo (ESMP, São Paulo, Brasil). Tem graduação em direito pela Pontifícia Universidade Católica de São Paulo (PUC-SP, Brasil) e em ciências sociais pela USP.

Maria Gorete Marques de Jesus é pesquisadora de pós-doutorado do Departamento de Sociologia da Universidade de São Paulo (USP) e pesquisadora do NEV/USP. É doutora e mestre pelo Programa de Pós-Graduação em Sociologia (PPGS) da USP e tem graduação em ciências sociais pela mesma universidade.

Marília de Nardin Budó é professora no departamento de direito da Universidade Federal de Santa Catarina e coordenadora do grupo de pesquisa poder, controle e dano social.

Natália Corazza Padovani é pesquisadora do Núcleo de Estudos de Gênero Pagu da Universidade Estadual de Campinas (Unicamp, Brasil) e professora do Programa de Pós-Graduação em Ciências Sociais (PPGCS) e do Programa de Pós-Graduação em Antropologia Social (PPGAS) da mesma universidade. É doutora pelo PPGAS da Unicamp, mestre em sociologia pela mesma universidade, e tem graduação em ciências sociais pela Universidade de São Paulo (USP, Brasil).

Natália Lago é pesquisadora do Núcleo de Estados sobre Marcadores Sociais da Diferença (Numas), da Universidade de São Paulo (USP, Brasil). É integrante do GT "Barrios, familias y prisionesen circuito", vinculado ao Consejo Latinoamericano de Ciencias Sociales (Clacso) (2019-2022) e da Associação de Familiares e Amigos de Presos/as (Amparar). E doutora e mestre pelo Programa de Pós-Graduação em Antropologia Social (PPGAS) da USP e tem graduação em ciências sociais pela mesma universidade.

Rafael Godoi é professor de sociologia da Universidade Estadual do Maranhão (UEMA), pesquisador do Núcleo de Estudos da Cidadania, Conflito e Violência Urbana (Necvu) da Universidade Federal do Rio de Janeiro (UFRJ) e do Grupo de Estudos dos Novos Ilegalismos (GENi) da Universidade Federal Fluminense (UFF). É doutor e mestre pelo Programa de Pós-Graduação em Sociologia (PPGS) da Universidade de São Paulo (USP).

Rebeca Arruda de Souza (arrudarebeca10@gmail.com) é graduanda em segurança pública e social na Universidade Federal Fluminense (UFF) e pesquisadora do Laesp/UFF.

Ricardo Campello é doutor pelo Programa de Pós-Graduação em Sociologia (PPGS) da Universidade de São Paulo (USP, São Paulo, Brasil), mestre pelo Programa de Estudos Pós-Graduados em Ciências Sociais (PEPG-CS) da Pontifícia Universidade Católica de São Paulo (PUC-SP, São Paulo, Brasil) e tem graduação em ciências sociais pela PUC-SP.

Riccardo Cappi é professor da Universidade Estadual de Feira de Santana e da Universidade do Estado da Bahia e coordenador do Grupo de Pesquisa em Criminologia (UEFS/UNEB).

Sofia Fromer Manzalli é doutoranda em saúde coletiva na Faculdade de Ciências Médicas da Santa Casa de São Paulo (FCMSCSP) e mestra pelo mesmo programa.

Vanessa Kopke dos Santos é mestranda do Programa de Pós-Graduação em Justiça Administrativa (PPGJA) da Universidade Federal Fluminense (UFF) e tem graduação em direito pela Universidade Federal Rural do Rio de Janeiro (UFRRJ, Seropédica, Brasil). É pesquisadora do NECSo e do Laesp, ambos da UFF.

Tem mais livro!

Acesse aqui os capítulos de Camilla Massaro e Katia Mello.

1ª edição	fevereiro 2023
impressão	meta
papel miolo	pólen natural 80g/m²
papel capa	cartão triplex 300g/m²
tipografia	cardea, geogrotesque e octin spraypaint